天下龍文 青少年百科系列丛书●科学探索文库
QINGSHAONIAN BAIKE XILIE CONGSHU ● KEXUE TANSUO WENKU

主编◎郭漫

探索与发现

Tan Suo Yu Fa Xian

生命是奇妙的，创造生命的自然、
地球和宇宙更是神奇的。
爱因斯坦曾经说过：
“我们所经历的最美妙的事情就是神秘，
它是人的主要情感，
是真正艺术和科学的起源。”

航空工业出版社
北京

Qian yan 前言

从个人联想到国家，

从国家联想到地球，

从地球联想到银河系，

从银河系联想到整个宇宙……

最后，又从整个宇宙回想到人类的未来，从古至今的人类，总是处在对生命、对自然和对宇宙的追问和探索中……

生命是奇妙的，创造生命的自然、地球和宇宙更是神奇的。

爱因斯坦曾经说过：“我们所经历的最美妙的事情就是神秘，它是人的主要情感，是真正艺术和科学的起源。”

人类对一切未知世界进行的不懈探索和发现，正是人类文明持续发展和进步的不绝源泉。

从钻木取火、结绳记事的远古时期发展到今天的虚拟网络的数字时代，人类经历了数千年的时间。在这数千年里，我们不断接触未知，而所接触的未知领域越多，人类对未来勇于追求和探索的精神也越强。

法国文豪巴尔扎克说过：“一个思考的人，才是力量无边的人。”

人类正是从茹毛饮血的时代，不断经历和破译着宇宙间一个又一个扑朔迷离的奥秘，磕磕绊绊地一路走来。

本书以最生动的文字，最精彩的图片，将这些令人费解的神秘现象的奥妙娓娓道来，与青少年一起探索种种扑朔迷离的科学疑云。

昨天的疑问我们已经找到答案，面对今天的神秘和未知，我们又怎能望而却步呢？

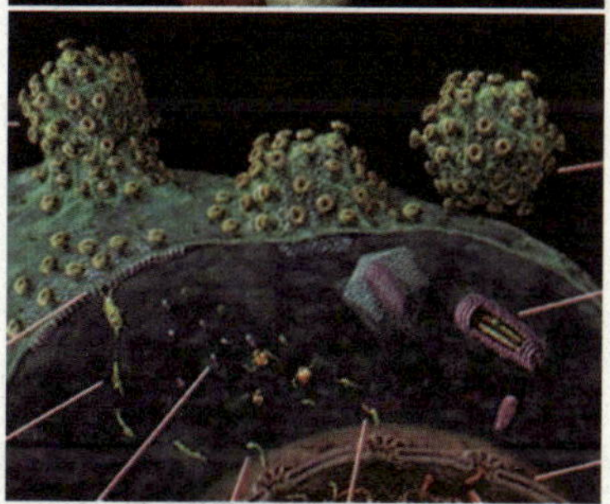

目录
MULU

第1章 宇宙奇观

第2章 天外来客

第3章 自然奥秘

目录 CONTENTS

第3章

第4章 文化历史

第5章 科技未来

第6章 动物植物

第1章 宇宙奇观

在科学高度发展的今天，人类不仅可以登月球、访火星、探寻外星生命，而且还可以深入探索太阳系，加快移民月球的步伐，甚至人类已准备在太空应付着保卫地球的星球计划……总之，在浩瀚的宇宙面前，人类是渺小的，也是智慧的，这就需要我们不断地去探索和破解一切未知的答案。

2036：小行星版的“地球末日”预言

↓小行星撞击地球的模拟情景

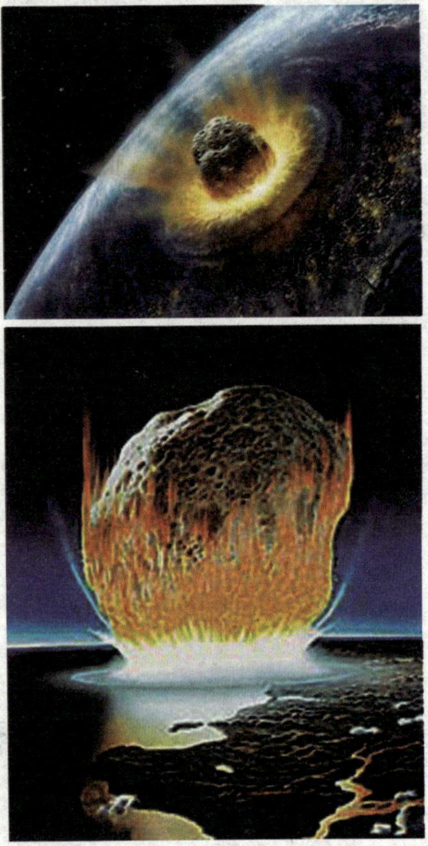

据俄罗斯《消息报》报道，2005 年 10 月 3 日，在俄罗斯圣彼得堡举行的小行星和彗星安全问题研讨会上，俄罗斯天文学家肖尔宣布了自己的结论：名为“阿波菲斯”的小行星将于 2036 年撞击地球。

根据肖尔的计算，2029 年，这颗小行星在距地球表面 3 万多千米的高空掠过地球后，其自身状态和运行轨道将因地球引力而发生变化。这一变化足以导致它在 6 年后“击中”地球。

“阿波菲斯”直径大约 320 米，质量约 4200 万吨。接近地球时，其运行速度为每秒 5.9 千米，如果击中地球，将产生相当于 11 万颗广岛原子弹爆炸所产生的能量。

根据肖尔制作的模型，假设“阿波菲斯”击中太平洋，将会掀起 200 米高的巨浪，它的冲击波掀起的灰尘，将笼罩地球上 1／4 的地区，这一地区里的动植物和人类将因为严寒和食物链被破坏而死去……

肖尔的预言会不会成真呢？北京天文馆馆长朱进博士表示，目前中国的科学家尚未掌握“阿波菲斯”是否会撞击地球的确切数据，不过，类似的撞击事件是不可避免的，只是时间早晚的问题。目前，太阳系的 30 多万颗小行星中，有 70 多颗小行星在未来 100 年内撞击地球的可能性“大于零”。

直径 1 千米的小行星击中地球，会造成全球 1／4 的人口直接死亡；直径超过 20 千米以上的小行星，则足以让地球上 90%的物种彻底灭绝。“阿波菲斯”的直径只有 320 米，如果它撞击地球，虽然不至于造成人类的彻底灭绝，但是其后果也将“非常严重”。

不过，人类已经想出了不少避免小行星与地球碰撞的方法。其中，最经典也是最“直接”的一个办法就是“爆破法”，即向对地球有威胁的天体发射导弹或者在其内部填装爆炸物，将其炸成碎片，并使碎片偏离原运行轨道。当然，这种方法只能用来对付石质的天体，而且，在太空中使用核武器，也有可能对地球造成非常严重的后果。

还有科学家提出，可以让宇宙飞行器以与小行星相同的速度和方向与它“并肩而行”，当两者达到相对静止的时候，用机械臂去“推一下”，改变其运行轨道。

还有人提议在小行星上安置“巨型火箭驱动器”，改变其轨道；或者在太空中放置一个巨大的聚光镜，反射太阳光将小行星气化。

这些奇思妙想，虽然有些还只是概念性的方案，但随着科技水平的发展，人类应该能想出办法，避免地球遭遇灭顶之灾。

↑ 小行星撞向地球

↑ 小行星撞地球

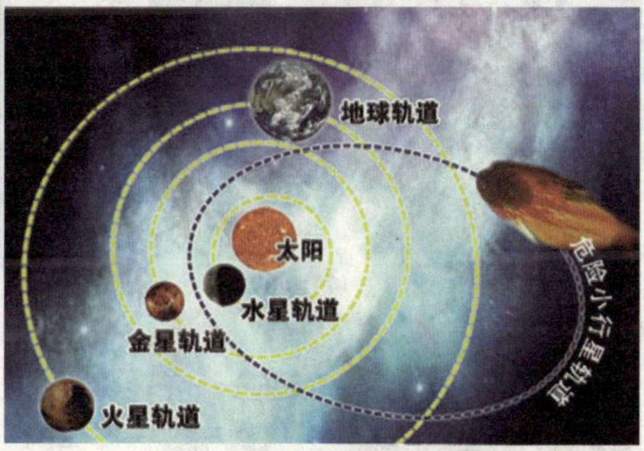

→ 危险小行星轨道

令科学家头疼不已的小行星

“托里诺撞击危险等级”是天文学界用以评估“天外来客”撞击地球概率的标准，共分10个等级。大多数“淘气”的小行星的危险等级只有9级或8级，概率仅为万分之几，但这样的概率已足以令科学家们头疼不已，必须通过反复的观测、计算来确定或排除其“亲吻”地球的可能性。

2002年7月，俄罗斯天文学家宣称，一颗小行星将于2019年2月与地球相撞，撞地概率为1/9000，不过，没过几天，科学家们就彻底排除了它的撞地可能。

2003年9月，美国天文学家发出警告，一颗直径1000米、质量高达26亿吨的小行星正朝地球方向飞来，其撞地概率约1/900000。经科学家进一步测算，最终还是排除了它撞地的可能性。

5万年前的卫星是谁发射的

↑ 难道真的像科幻电影中讲的那样，太空卫星来自外星人的基地？

↑ 1977年乔治·卢卡斯的《星球大战》的问世，创造了一个现代神话，因其前所未有的太空场面、纷繁复杂的星系斗争，被称为“继摩西开辟红海之后最为壮丽的120分钟”。此图为1977年上映的《星球大战之1——新的希望》电影海报

在太阳系中存在着来自地球之外的人造天体，这已不是什么奇闻了。

1961年，在巴黎天文观测台工作的法国学者雅克·瓦莱发现了一颗运行方向与其他卫星相反的地球卫星，这颗来历不明的卫星被命名为“黑色骑士”。随后，世界上有许多天文学家按瓦莱提供的精确数据，也发现了这颗环绕地球逆向旋转的独特卫星。1981年苏联的一家天文台也证实了“黑色骑士”的存在，具体特征如下：它在地球高空的轨道上循着极大的椭圆轨道运行，体积甚小，十分耀眼，像是个金属球体。

法国学者亚历山大·洛古尔认为，“黑色骑士”可以用与众不同的方式绕地球运行，表明它能够改变重力的影响，而这只有作为外星来客的UFO才能做到，因此这颗被称作“黑色骑士”的奇特卫星可能与UFO有联系。

1983年1—11月，美国发射的一颗红外天文卫星在北部天空扫瞄时，在猎户座方向两次发现一个神秘天体。两次观测这个天体时隔6个月，这表明它在空中有稳定的轨道。

1988年12月，苏联科学家通过地面卫星站发现有一颗神秘的巨大卫星出现在地球轨道上，他们当时以为这是美国电影《星球大战》中的卫星。过后不久苏联方面才知道，美国的科学家当时也发现了那颗神秘的卫星，而美国人则以为它是属于苏联的。

经过美苏两国高层官员通过外交途径接触和讨论，双方明白那颗“卫星”是出自第三方。以后的一系列调查表明，法国、日本或地球上任何有能力发射卫星的国家都没有发射它。

根据苏联的卫星和地面站的跟踪显示，这颗卫星体积异常巨大，具有钻石般的外形，而外围具有强磁场保护；内部装有十分先进的探测仪器。它似乎有能力扫描和分析地球上每一样东西，包括所有生物在内。它同时还装有强大的通信设备，可以将搜集到的资料传送到遥远的外太空中去。

1989 年，在瑞士日内瓦召开的一次记者招待会上，苏联宇航专家莫斯·耶诺华博士公开了此事。他强调说：“这枚卫星是 1988 年底出现在我们地球轨道上的。它肯定不是来自我们这个地球。”他表示，苏联将会“出动火箭去调查，希望尽量找出真相”。

此事披露之后，至今世界上已有 200 多位科学家表示愿意协助研究这颗可能是来自外太空某一星球的人造天体。法国天文学家佐治·米拉博士说：“很明显，这颗卫星飞行了很长的路途才来到地球，事实上它的设计也是这样。虽然只是初步估计，但我敢说它至少已制成 5 万年之久。”

运行在地球轨道上的不仅有完好的外来的人造卫星，而且有爆炸后的外星太空船残骸，苏联科学家在 20 世纪 60 年代初期，首次发现一个离地球达 2000 千米的特殊太空残骸。经多年研究后，他们才确信那是一艘由于内部爆炸而变成 10 块碎片的外星太空船的残骸，同时向报界宣布了这个消息，引起了世界各国的关注。

莫斯科大学的天体物理学家玻希克教授说，他们使用精密的电脑追踪这 10 片破损的残骸的轨道，发现它们原先是一个整体。据推算它们最早是在同一天——1955 年 12 月 18 日从同一个地点分离，显然这是一次强力爆炸所致。他说：“我们确信这些物体不是从地球上发射的，因为苏联在大约 2 年之后的 1957 年 10 月才将第一枚人造卫星射入太空。”

著名的苏联天体物理研究者克萨耶夫说：“其中两个最大片的残骸直径约为 30 米，人们可以假定这艘太空船至少长 60 米，宽 30 米；从残骸上看，它外面设

↑ 电影中样式各异的外太空飞船

↑ 中国河南境内掉落的卫星残骸

发射人类第一颗卫星的火箭

1957年10月4日，在苏联拜科努尔发射场上，名叫“卫星”号的火箭发出一声震撼天地的巨响，喷出了万丈烈焰，直插云霄。几分钟后，“卫星”号顶部装载的小小银球——“人造地球卫星”1号敲开了宇宙的“天门”，从此掀开了人类航天史的新纪元。

“卫星”号火箭是由1枚芯级火箭和4枚侧挂助推火箭并联捆绑而成。火箭发射时，5台发动机同时点火。为了控制航向，火箭另外安排了12台可摆动的小型游标发动机。在飞行中，4枚助推火箭先熄火并分离，芯级发动机继续工作，直到把人造卫星送入轨道。

世界上第一颗人造卫星发射成功的消息迅速传遍全球，各国为之震惊，世界各大报刊都在显要位置用大字标题报道：《轰动20世纪的新闻》、《科技新纪元》、《苏联又领先了》、《俄国人又打开了通往宇宙的道路》等。这颗卫星直径只有580毫米，重83.6千克，在密封的铝壳内装着一只化学电池、一只温度计、一台双频率小型发报机。尽管这颗“小星”在天空不过逗留了92天，但它却“推动”了整个地球、推动了各国发展空间技术的步伐。

有一些小型圆顶、望远镜、碟形天线以供通信之用，此外，它还有舷窗供探视使用。”这位研究者还补充说：“太空船的体积显示它有好几层，可能有 5 层。”

苏联物理学家埃兹赫查强调说：“我们多年搜集到的所有证据显示，那是一艘因机件故障发生爆炸的太空船。”他还说：“在太空船上极可能还有外星乘员的遗骸。”

苏联科学家的发现使美国同行产生了浓厚的兴趣。美国核物理学家与宇航专家斯丹顿·费德曼说：“如果我们到太空去收回这些残骸，相信我们可以把它们拼合起来。”

十分有趣的是，就在苏联宣布他们发现地外太空飞船残骸的 10 年前，一位美国天文学家约翰·巴哥贝曾在国内一份著名的科学杂志上发表了一篇文章，其中提到有 10 块不明残片像 10 个小月亮似的围绕地球运行。这位天文学家认为，它们来自一个分裂的庞大母体，而这个不明物体分裂的时间就是 1955 年 12 月 18 日。这正好与苏联科学家的研究结果不谋而合，同时巴哥贝也驳斥了炸裂物体的存在只是一种自然现象的可能性。

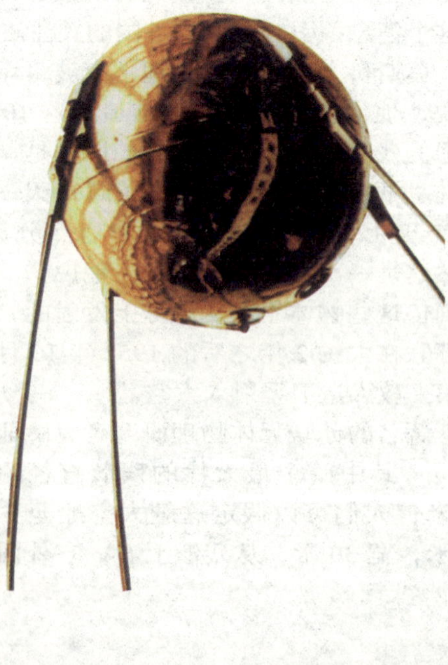

→ 人类第一颗卫星

一 探测太空中转站——月球

月球对人类最重要的价值，在于它可以作为天文观测台和前往其他星球的跳板。月球不仅仅是光学望远镜的理想架设地点，还是对空间进行全波探测研究、探测和跟踪近地小行星的理想场所。而人类如果能在月球上立稳足，月球将成为人类移民太阳系其他地方的理想中转站。

↑ 了无生机的月球表面

有人已提出利用月球土壤和岩石制造玻璃、钢铁、铝、氧。但首先要做的是解决工艺问题，其次要考虑如何利用这些原料在月球上大兴土木。毕竟月球上的真空环境、日照和温度变化与地球不同。地球上所用的工艺方法通常需要火和大量的水，而这在月球上都是难以做到的。

↑ 月球表面的环形山

科学家将通过研究和工程实践确定哪些动植物最适合移民月球，并且还要让它们“和平共处”。例如，从蜜蜂到绿皮南瓜，哪些动物和蔬菜在什么条件下能相处得好，哪些在什么条件下又不能？哪些因素会对它们数量上的稳定构成威胁？

科学家已发现，地球上的海底、极地冰山下和喷泉沸腾的水中都有简单的生命形式存活，而且它们都处在出热口内。这些具有超强耐受力的生物体到别的星球上会怎么样呢？既然月球就在眼前，为什么不利用这一“实验室”呢？

↑ “蓝色大理石”般的地球

同样，一些会污染地球环境高能耗行业也可以外迁到月球上，因为那里不存在环境的危害风险。20 世纪 60 年代末，人类利用从月球附近拍摄到的照片首次真正意识到了地球环境问题，在当时拍下的那些“蓝色大理石”般的地球“老照片”上，我们首次看到了自己家园的秀美和出众，同时也目睹了它纤弱的一面。

人在月球上生存，需要有庞大的保障体系。到那里生活无疑是要冒风险的，所以，第一拨

“月球移民”有可能根本就不前往那里，而是呆在地球“老家”里，采用所谓的“遥存在”技术遥控完成他们在月球上要做的工作。这项技术将使操作人员利用先进的传感器和高带宽通信线路，虚拟地去到远距离以外的地方。月球上大小不等、功能各异、由地面操作手操控的一台台机器将完成首批真正月球移民到来前的各项准备工作。

与真人不同，这些机器人不用照料，也不必花费昂贵的代价返回地球。它们还可以定期地对零部件进行修理、更换或重复利用。其中有些还是可完全自主工作的机器人，但大多数将由地面使用摄像机和操纵器来进行控制。

在人员住所建设与维护和科学研究的诸多方面，这些机器人都可一显身手，不过最能显示出它们“本领”的还是那些有害和高危工种以及日常杂务。遥控操作装置和机器人装置都将会成为人类移居月球的开路先锋。

与地球上不适于居住的海洋、沙漠和极区等区域一样，月球也有一些使人类难以在它上面生活和工作的环境特征，包括真空、极端冷热、辐射和资源难以利用等。虽然有种种缺点，但月球也有一些“与人为善”的优点。

首先，月球上有近一半的地区正对着地球，而且相对地球的位置和距离基本不变，这将为通信提供极大的便利。

↑科幻构思中的月球机器人

↑登月机器人

其次，月球的整个表面都没有水、雪、植被或灰暗大气的遮挡，看上去一目了然。月球表面很大，相当于非洲和澳大利亚的面积之和。月球表层1米厚的月壤之下还是月壤，这里温度恒定，不受昼夜交替造成的极地冷热环境影响。在这样的深度之下没有地下水，仅有极少的月岩，而且温度不像地球上那样随深度增加而明显上升。

第三，月球上有我们在地球上体会不到的恒久性。如果我们把一个物体放到月面上，它能静静地躺在那里呆上数年、数十年、几个世纪，甚至几千年。与在轨道上或深空中不同，它既不会慢慢飘走，也不会掉转方向；与地球上常要应付的情况不同，它不会生锈、不会腐烂、不会燃烧，也用不着担心风霜雪雨、虫咬人踏。

由于月球个头“娇小”而且转动缓慢，在月球表面上旅行很容易与太阳保持同步。只要你以16千米的时速在月面上沿赤道乘车西行，太阳就可以一直留在你头顶上的同一相对位置。在两极附近，留住阳光所需的速度就更低了。如果你驾乘的是一辆太阳能动力汽车，那么只要车况允许，路就会一直在你的车轮下延伸下去。利用这一点，人类可在月面上成组地部署一些大型移动式实验室和前哨基地，让它们追随着太阳一路向西行驶，以开展研究和生产工作，并定期地互换或卸掉所生产的一箱箱货物。

另外，由于地势和轨道动力学两方面原因，靠近月球南极的一些地方具有地球上看不到的奇特现象。在这里，有些月坑的坑底已有几十亿年不见阳光，很可能有水冰沉积。距这些月坑相当近的地方还有山峰，峰顶上有充足的阳光照射，可用于发电。不仅如此，这些山峰还总是处在地球人的视线之内。这么理想的场所就好像大自然有意设计的一样，诱使人类前去建站设点。

↑“嫦娥一号”卫星由中国空间技术研究院承担研制，以中国古代神话人物嫦娥命名。北京时间2007年10月24日，探测器从西昌卫星发射中心成功发射；11月26日，中国国家航天局正式公布“嫦娥一号”卫星传回的第一幅月面图像。

与地球相比，月球更适合发射在太阳系中旅行的飞行器，甚至包括向地球轨道发射的在内，原因是摆脱月球引力场的束缚要比摆脱地球引力更容易。最终能使我们在月球上的太空发射技术更加简便完善，使这些技术的成本大幅度降低。可以预言，一旦向月球移民的价值超过预期成本，一场“大戏”就将上演。而且“开弓没有回头箭”，人类一旦“攻占”了月球，就会继续走出去：走向火星，走出太阳系，走向无限的星际空间。

月球概况

月球是地球唯一的天然卫星，是距离我们最近的天体，它与地球的平均距离约为384402千米。它的平均直径约为3476千米，比地球直径的1/4稍大些。月球的表面积有3800万平方千米，还不如亚洲的面积大。月球的质量约相当于地球质量的1/81，月面重力则差不多相当于地球重力的1/6。

月球本身并不发光，只反射太阳光。它的亮度随日月间角距离和地月间距离的改变而变化。满月时亮度平均为−12.7等。

月球的表面是由平原、山峰和山谷组成的荒漠。由于太空物体高速撞击月球，因此在其表面形成了许多陨石坑。月球上没有供人类呼吸的空气，但是可能有供饮用的水。最近在月球阴面的一个很深的陨石坑底发现了冰。科学家们认为这些冰可能是某次与月球相撞的彗星带来的。彗星的冰没有融化，因为月球的背阴面温度非常低。

↑月球是人类第一个踏上的外星球

“调皮”的脉冲星

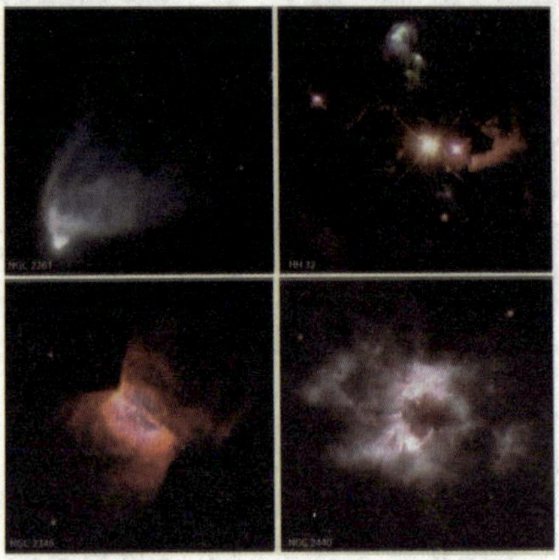

↑ 脉冲星

由于大多数恒星的变化过程非常漫长，人们根本觉察不到，因此，人们最早认为恒星是永远不变的。然而，并不是所有的恒星都那么平静。人们发现，有些恒星也很“调皮”，而且变化多端。于是，就给那些喜欢变化的恒星起了个专门的名字，叫“变星”。脉冲星就是变星的一种。

什么是脉冲星

脉冲星是体积很小、密度很大的星体，也就是一部分高速自转的中子星，它们小到直径仅有10千米左右。当这些星体旋转时，我们可以探测到它们所发射出的有规律的周期性电磁辐射脉冲。有些脉冲星旋转得非常快，最高可达每秒1000转！

↓ 神秘的脉冲星不断地发出有规律的射电脉冲

脉冲星的发现

脉冲星是在1967年首次被发现的。当时，一名英国剑桥大学的研究生偶尔发现，狐狸星座内有一颗星星能够发出一种周期性的电波。经过仔细分析，科学家认为，这是一种未知的天体。因为这种星体能够不断地发出电磁脉冲信号，人们就把它命名为脉冲星。脉冲星的发现，被称为20世纪60年代的四大天文学发现之一。

射电脉冲

脉冲星发射的射电脉冲非常有规律。一开始，人们对此很困惑，甚至曾想到这可能是外星人在向地球发电报联系我们。经过几位天文学家一年的努力，终于证实，脉冲星就是正在快速自转的中子星。而且，正是由于它的快速自转而发出射电脉冲。

正如地球有磁场一样，恒星也有磁场；也正如地球在自转一样，恒星也都在自转着；还是和地球一样，恒星的磁场方向不一定跟自转轴在同一直线上。这样，每当恒星自转一周，它的磁场就会在空间划一个圆，而且可能扫过地球上空一次。

那是不是所有恒星都能发射脉冲呢？其实不然，要发出像脉冲星那样的射电信号，需要很强的磁场。而只有体积小而且质量大的恒星，它的磁场才够强。中子星正是这样高密度的恒星。

一 居无定所的北极星

我们学习星象知识往往都是先从北极星以及北斗七星开始，处在小熊星座尾部位置上的北极星，其实只能算作二等星，又叫小熊座 α 星。当然它是该星座中最亮的一颗。但就是这样一颗“居其所，众星拱之”的北辰，它的位置却并不是恒定不动的。这是为什么呢？

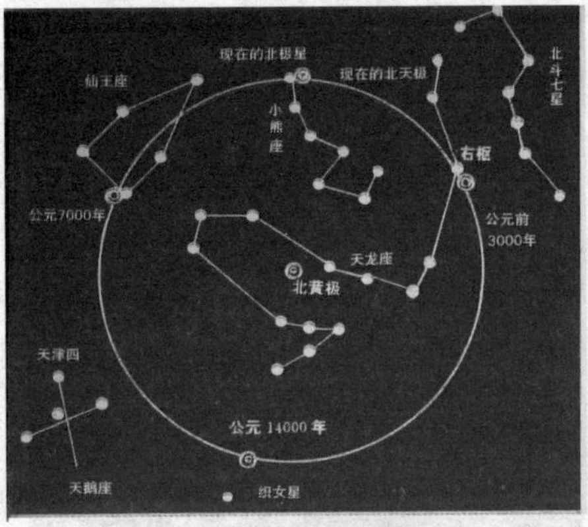

↑“居无定所”的北极星变动轨迹

北极星并不是恒定的

北极星之所以这么重要，是因为地球的自转轴始终指向它。但根据天文学家的精确测算，北极星的位置并不永远是小熊座 α 星，以前曾是天龙座 α 星，以后将是仙王座 γ 星，再往后则是天琴座 α 星，即织女星。这么说来，北极星并不像过去古人说的那样“居其所”的，反而应该是“居无定所”才对。这又一次充分说明了静止是相对的，而运动、变化、发展才是永恒的。

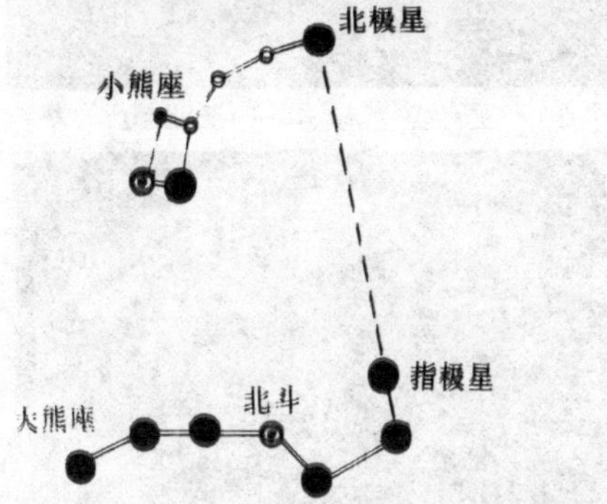

↑我们可以通过北斗七星找到北极星

怎样捕捉北极星的影子

好学的人总希望多了解一些未知领域的知识，比如学习星象位置，了解天体变化，因此不少人对北极星产生了非常浓厚的兴趣。

要找到北极星其实并不难，首先要做的是找到北斗七星。因为大家都知道，这两个星座关系密切。北斗七星属于大熊星座，人们可以通过仰视北斗七星的斗柄与斗勺的方向来推测出北极星的位置。

↓夜空中的小熊座——北极星所在的星座

当然，目前的科学发展水平，已经远不止是通过北斗星一种方法来寻找北极星了，但初学星象位置者仍以此法为最优。

北斗星的作用

北斗星除了能给迷失方向的人指出方向外，还可以用来辨别春、夏、秋、冬四季。北斗星的斗柄分别朝向东、南、西、北四个方向，恰好分别与春、夏、秋、冬四季吻合。而且科学家也已经测算出北斗七星的位置排列从古到今一直都处在变化中。

一 第二个太阳

↑↓ 木星的显著标志——大红斑

后羿射日是神话故事，但在将来的某一天，天上真的有可能会出现两个太阳，这颗新出现的太阳就是木星。

惹人注目的木星

木星是太阳系中最惹人注目的一颗行星，它是行星八兄弟中的老大——个儿最大。它的亮度仅次于金星，并且具有极光现象，是除地球以外第二个发现有极光现象的天体。木星还有光环。

木星与其他行星不同，因为它和太阳一样，自身能够放出热量。如果木星质量比现在再大一些，它的内部温度就会增高到足以使其产生热核聚变的程度，就会转变为另一个太阳。

木星表面的奇特现象

木星表面奇特的现象是明亮的条纹和独一无二的大红斑。这些奇妙的条纹主要是由于包围木星的大气层厚薄不一，在云层特别厚的地方，强烈地反射着太阳光，就显示出金色，中间有少量红色的光芒；而在云层薄的地方，太阳光从中通过，反射回来的光很少，看起来暗淡，这样就构成了木星奇特的条纹现象。

而在木星的表面更为显著的是红色、卵形、像眼睛似的大斑点，也就是木星的标志——大红斑。著名的大红斑是位于木星南纬 20° 附近的一些细而椭圆的斑状云团，是木星上的风暴漩涡。这个风暴漩涡长约 5 万千米，有 4 个地球那么宽。木星大气层中著名的“大红斑”是一团激烈的沿逆时针方向运动的上升气流，这团气流物质中含有大量的红磷化合物，所以颜色发红。这个“大红斑”中足可以容纳两个地球。

木星的真面目

木星是巨行星的代表：赤道半径约为 71000 千米，是地球半径的 11 倍；体积是地球的 1316 倍；质量是地球质量的 318 倍。它的密度为每立方厘米 1.33 克，仅为地球密度的 1／4。

木星是太阳系最大的行星，它的形状并非正球形。木星的自转速度惊人（每分钟近 800 千米），赤道部分自转一周仅 9 小时 50 分 30 秒，是八大行星中自转最快的。它的赤道周长近 45 万千米，转一圈还不到 24 小时。这么大的自转速度使其赤道部分向外隆起，两极向内压缩，明显扁平，使木星形状大致像个横放的橄榄球。

一 太阳也会“变脸”

↑ 中国对中微子有了一定的研究

从探测太阳核心得到的新证据，使天文学家的基本信念产生动摇。他们一向认为太阳是一个永恒稳定的星体，自 50 亿年前诞生以来，绝大部分时间都在稳定地发出光芒，然而中微子的研究使他们对这一信念生疑。中微子是太阳核心产生的微小粒子，即太阳中心热核反应的副产品。这种热核反应把氢变为氦，又释放出太阳能，维持了地球所有生物的生命。

中微子可以说是一种虚无缥缈的粒子，既没有电荷，也没有质量，即使有，也极小。中微子能穿过物体，好像物体并不存在一样。其中只有极少数与相遇的其他粒子发生作用。

↓ 这是美国国家航空航天局公布的太阳表面图像，上面可以清晰地观测到太阳表面聚集的由巨大黑子群释放出的冠状云。

尽管中微子难以捉摸，科学家还是设计了探测仪器。仪器深埋于地下，以隔离轰击地球表面的其他粒子和某些辐射。

世界上第一个中微子探测器，设在美国南达科他州利德市霍姆斯塔克矿场，那里有一个游泳池般大小的槽，盛满全氯乙烯液体（通常用作干洗剂）。在极少数的情况下，一个中微子会与液体中的一个氯原子发生作用，产生放射性的氩。每探测到一个氩原子就表示液体曾受到一个中微子撞击，证明太阳核心在发生核反应。

太阳表面的温度约为 6000℃，天文学家由此可算出太阳核心释放出的能量，估计那个地下槽所能探测到的中微子数目。

如果天文学家的推断正确，那么研究人员每月应可测得大约 25 个中微子，可设在霍姆斯塔克的探测仪器平均每月只测得 8 个。这项实验反复进行多次，每次的结果相同，证明来自太阳的中微子有 2 / 3 失踪了。

为什么会有这种不正常的现象呢？有些天文学家认为，确实产生了预期的中微子，但是有 2 / 3 在到达地球的探测器之前已变了型。中微子共有三型，现有的仪器只能探测到其中一型。至今尚无人能提出令人信服的解释，阐明中微子变型的原因。

另一种可能是：太阳核心的实际温度比根据表面温度计算出来的低一成。有些科学家认为这可能是因为迄今尚未弄清的大量粒子的相互作用，这种作用常在太阳核心内发生，能将热量扩散，降低核心的平均温度，减少中微子产生的数量。如果

↓ 太阳黑子活动周期

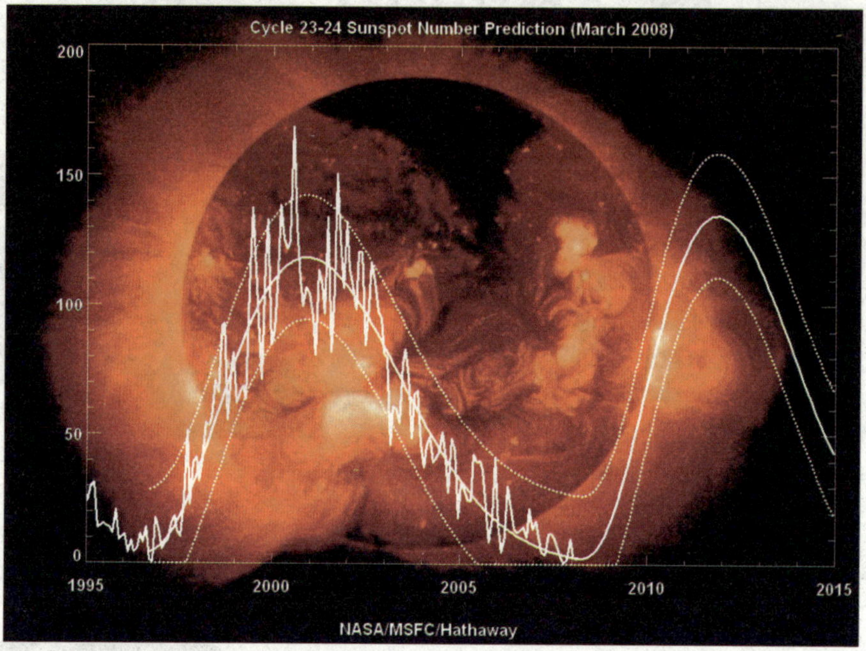

这样，太阳就会长期保持稳定，永恒不变。还有一种可能是：太阳确实在起变化。其核心可能在冷却，但尚未在表面显露出来。即便如此，也不表示太阳就会因此冷却下去，以至熄灭；相反，核心转冷，太阳就稍微缩小，释出引力能，使核心温度重新上升，它产生的热量终会到达表面，于是太阳稍一膨胀而核心又开始转冷，如此周而复始。

如果太阳是一个变动的星体，太阳表面温度降低 2%，地球即会进入冰期，像 11000 年前才结束的冰期一样；如果上升 2%，极地的冰冠就会融化。因此认为太阳恒久稳定的传统观念，不管正确与否，都使世人感到安心。

1611 年，伽利略首次用望远镜观察太阳。虽然先哲说过，太阳是无瑕而且不变的，但是伽利略透过望远镜看到太阳表面有暗点，而且暗点（现称“黑子”）的数目增减周期平均是 11 年。这种现象至今不变，也许自太阳诞生以来便一直如此。

黑子的最多数目在各个周期内并不一样。公元 1640—1700 年期间，每 11 年一个周期虽清楚可辨，但黑子的数目极少。奇怪的是，这段时间恰与称为地球小冰期的最后阶段同期。在这段时期内，地球上气温之低实属史无前例，连英格兰的泰晤士河与荷兰的须德海都结了冰。自此不断有人猜测太阳的活动可能影响到地球上的一切活动。

若干说法令人非常怀疑。有些人声称太阳黑子的周期几乎和地球上的一切都有关系，例如：发生地震的次数、股市的涨落、精神病院的入院人数、自杀率、宣战次数等。有些人甚至宣称政府每年发出的驾驶执照数目，也按着 11 年的周期增减。

意大利的皮卡迪教授经研究后提出，在普通水中进行的各种化学反应的速度，与太阳黑子的活动有关。而引起更广泛争议的则是日本高田博士的研究，其试验结果显示，血液样本凝结的时间长短也会受太阳黑子运动的影响。

地球上有些现象确与太阳黑子周期有关。黑子最多时，整个太阳的活动较强，其亮度比黑子最少时大0.1%左右，耀斑（太阳表面热气的爆发）也较多。而耀斑射出的带电粒子进入地球的磁场，会引起磁暴，扰乱罗盘。

在太阳活动较强期间，常有不寻常的发光现象，光线强而面积广，北极光就是其中一种。此外，电话和无线电通信可能中断，甚至连地球自转速度也可能因太阳黑子的活动而发生轻微的改变。

科学家还发现黑子数目与年降雨量有关。要测出以往的降雨量，观察树木的年轮是一个可靠的办法。树木每年会增添一个新年轮，年轮宽窄视生长季节的雨量多少而定，因此年轮可以反映出这棵树一生中太阳黑子的活动。

在澳洲南部已有6.8亿年历史的岩石中，也发现了与树木年轮同样可靠的记录。这些岩石中的每条红色细纹，都标志着当时的湖泊底部每年的沉积物。有些沉积物经过千百万年，变成了岩石，岩石的纹理由厚而薄，再由薄而厚，其形式与黑子的周期极为配合，证明太阳早期的活动与今天差别不大。

很多人尝试就沉积岩与黑子活动的关系作出解释。有人认为太阳当年可能比现在热，不然就是到达地球表面的热量比现在多，因为当时地球大气层中氧的含量很少，而且没有臭氧层的保护。如果太阳在每11年的周期中亮度变化很大，地球春天的融雪量会大受影响，河水冲到湖底的沉积物数量也会因而不同。

不论太阳曾导致地球发生过什么改变，看来太阳的微妙变化对生物仍有广泛的影响。用高田博士的话来说，人类便是“活的日晷”。

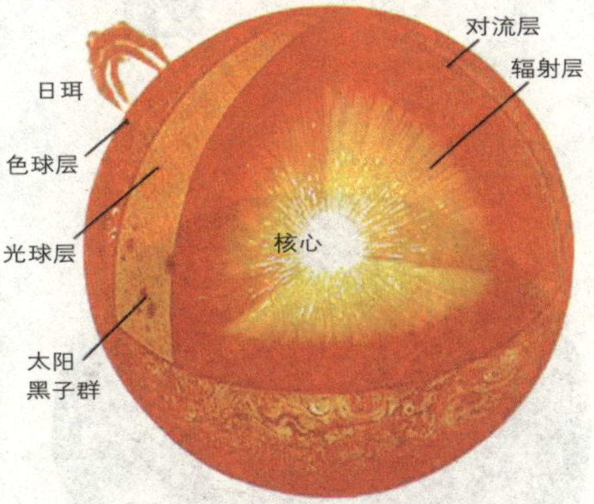

↑ 太阳内部结构示意图

太阳黑子是什么？

太阳黑子是太阳光球层上出现的巨大漩涡状气流，其温度比光球层低1000℃左右，和光球层相比它的亮度稍暗一些，形成了相对暗淡的黑斑，所以人们就形象地称它为太阳黑子。

我国是世界上公认的太阳黑子最早的观测记录者。《汉书·五行志》记载汉成帝河平元年（公元前28年）三月“日出黄，有黑气大如钱，居日中央”。这一记载表明，我国古代人很早就曾发现了太阳黑子。

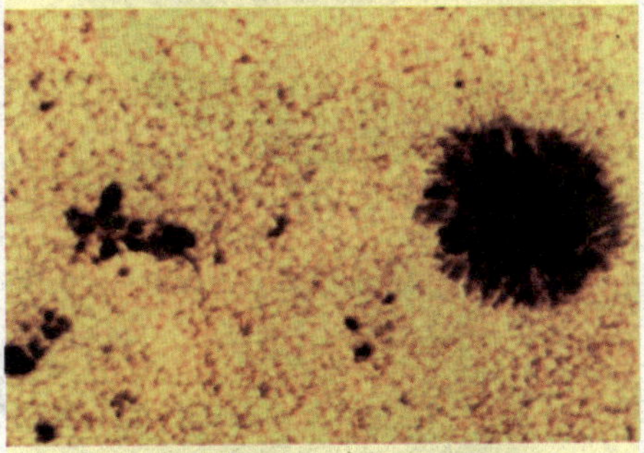
↑ 太阳黑子面面观

一 太阳系谜团

↑ 此图是由美国 Mariner 10 号太空船所拍摄的水星表面环形山的结构，黑暗的阴影中可能有冰的存在。

虽然人类在太空方面的科学探索取得了长足的进步，但对于庞大浩瀚的宇宙来说，这些都是微不足道的。迄今，人类对太阳系主要有以下几大疑问：

水星如何诞生

太阳系由八大行星组成，其中水星、金星、地球、火星是以岩石为主要成分的“地球型行星”，木星、土星、天王星及海王星是大量气体包围的“木星型行星”。

最靠近太阳的行星是水星，那它是如何诞生的呢？有两种说法：一、由于水星最靠近太阳，科学家认为水星位于原始太阳系星云中的高温区域，由凝固的金属铁及其他的物质堆积而成；二、水星是在巨大的原始行星互相碰撞中，由彼此的金属铁融合而成。

↑ 金星的结构

金星为什么灼热

金星的大小和地球最接近，两颗行星的内部构造可能也很相似。但根据探测船和雷达观测，金星是一个灼热的世界，如同炼狱，表面笼罩着二氧化碳的浓厚大气。地表温度高达450℃左右，是地球地表温度的 30 倍。

由于金星靠近太阳，当太阳能量上升之后，金星上的水化为气体释放到大气中。这时，原本溶于海中的二氧化碳也积存大气中，引发强烈的温室效应，导致地表温度暴增。

↑ 月球

月球离地球越来越远

目前，月球与地球的距离约为地球半径的 60 倍。但是，由于地球和月球之间的潮汐力的影响，月球正以平均每年约 3 厘米的速度离地球而去。另一方面，地球的自转速度也逐渐变慢。

也就是说，以前月球比现在更靠近地球，而地球的自转速度比现在更快。证据就在科学家发现的“二枚贝”化石上。二枚贝的成长速度会随着潮汐的涨落而变化，一边成长一边形成树木年轮一样的条纹，条纹数量和宽度依潮湿的不同程度而异。根据这些条纹数量和宽度，科学家发现，大约5亿年前，地球一天只有21小时，1年是410天。

真的有火星人吗

1996年8月美国太空总署研究小组发表研究成果说，火星曾有生命存在，证据是掉落在南极大陆的火星陨石。

研究小组在陨石中的碳酸盐部分检测出有机物，推断远古时代的火星应该像30多亿年前的地球。那时地球已有生命，因此不能否定火星曾有生命的可能性。

木星为什么有大红斑

木星为什么有大红斑？地球人观测出位于木星南半球的大红斑已经有400多年了。大红斑差不多有3个地球那么大。

大红斑是逆时针旋转的高气压云形成的巨大漩涡。它之所以呈现红色，是因为云下层的磷化氢被搬运到上空，受到太阳紫外线照射而转化为磷的缘故。大红斑是如何形成的呢？目前科学家还不清楚。

气体卫星为什么有环

木星、土星、天王星、海王星全部有环，各不相同。木星的环又薄又暗，由岩石粒子构成。土星的环又大又亮，由水冰构成。环的成因有几种不同的说法，其中一种是：过去存在的卫星或彗星被行星的潮汐力破坏，分裂成小碎片，有的碎片进入环绕行星公转的轨道，因而形成了环。

↑ 美丽的火星

↑ 木星和它的四个卫星

↑ 遥远且寒冷的冥王星

太阳系尽头在哪里

科学家太阳探测时会喷出高能量带电粒子，它被称为“太阳风”。太阳风吹刮的范围一直达到冥王星轨道外面，形成一个巨大的磁气圈，叫做“日圈”。日圈外面有星际风在吹刮，但是太阳风会保护太阳系不受星际风侵袭，并且在交界处形成震波面。

日圈的最远边界叫做“日圈顶层”，这就是太阳所支配的最远端，可以把这里视为太阳系的尽头。

至于日圈顶层距离太阳有多远？它的形状如何？“航海家”1号和2号探测器已分别飞到距离太阳66AU（用来表示天文单位的符号，其长度接近于日地平均距离，1AU=149597870千米）和51AU的地方，希望日后能够揭开太阳系最远端的秘密。

↑ 太阳风形成一个巨大的磁气圈

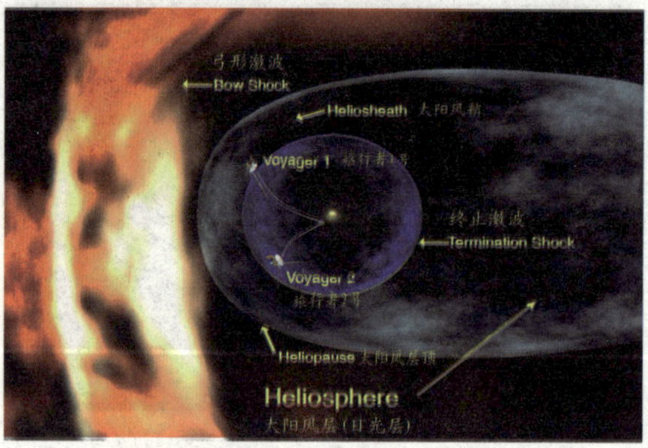

↑ 太阳风形成的磁气圈保护着太阳系

→ 太阳系“全家福”

一 地球是如何起源的

关于地球的起源问题，已有相当长的探讨历史了。在古代，人们就曾思考包括地球在内的天地万物的形成问题，在此期间，逐渐形成了关于天地万物起源的"创世说"。其中流传最广的要算《圣经》中的创世说。在人类历史上，创世说曾在相当长的一段时期内占据了统治地位。

↑观测天象的哥白尼

学者对地球起源的不同论述

自1543年波兰天文学家哥白尼提出了"日心说"以后，天体演化的讨论突破了宗教神学的桎梏，开始了对地球和太阳系起源问题的科学探索。

1644年，笛卡儿在他的《哲学原理》一书中提出了太阳系起源的学说，他认为太阳、行星和卫星是在宇宙物质涡流式的运动中形成的。

↑拉普拉斯是法国数学家、天文学家、物理学家

一个世纪之后，布封于1745年在《一般和特殊的自然史》中提出了第二个学说，认为：一个巨量的物体，假定是彗星，曾与太阳碰撞，使太阳的物质分裂为碎块而飞散到太空中，形成了地球和行星。事实上由于彗星的质量一般都很小，不可能从太阳上撞出足以形成地球和行星的大量物质的。

在布封之后的200年间，人们又提出了许多学说，这些学说基本倾向于笛卡儿的"一元论"，即太阳和行星由同一原始气体云凝缩而成；也有"二元论"观点，即认为行星物质是从太阳中分离出来的。

↑康德是德国哲学家、天文学家、星云说的创立者之一、德国古典唯心主义创始人

1755年，著名德国古典哲学创始人康德提出"星云假说"。1796年，法国著名数学和天文学家拉普拉斯独立地提出了另一种太阳系起源的星云假说。由于拉普拉斯和康德的学说在基本论点上是一致的，所以后人称两者的学说为"康德—拉普拉斯学说"。

到20世纪初，由于康德—拉普拉斯学说不能对太阳系越来越多的观测事实作出令人满意的解释，致使"二元论"学说再度流行起来。

1900年，美国地质学家张伯伦提出了一种太阳系起源的学说，称为"星子学说"；同年，美国天文学家莫尔顿发展了这个学说。他认为曾经有一颗恒星运动

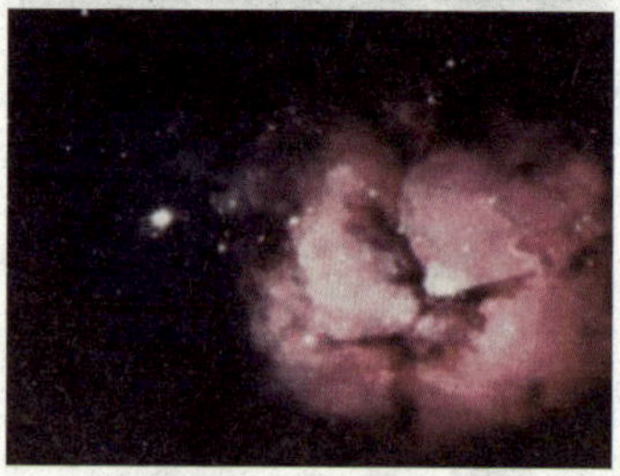

↑ 茫茫宇宙，地球从何处来，人类往何处去？

↓ 地球的形成难道真的是彗星撞击太阳的结果么？

到离太阳很近的距离，使太阳的正面和背面产生了巨大的潮汐，从而抛出大量物质，逐渐凝聚成了许多固体团块或质点，称为星子，进一步聚合成为行星和卫星。

现代的研究表明，由于宇宙中恒星之间相距甚远，相互碰撞的可能性极小，因此，莫尔顿的学说不能使人信服。由于所有灾变说的共同特点，就是把太阳系的起源问题归因于某种极其偶然的事件，因此缺少充分的科学依据。

著名的中国天文学家戴文赛先生于 1979 年提出了一种新的太阳系起源学说，他认为整个太阳系是由同一原始星云形成的。这个星云的主要成分是气体及少量固体尘埃。原始星云一开始就有自转，并同时因自引力而收缩，形成星云盘，中间部分演化为太阳，边缘部分形成星云并进一步吸收积累演化为行星。

总的来说，关于太阳系的起源的学说已有 40 多种。本世纪初期迅速流行起来的灾变说，是对康德—拉普拉斯星云说的挑战；上世纪中期兴起的新的星云说，是在康德—拉普拉斯学说基础上建立起来的更完善的太阳系起源学说。人们对地球和太阳系起源的认识也是在这种曲折的发展中得以深化的。

至此，我们可以对形成原始地球的物质和方式给出如下可能的结论：形成原始地球的物质主要是上述星云盘的原始物质，其组成主要是氢和氦，它们约占总质量的 98%。此外，还有固体尘埃和太阳早期收缩演化阶段抛出的物质。在地球的形成过程中，由于物质的分化作用，不断有轻物质随氢和氦等挥发性物质分离出来，并被太阳光压和太阳抛出的物质带到太阳系的外部，因此，只有重物质或轻物质凝聚起来逐渐形成了原始的地球。

水星、金星和火星与地球一样，由于距离太阳较近，可能有类似的形成方式，它们保留了较多的重物质；而木星、土星等外行星，由于离太阳较远，至今还保留着较多的轻物质。

关于形成原始地球的方式，尽管还存在很大的推测性，但大部分研究者的看法与戴文赛先生的结论一致，即在上述星云盘形成之后，由于引力的作用和引力的不稳定性，星云盘内的物质（包括尘埃层）因碰撞吸积，形成许多原小行星（或称为星子），又经过逐渐演化，聚成行星，地球也在其中诞生了。根据估计，地球的形成所需时间约为 1 千万年至 1 亿年，离太阳较近的行星（类地行星），形成时间较短，离太阳越远的行星，形成时间越长，甚至可达数亿年。

地球上的月球移民地

美国加利福尼亚州计划建立世界上第一个月球移民地，不过他们并不是要到月球上去实现这个理想，而是要在地球上建立这个基地。加州的希斯皮里亚位于洛杉矶东北部50英里的沙漠地带。1999年 7月，希斯皮里亚市通过了一项提议，即建造一个大规模的月球移民地，为将来在月球和其他遥远的行星上可能建立的移民地模式打下基础。

这项兴建月球移民地计划的启动资金目前还没有着落，该计划由当地的建筑师内德·卡里里主持，采用的是与宇航建筑队同样的技术。卡里里出生在伊朗，是希斯皮里亚的加州地球研究院的主要创建人之一，也是该院的院长。正是这个学院首先提出了为地球和其他行星建立一个安全、舒适、有承受能力的“新家”计划。

卡里里最初的想法只是想为世界上因房屋或居所不够的人建造房子，他相信这种房屋不一定非要盖在地球上，也应该可以在月球和火星上实现。希斯皮里亚市的市长杰姆·林德利在接受记者采访时，称赞卡里里是个很有远见的人，他的想法超越了他所处的时代。林德利说，希斯皮里亚市目前拿不出10万美元用作月球移民地原形建造所需的启动资金，但政府会尽其所能筹集资金。林德利市长表示，市政府会以鼓励社会团体支持这个项目等手段，尽一切可能协助卡里里开展这个项目，同时已经有一些教育机构表示出对这个项目的关注，美国国家航空航天局和一些大学也对此表示有一定的兴趣。

↑ 移民月球是人类开拓太空的关键步骤

↑ 在月面上找到冰，是人类能否移民到月球的关键。

卡里里以前是著名的摩天大楼设计师，后来他的注意力转向了为穷人盖房子上。20多年前，他突然意识到，为他的伊朗同胞和其他国家的穷人建造一些传统型的普通房屋是一件很简单的事，但却拥有重大的意义，因为这可以使这些人在地震和恶劣天气等自然灾害面前多一些避身之所。这种摩天大楼到砖瓦小屋的转变，是卡里里设计事业上的一个转折点。

卡里里所建造的普通居民的房屋的特点在于，房子盖好后，在屋内点上以石油为燃料的炉子，烘烤2~3天，直到由黏土筑成的墙壁和屋顶烧成一间陶瓷房子。这种陶瓷房子有足够的能力抵抗大雨、大雪的袭击，只要不发生强烈的地震，这种房屋可以说是非常安全的。随后卡里里又发明了一种新方法，他将之命名为“超级黏土”，实际上是用一排排装满沙土的袋子垒在一起形成墙壁，在每排袋子之间加上带有倒刺的铁丝，以便使沙袋更为紧密地结合在一起。用这种新方法搭建起来的房子已经通过了希斯皮里亚这个地震多发地区的住宅安全检察官的检验。

1984 年，卡里里应邀参加了一个由美国航空航天局举办的专题讨论会，在这个讨论会上，他首次提出了他的“超级黏土”房屋和陶瓷房子的建筑模式在建立月球基地上可能发挥的作用。他在某个太空系统实验中指出，太阳的热量可以被收集起来，用以“融化”月球上的土壤，将其转变为在外太空可以使用的模式，根据与陶瓷房子和“超级黏土”同样的原理加以利用。

卡里里说，在地球上进行的月球移民地建造计划将尽量显示出未来的一切可能性，并大大推动地球上的现代建筑在使用材料方面的进步。卡里里也表示，如果资金问题现在就能得到解决的话，他将向世人展示泥巴房子是如何完善地解决各种困扰人们的居住问题的。尽管许多第三世界的人民看不起自己的传统的泥房瓦舍，但它们的文明与科学程度的确比摩天大楼要高。

如今，一部分专业人士还是很看好这个计划，美国休斯顿月球与行星研究院的一位科学家说，卡里里的设想好就好在他让人知道怎样的理论才是对未来的空间发展有益的，同时，这个设想也使人们逐渐了解到，有很多人在现代日常生活中已经广泛应用的常识如果稍加变通就可运用到太空探索中去。

目前，除了美国加州的希斯皮里亚外，似乎没有别的地方、别的政府还在进行类似的研究，也就是说，卡里里比一般的科研人员快了两步：从构思到实验室试验，再从实验室走向实际操作。

太空酒店

据报道，美国第二位登上月球的航天员奥尔德林与其他科学家，正在研制一种名叫“不停站”的往返于地球与火星之间的宇宙飞船。这种宇宙飞船有如酒店，备有一切舒适的设施，每次可容纳50人，预计在2018年开始“营业”，将太空旅游普及化。

奥尔德林说：“这种可靠且可循环使用的太空交通工具，是人类进入太空探索、移民外星及星际商业活动的钥匙。”

参与这项计划的印第安纳州普渡大学教授隆古斯基说：“只要你将这部宇宙飞船放进轨道，它便会按照已预先设定的行程，往来于地球与火星之间。”

设计中的“太空酒店”将不停地在星球之间航行，不会在地球降落。入住者首先要在地球登上一种名为“太空的士”的接驳飞机，经过一段短时间的航程之后，方能到达“太空酒店”。

另外，由于“太空酒店”靠引力推动，隆古斯基表示“太空酒店”基本上是不需要燃料的，这样可大大减低运作成本。但是酒店内仍然需要其他燃料及物资运作，这些东西将会由“太空的士”运送到酒店。

↑ 登月舱中的奥尔德林

一 正在变暖的全球气候

近些年来，全球气候不断变暖。科学家们最关心的一个问题就是，南极大陆的冰山会不会大规模解体、融化。为此，包括美国在内的世界上许多科技大国都在利用卫星对南极地表的变化进行跟踪观测。日前，总部设在华盛顿的美国国立冰研究中心公布消息称，他们利用美国国防部军事观测卫星发现，又一块巨型冰山已经从南极大陆的永久冰层中解体出来。

↑ 全球气候变暖使冰川逐渐消失

全球气候变暖导致冰川融化

此次冰层解体活动发生在南极玛丽皇后地靠近海洋的西北部地区。一座宽约 13 千米、长约 24 千米的巨大冰山已经从该地区厚厚的冰层中彻底解体出来。

美国国立冰研究中心的有关科学家已经将这块面积如同一座小城市的冰山命名为 D–16。该中心有关科学家表示，这是 2006 年初以来美国观测到的、南极最大规模的一次冰层解体活动，并再次说明南极冰层持续大规模解体已经成为事实，全球气候变暖已经不可逆转地改变了南极地貌。美国国防部军事观测卫星从太空传回的图片显示：目前 D–16 冰山正随着洋流向南极东部地区缓慢移动。

英国南极观测中心和美国科罗拉多大学有关研究人员发表过一份联合报告，该报告指出，全球气候变暖正严重威胁南极地区的自然环境，每年南极大陆融化 152 立方千米的冰。2002 年以来，南极的这些冰融化成水后，导致世界海洋水平面每年大约上升 0.4 毫米。

全球变暖催生死亡海域

英国南极观测中心和美国科罗拉多大学的有关研究人员发现，南极冰层融化非常不对称，几乎所有的冰层融化现象都出现在南极大陆西部地区；而大陆东部地区的冰层不但没有融化、变薄，反而正以平均每年大约 1.8 厘米的速度增厚；但从整体上衡量，南极的冰面正在迅速缩小。为了详细测算南极冰面的变化，研究人员使用了 GPS 定位系统，通过记录南极地表裸露部分上升的尺寸推算冰层融化的量。如果南极大陆所有的冰都融化，那么，全球海平面将上升 7 米，我们将再一次面对死亡海域。

↑ 全球气候变暖，非洲乞力马扎罗山上的冰盖融化。

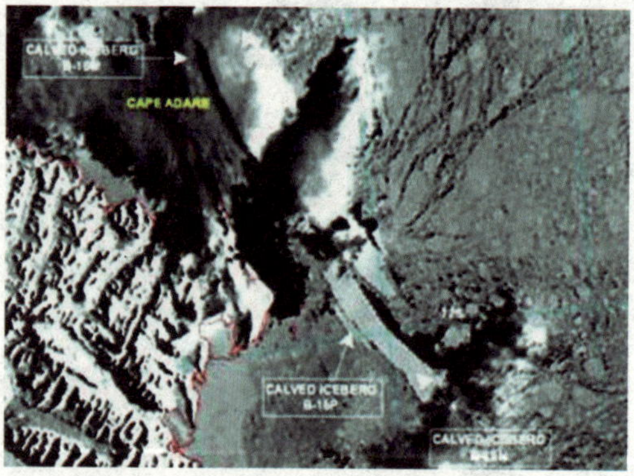

↑ 南极地区 B-15A 冰山发生解体崩裂的照片

2005 年南极第二大冰山解体崩裂同样是由于气候变暖造成的。2005 年 11 月初，南极地区第二大冰山——B-15A 冰山发生解体崩裂，巨大的冰山一分为三。科学家们认为，这座冰山解体崩裂将对南极地区的地形地貌和气候产生深远影响。

总面积接近卢森堡国土面积的 B-15A 冰山发生解体崩裂后，在冰山原来的位置上出现了 3 座新的冰山：B-15M、B-15N 和 B-15P。长期负责观测 B-15A 冰山的有关科学家介绍说，这座冰山解体后已经改变了南极地区的地表形态，随后将对南极的气候变化产生影响。因解体崩裂而形成的 3 座新冰山的体积仍然十分庞大，其中最大的一座长度达到了 75 千米。

从 2002 年起，科学家们开始不间断地观测 B-15A 冰山在南极海域的漂移情况。观测期间，B-15A 冰山曾经一度因漂移而封堵过麦克莫多海峡，当时它使对南极地区气候起重要调节作用的洋流和极地海风的运动受到阻碍，因此 B-15A 的解体必然对南极的整个气候变化产生影响。

温室气体

温室气体是全球气温上升的“元凶”。科学家最近发现，地球暖化会促使温室气体排放，也就是说，气温上升会比气候模式所预测的更快。科学家估计，到21世纪末地球暖化可能会比目前估计的高15%~78%。

美国加州和欧洲的两组科学家在各自的研究中，基本上都获得了相同的结论：太阳光的自然照射，使地球大气暖化，与此同时，排入大气层的温室气体也会不断增加。在温室气体增加的时候，地球的气温也随之上升。

地表这样的暖化过程并非持续的，在背着阳光的时候，那一部分地表的气温就会下降，温室气体的排放量也相应减少。

根据劳伦斯贝克里国家实验室的玛格烈·托恩说，过去这种暖化和冷却交替的过程，并未受到人类燃烧石化燃料以及目前全球平均气温趋高形势的影响。

托恩还说：“这意味着地球暖化速度会更快，每隔10年，地球暖化的速度就会比原本要快很多。暖化速度的改变是个大问题，人类要如何适应，要付出什么代价，这完全要看气候改变的速率。”

据美国宇航局说，最近30年来，地球的温度上升了0.6℃。而过去100年，地球的温度仅上升了0.8℃，这足以显示近年温度上升加速。

一 宇宙的终结

宇宙有没有终结的一天？宇宙将会如何终结？是忽然的一次大爆炸，还是逐渐消亡？当地球人在无数个夜晚静静仰望灿烂星空、对宇宙浮想联翩时，总会从内心产生这样的猜测。

根据科学家利用天文望远镜获得的最新观测结果，宇宙最终不会变成一团熊熊燃烧的烈火，而是会逐渐衰变成永恒的、冰冷的黑暗。这听起来似乎太骇人听闻了。然而地球人或许没有必要杞人忧天，因为地球人暂时还不会被宇宙“驱逐出境”。根据科学家的推测，宇宙很可能至少将目前这种适于生命存在的状态再维持1000亿年。这个庞大的数字相当于地球历史的20倍，或者，相当于智人（现代人的学名）历史的500万倍。既然它将发生在如此遥远的未来，对地球人今天的生活就不会有丝毫影响。

↑美国天文学家爱德温·哈勃是研究现代宇宙理论最著名的人物之一，他发现仙女座大星云的12颗造父变星，并提出它们是与银河系一样的恒星系统，是星系天文学的奠基人，观测宇宙学创始人。

与此同时，科学家又指出：没有什么东西是永恒存在的。宇宙也许不会突然消失，但是，随着时间的推移，它可能会让人觉得越来越不舒服，并且最终变得不再适于生命存在。

这种情况将会在什么时候出现，又会以怎样的方式出现呢？

自从20世纪20年代美国天文学家爱德温·哈勃发现宇宙正在膨胀以来，“大爆炸”理论一直没有摆脱被修改的命运。根据这一理论，科学家指出，宇宙的最终命运取决于两种相反力量长时间“拔河比赛”的结果：一种力量是宇宙的膨胀，在过去的一百多亿年里，宇宙的扩张一直在使星系之间的距离拉大；另一种力量则是这些星系和宇宙中所有其他物质之间的万有引力，它会使宇宙扩张的速度逐渐放慢。如果万有引力足以使扩张最终停止，宇宙注定会坍塌，最终变成一个大火球——“大崩坠”。如果万有引力不足以阻止宇宙的持续膨胀，它将最终变成一个漆黑的、寒冷的世界。

↑宇宙如灭亡，则恒星不恒，行星不行。

↑ 宇宙到底以何种方式“生死”，我们不得而知，只有大胆想象。

↑ 爱因斯坦说过，越是基本的概念就越是难以刻画清楚。所以，人类对于宇宙的认识永远没有终极。

显而易见，任何一种结局都在预示着生命的消亡。不过，人类的最终命运还无法确定。因为目前人们尚不能对扩张和万有引力推算出精确的估测，更不知谁将是最后的胜利者，天文学家的观测结果仍然存在着许多不确定的因素。

这种不确定因素又是什么呢？科学家指出它涉及到膨胀理论。根据这一理论，宇宙始于一个像气泡一样的虚无空间，在这个空间里，最初的膨胀速度要比光速快得多。然而，在膨胀结束之后，推动宇宙扩张的力量也许并没有完全消退，它仍然有可能存在于宇宙之中，潜伏在虚无的空间里，并在冥冥之中不断推动宇宙持续扩张。为了证实这种推测，科学家又对遥远的星系中正在爆发的恒星进行了多次观察。通过观察，他们认为，这种正在发挥作用的膨胀推动力有可能确实存在。

倘若真是这样的话，决定宇宙未来命运的就不仅仅是宇宙的扩张力和万有引力，还与在宇宙中久久徘徊的膨胀推动力所产生的涡轮增压作用有关，而它可以使宇宙无限扩张下去。

但是，人们最关心的或许是智慧生命本身。人类将在宇宙中扮演什么角色呢？难道人类注定要灭亡吗？人类已经在越来越快地改变着地球，操纵着自己的生存环境。也许到那时，人类将会以更发达的智慧在宇宙中立于不败之地。且让未来的地球人和地外一切生命拭目以待吧。

人类对宇宙的认识永远没有终极，认识穷尽的那天也许就是人类或宇宙毁灭的时刻。正如爱因斯坦在写给一个为世界的命运感到担忧的孩子的信中所说，“至于谈到世界末日的问题，我的意见是：等着瞧吧！”

第2章 天外来客

据科学测算，仅银河系就有2千亿颗太阳的“兄弟姐妹”，目前科学家已找到了150个有行星环绕的恒星，它们称得上是地球的“远亲”。

无论是从科幻故事到3D高科技电影，还是近些年来诸多“UFO”和“第三类接触”事件被昭然天下，其实这些都是发自人类内心深处的声音：

外星人，你们在哪里啊！听到我们地球人类的呼唤么？……

外星人形象之谜

↑ 由于人类对外星人的既期待又担心的双重心理，使我们对于外星人的猜想总是更智慧、更高级。

美国大导演史蒂芬·斯皮尔伯格在 1977 年的电影《第三类亲密接触》中，第一次将外星人的形象带入人们的视线，如今大家都已看惯了这副模样：他们的样子有些像畸形人，但不让人觉得反感。这是为什么呢？就是因为他们身上有很多人性的东西。

“绿色小人”个头不大，身高也就在一米二左右。一颗硕大的脑袋，没有头发，眼睛乌黑长在向外斜视的小坑中，几乎没有耳朵，尖下巴，有一张小嘴和一个小鼻子，鼻孔是两条垂直的细缝。人类的“理性兄弟”最常见的肖像大概就是这副模样。

“外星人”是灰色的吗

人们还是在电影和史蒂芬·斯皮尔伯格的帮助下才大量接触到这些孱弱的大头侏儒形象。在电影《第三类亲密接触》中，外星人第一次以如今大家都已看惯了的形象出现。在《E.·T.》这部电影中，他除了用类似形象外还加入些许滑稽成分。

↑ 人们猜测中的外星人常常既古怪又和人类相似

不过，形象本身出现得还要早，因为大家所知道的外星人形象是那些自称见过他们的人说出来的。说得更确切些，是那些像是曾经被外星人劫持的人说的。而后，他们异口同声描述了同样的特点。

2004 年，第一个被劫持的、也是最著名的一个美国妇女贝蒂·希尔离开了人世。但死前她在催眠术的作用下“回忆”起 1961 年曾经到过“飞碟”的情景。从整体上说，她对外星人外形所做出的口头描述同斯皮尔伯格电影里的完全一致。

俄罗斯圣彼得堡著名的“飞碟”问题专家米哈伊尔·格尔施泰因称这个形象为“经典的外星人”，不过据他猜测外星人不是绿色的，而是灰色的。而且据他所知，外星人的画像最早出现在加拿大 1957 年 12 月 11 日的《The Prince George Citizen》报纸上，同时还刊登了一篇据说是被外星人劫持到火星上去的人所陈述的相当可疑的故事。如果抛开劫持者的眼睛是双苍蝇的复眼不算，他所描述的外星人形象几乎同平常所见到的“科幻型外星人”没什么两样。

不过，有比这还要早的。如果相信一些人的杜撰，美国军人似乎见过真外星人，他们曾经称从 1947 年在新墨西哥州罗斯威尔坠毁的“飞碟”中弄到了外星人的尸体。根据对外星人的描述，死去的外星人长了一颗没有头发的大圆脑袋，外斜视的眼睛深深地凹陷进去，没有耳廓，只有一对听孔，鼻子略略凸出，嘴巴是不大的一条缝，没有牙齿……身高 90~120 厘米，血液里的成分同人血。

不排除这种描述是种杜撰、是公开的欺骗。但为什么人们对这种说法如此执著呢?

“外星人”是婴儿眼中的母亲影像

美国空军学院心理学家弗里德里克·马利姆斯特尔相信，所有的人都见过外星人。不但如此，外星人的典型形象仍然映在每个人的脑海里。

他之所以做出这样耸人听闻的结论，是企图解释这么一个奇怪的事实：据说在“飞碟”里待过的人所描述的外星人都是一副模样，似乎都是一些“灰色”的面孔。

他咬定那就是母亲的面孔。他借助电脑改变了女人的画像，将它改成视力还很差的新生儿所看到的模样。这些新生儿的眼睛有一层浅浅的聚光平面，散光、视力模糊，对颜色把握不准，还有其他一些不如意的地方。结果马利姆斯特尔得出的影像很像经典的外星人。

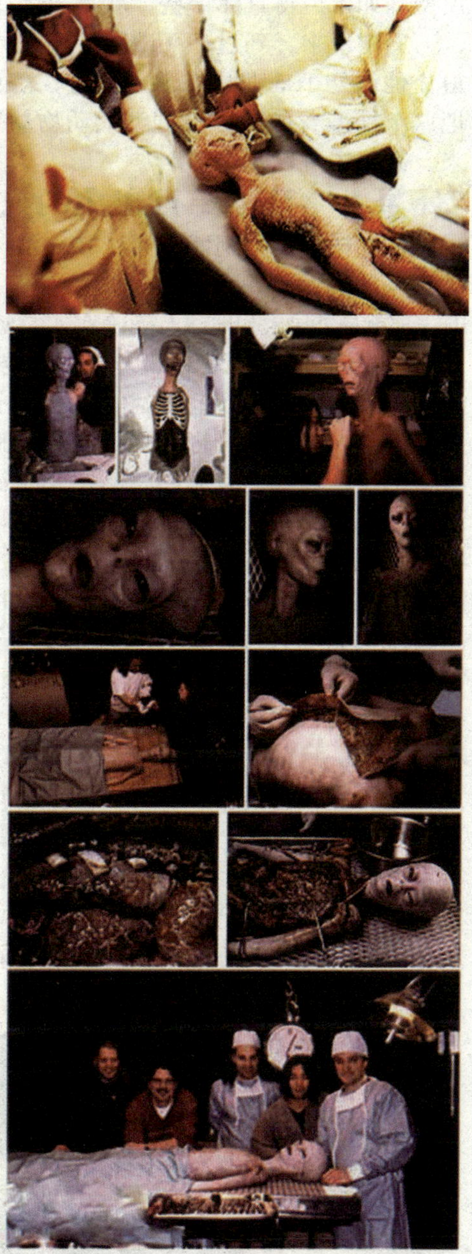

↑ 人类经常喜欢以假造的外星人及其照片来制造虚假新闻

这位心理学家认为，每个人的潜意识里都保存有这个影像，这就是所谓的基本模型。如果说得具体一些，就是出生后第一眼看到的母亲影像。

通常说来，到过“飞碟”上的人什么也记不得了。为了“再现”所见到的情景，得让他们处于催眠状态下。这时，潜意识中的妈妈模型便浮现出来。于是，人们便把这个模型看成回忆被“类人动物劫持”的证据，并且很乐意描述出所看到的影像来，甚至还可以画出来。

“外星人”是不足月出生的人

俄罗斯生物学副博士弗拉基米尔·维塔利耶夫对此也有自己的一番研究。他认为人类胚胎的照片跟外星人的形象一模一样，这说明若不是弄假者选中了非常完美的模特儿，那就是外星人和地球人确确实实是近亲，不仅是“理性兄弟”，还是血缘兄弟。

弗拉基米尔·维塔利耶夫是所谓逆向进化论理论的鼓吹者，认为人不是由动物进化而来，恰恰相反，动物才是由人进化而来，这样才能对孕育过程发生的怪异现象做出解释。这种怪异现象是指人的胚胎在成长过程中先变成软体动物，后变成蝌蚪、有鳃的鱼、蜥蜴、有鳍的海豚，变成有拱嘴和卷尾巴的小猪，变成全身长毛的猴子。

看来，这些胚胎似乎是在重复地球生命发展的全部阶段。照逆向进化论者看来，它们是在展示在一定条件下自己也能变成的那些生物，而且有些还变成功了，比如猴子。

维塔利耶夫还指出，从母亲子宫里取出来的胚胎永远也变不成人们所习惯看到的人样，它会变成完全不一样的生物，人们用动物做过类似的实验。澳大利亚科学家曾打算用袋鼠的胚胎培育出一种类似老鼠的生物，却因实验对象很快死亡而宣告试验中止。目前人们还不知道下一步该怎么把实验对象“喂养大”，但这绝不意味着原则上不能这么做。

科学家们还进一步说，并不排除宇宙深处存在这种条件，那里婴儿的胚胎期相当于地球的 9~10 个星期。出生之后，他们发育成小矮个的大光头、大眼睛的类人动物。这就是说，外星人实际上是不足月出生的人，也可比作是人类的幼虫。如果实际情况确实如此，那宇宙的生命就应该有同一个根源。

幼体生殖

↑ 美西螈

大自然中有很多生物突然中止发育的例子，但它们有了生存能力，并能繁殖后代，这种现象称之为幼体生殖。

蝌蚪有可能变不成青蛙，而最终成为带爪子的鱼；一些毛毛虫一直到死都只能在地上爬，不会变成蝴蝶；并不是每只蝗虫都会长翅膀；美洲蝾螈的幼虫美西螈同样能生老病死和繁殖，但它们并没有变成更高级的生物——蝾螈。所以说，维塔利耶夫有关早产外星人的假说并不是完全没有依据的。

一 人类能找到外星人吗

↑↓ 经典影片《E.T.》中的外星人的精彩画面

银河系拥有 4000 亿颗星球，宇宙中至少拥有 100 亿个银河系。宇宙如此之大，是否还会有生命存在，其文明程度有可能超过地球上的人类吗？为了寻找外星生命和外星文明，科学家做出了很多的努力，那他们找到外星生命了吗？

寻找外星人之路

许多科学家都坚定地相信，既然地球上有智慧生物，那么其他星球上也一定会有。这一观念，在 20 世纪 50 年代就已被一些人所接受。有人还通过测算得出了银河系有智慧生物生存的星球的个数。美国著名天文学家、科普作家阿西莫夫通过估算，认为银河系有 53 万个星球上有智慧生物。

正是带着这种信念，科学家们踏上了寻找外星人之路。美国著名天文学家弗兰克·德雷克于 1960 年领导了探索其他星球文明的“奥兹玛工程”。他利用直径约 26 米的射电望远镜，对距地球 11.8 光年的鲸鱼座 τ 星和距地球 10.8 光年的波江座 ε 星这两颗类似太阳的恒星进行观测，结果一无所获。但锲而不舍的德雷克并未灰心，仍继续从事这项工作。

1972—1975 年，他们又实施了第二期“奥兹玛工程”，对地球附近的 650 颗星体进行了观测。这次观测仍收效不大。后来，人们陆续观测了大约 1000 颗星体，都没得到令人鼓舞的结果。

看来，寻找外星人真的是一个充满了挑战的漫长路程。

外星人来自何处

人们在苦苦地寻找着外星人，但是外星人究竟来自何处呢？关于这个问题我们不能只从字面上理解，即外星人当然是来自“外星”。外星人来自外星球，这个说法较为大家所接受，在宇宙千千万万亿个星体中，实难说只有地球上才有生物。

但有人也展开了更为大胆的设想，比如有人说外星人来自地底文明。1906 年美国作家首先提出地球中空的说法。1957 年巴西人休基宁正式提出“飞碟来自地心”的理论，认为地球内部文明程度比我们人类还要高。

更有人说来自未来：飞碟不是飞越空间而来的，而是超越时空而来的，它是未来地球人的交通工具。

不管怎么说，假如外星智慧生物的秘密被揭开，那该是多么激动人心的事啊！

中国古籍中记载的外星人

↑ 神秘的贺兰山岩画

↓ 贺兰山岩画上的图像很像外星人

外星人之谜是当今世界的热门话题。有关外星人光临地球的奇闻异谈在科幻作品和报刊中屡见不鲜。有趣的是，我国古代对此也有不少记载。

最早的外星人出现在7000年前的贺兰山岩画中。在那些记载氏族公社生活的画面上，可以看到头戴圆形头盔、身穿密封宇航服的人，与现代航天员的形象极其相似。

最令人惊叹的是贺兰山南端、宁夏冲沟东的一幅岩画。画面左上方有两个旋转的飞碟，飞碟开口处，一个身穿“宇航服”的人正飘然而下，地面上的动物和人群在惊恐地跑散。这可能是外星人在贺兰山一带出现时的生动写照。

据《拾遗记》载：在4000年前的尧帝时代，一个巨大的船形飞行物飘浮在西海上空。船体亮光闪烁，缓缓飘移。船上的人戴冠，全身长满白色的羽毛，无翅而能在高空翱翔。

《宋史·五行志》记载：宋乾道六年（公元1170年），西安官塘出现了一个鸡首人身的怪物，高约丈余，大白天从高空中降落下来，在田野上行走，还试图与人交谈。有关专家认为，这可能是个戴着鸡形头盔的外星人。

《五行志》还记载有清康熙十二年（公元1673年）三月发生的一件追捕外星人的事。当时有人看到一个黑面人在空中飞驰，身上红光闪闪，熠熠生辉，像是在空中放火的样子。当官府捕快闻讯赶来时，那人却忽然不见了踪影。

《清史稿·灾异志》则载有一段极似当今外星人掳人事例的记载。清雍正三年（公元1725年）七月，灵川五都廖家塘有一村民与众人进山砍竹，忽然在众目睽睽之下失踪了。三个多月之后，他又莫名其妙地在家中出现，但是说话已语无伦次，荒诞无稽。

史料中的外星人记载，不仅为长期未解的外星人之谜增添了神奇的色彩，而且为外星人的科学研究提供了依据和线索。

一 神秘的天外来客

生命如何起源？地球之外的星球是否有生命存在？这是许多科学家一直在苦苦探索的问题。

频繁出现的不明飞行物体

中国长白山天池火山监测站的一名监测员在给他人拍照时，发现天池上空有一椭圆形不明飞行物以弧形的运动方式朝北快速移动，几秒钟后消失。目击者举起手中的相机拍下了这一瞬间。

牙买加首都金斯敦一名妇女称，她发现天空有银色的雪茄形物体。她当时正站在自家后院的草坪上，看到天空出现长条形的物体，这一过程大概维持了 30 秒。

在加拿大卡尔加里，3 个发光的物体由西向东滑过城市的上空，但很快消失，同时出现一颗流星。据目击者称，该物体体积有如飞机大小，形状像带有 3 个圆灯的毛虫，但那 3 盏灯并不发光。

这些不明飞行物体究竟是什么？科学家们有诸多的解释，有人认为是自然现象，有人认为是对已知物体的误认，有人认为是心理现象，而很多人，包括爱好者和科学家，更愿意相信这是外星球的高度文明生命制造的航行工具。宇宙中真的有外星人吗？我们可能并非是宇宙唯一的智慧。

↑ 隐约可见的飞行物往往被怀疑为来自外星球

究竟有没有外星生命存在

对外星生命存在持怀疑态度的科学家们认为，这个问题有太多的“如果”。正如物理学家恩里科·费米经常说的那样，如果宇宙中存在许许多多的外星生命，为什么我们至今没有收到他们的任何信息？

一些根本不相信有外星生命存在的科学家认为，关于外星人的种种谈论都是非常无知的。

↑ 恩里科·费米是当代著名的物理学家，是物理学罗马学派的创始人之一。

古生物学家彼得·沃德和天文学家唐纳德·布朗利认为，在地球以外的大部分宇宙空间，辐射程度和温度都太高，适合生命生存的星球极少，而且宇宙轰击（类似 6500 万年前致使恐龙灭绝的那一次轰击）极为严重，即使有生命形式存在，也可能是生活在深层土壤中类似细菌的生物。他们认为，存在技术高度发达的社会的几率微乎其微。

国外一些外星人研究者认为，外星人已在地球建立了基地，最著名的有百慕大魔鬼三角区基地、喜马拉雅山基地、加勒比海海域基地、阿根廷海域基地、戈壁滩基地、阿斯塔山基地及南、北极基地。

科学家还在继续探索，由美国射电天文学家弗兰克·德雷克领导的地外文明探测计划和行星协会等私人团体资助的无线电和光学探测活动带给人们新的盼望。即使是对能否成功找到外星人持怀疑观点的科学家，也不想扫大家的兴。他们都肯定了继续进行搜寻的重要性，不仅是搜寻火星或木卫二星上是否有微生物，而且还搜寻来自一些遥远的星球的微弱信号。

浩瀚宇宙，群星闪烁。仰望天空，人类对神秘的宇宙充满了幻想：是否存在外星生命？UFO 是否是外星人派来的使者？我们是宇宙中孤独的智慧生物吗？接二连三地发现 UFO，再次唤起了人们对“外星人”的关注。

↑ 人类对于外星人的想象一直脱不开自身的特点

人类的外星人探索史

人类对外星人的外表及意图不同的想象都源于人类的头脑。多数专家对外星人的看法相同，他们认为外星人的长相、思想、行为与我们地球人类似，但威力极大。天使、巨人、希腊神话故事中的人物，总是以人类或是类人的形态出现。

研究外星人的科学家直接将天文望远镜瞄准邻近的像太阳的恒星，那些恒星是太阳的亲戚，而且最可能有类似地球的行星环绕它们，科学家认为那些行星上可能有先进的文明世界。

我们探测的恒星都在一光年以外的地方，每个恒星都超过了 30 亿岁，就像太阳一样，这足以使有智慧的生物发展无线电科技，所以不排除外星人正在接收地球信号的可能性。

人类的外星人情结

在俄罗斯南乌拉尔地区车里雅宾斯克的古城遗址——阿尔卡伊姆这个神秘的地方，时钟会失灵，人类心脏跳动的频率、血压以及体温都会发生突变，地球磁场力度也莫名其妙地降低，空气温度在5分钟内会忽然上升或下降5℃。俄考古学家认为，这里是地球上最神秘的地方之一。飞碟专家认为，很久以前这里或许是外星人起降飞碟的航天中心。

↑图为SETI基地，它是美国为专门寻找地外智能而设立的。

给外星人打长途电话

在美国，登录一个专业网站，网民就可以打一个“太空电话”，他们的电话信号将通过架设在美国康涅狄格州中部、一个直径为3.2米的发射器发送到太空。该网站的负责人说，如果遥远星球上有一个与直径超过300米的射电望远镜类似的接收器，就能“听”到来自地球的声音。地球人与外星人沟通将不再是幻想。

↑1976年由“维京1号”探测器拍摄到的火星“人面石”照片

哪颗星球可能有外星人

火星是被认为最有可能有外星人居住的星球，1976年美国发送的“维京”号登陆火星，找寻生命。“维京”号装载有探测生命、采样火星大气层及分析干燥土壤的工具，但没有发现有外星生物。不过科学家认为“维京”号没有发现生命并不表示火星没有生命，生命可能存于地面或地底下。

↓不知不觉，火星漫游车“勇气”号和“机遇”号已经登陆火星两周年。它们依然运作良好，图中是“机遇”号在子午平原上的黑暗神陨石坑，正分析外露的沉积岩。

地球上的UFO基地

↑ 据拜尔德的日记所载，他发现 UFO 的基地就在北极。

↑ 1930 年时任海军少将的拜尔德

地心有飞碟基地，这听起来简直是天方夜谭。然而曾是美国海军少将的拜尔德却在后来公开了他驾机探访地心飞碟基地的神奇经历，使外星人和飞碟再次成为美国人谈论的热门话题。

据拜尔德的日记记录，他曾于 1947 年 2 月率领一支探险队从北极进入地球内部，并发现了一个庞大的飞碟基地和地面上已绝迹的动植物，在这个基地还居住着拥有高科技的“超人”，但这一信息却一直被美国政府长期封锁着。

据拜尔德飞行日记所载，探险队驻扎在北极地区某一基地内。1947 年 2 月 19 日，一切准备就绪后，他们朝北方进行飞行探测。圆形六分仪和指南针都已经过再三检验，无线电通信也正常。

当他们的飞行高度达到 707 米时，东风带来轻微的震动，下降到 518 米时，飞机又趋于稳定，但尾风增强，后又产生震动，爬升到 610 米时又一切平稳。这时，他们看到地面上覆盖着无尽的冰雪，呈现出微黄色的光泽，但奇怪地分散成直线状，还略微透出淡红色和紫色。

拜尔德除将此奇景立即电告基地外，又环绕飞行两圈。这时，他发现指南针和六分仪不停地旋转抖动，无法测出飞行方向，接着，又看到地面不再有冰雪，远方出现了山脉，那些山脉的范围并不大，但绝不是幻觉。截至此时，已飞行了 29 分钟。

爬升至 900 米时，拜尔德的飞机遭遇到强烈的震动。继续朝北飞越这些山脉后，他竟然看到了绿意盎然的山谷，山谷中有小溪流过，左边的山坡上分布着茂密的森林。此时罗盘又开始旋转，并在两点之间来回摆动。于是他下降至 427 米，向左急转，以便仔细观察这个山谷。他看到青苔或稠密的青草覆盖着的地面，但这里的光线却非常奇特，因为并没有看到阳光。

他还看见了似乎是大象的动物，再下降至305米，在望远镜中他吃惊地发现了地球上本已经绝种的猛犸！继而又看到绿色的起伏山丘，此时外面的温度为27℃，各种仪器恢复正常，然而无线电通信却失灵了。

他继续向前飞行，地面逐渐平坦，而且竟然还有城市存在，而空中的飞行器似乎具有一种奇特的浮力。另外，在舱门上端和右侧均出现碟形发光飞行器，上面有一些无法形容的符号。结果，拜尔德的飞机被一股无形的力量所吸住，无法加以控制。

更不可思议的事情还在后边，无线电发出的哗哗声中竟然传出带有北欧语言或德语音调的英语："欢迎将军的光临"，并称不必担心，7分钟之后将安全降落。接着，飞机的引擎停止运转，飞机在轻微的震动中平安着陆，好像是由看不见的升降机支撑着。之后，几个金发碧眼、皮肤白皙、体形高大的人出现了，这些人并没有携带任何武器。而这座城市闪闪发光，有规律地散发出彩虹般的色彩。

拜尔德和无线电通信员受到热诚的款待，他们登上了没有轮子的平台车，急速奔向灿烂的城市。那座城市似乎是用水晶修筑的，晶莹透明。随后，他们走进一巨大的建筑物里，饮用风味绝佳的热饮。10分钟后，拜尔德暂时离开通信员，进入一架升降机，向下运转数分钟。后来升降机的门朝上无声地开启，他走过充满玫瑰红的走廊，光线似乎是从墙壁上放射出来的。

他停在一扇巨大的门前，门上有奇特的文字。在进入该房间后所发生的事情就更加奇异了。拜尔德一再使用"前所未有"、"不可思议"、"难以形容"等词汇来描述他所看到的华丽精致的房间，那些人的声音既悦耳又热诚，他们告诉将军，因他具有高贵的气质，并在"地表"世界有一定的知名度，所以让他入境。

那些人还告诉他，这个地下世界名为"阿里亚尼"，自从美国在日本广岛和长崎投下原子弹之后，他们才开始关注外面的世界，并在那个危机四伏的时代，派遣许多飞行器到地表展开调查。他们表示，地下世界的科技和文化要比地上世界进步数千年，原先他们并没有干涉地上世界的战争的想法，但因为不愿再见到人类使用核武器，因此派出密使访问超级大国，可未受重视。这次借邀请将军之机，传达地上世界可能会走上自我毁灭的信息。那些人抱怨说，他们派出的人在地上世界受到了不友好的待遇，而飞行器也常遭战机恶意攻击。

拜尔德在结束会晤后，沿原路返回，与满脸狐疑的通信员会合。在两架飞行器的引导下，他们升至823米，然后平安返回基地。临行前无线电传来德语"再见"的声音，27分钟后着陆。

1947年2月，拜尔德出席美国国防部的参谋会议，会议历时6小时40分钟，所有的陈述均有详细的记录，并且向杜鲁门总统做了汇报。他还接受了最高安全部门及医疗小组的调查，后被有关方面告知严守机密。拜尔德身为军人，只能服从命令，但他仍在1965年12月24日的日记中写道："那块土地在北极，那个基地是一个巨大的谜。"

地球最早的访客

↑ 哥伦比亚黄金博物馆内收藏了约3万件公元前2000多年至公元16世纪的印第安人制作的精美金制器物，按不同时期和地区分别陈列。

↑ 哥伦比亚黄金博物馆内收藏的类似于飞机的黄金模型

随着研究的深入和考古的新发现，许多科学家对一些史前建筑和古老的神话传说产生了疑问，认为它们很可能是外星球智慧生物曾经访问过地球的见证。

哥伦比亚波哥大市博物馆里的模型

在哥伦比亚的波哥大市黄金博物馆里，有一具黄金制造的模型，看来很像飞机。过去考古学家认为这是祭神用的宗教器具，雕的可能是鱼或是飞鸟的形象。后来经过纽约航空研究所的风洞测试，竟然非常符合飞机标准。纽约航空研究所的包斯李博士说："说这件东西代表的是鱼或是鸟，其可能性是非常渺茫的。因为这件黄金模型是从哥伦比亚的内陆深处出现的，那些古代艺术家从来没有看见过一条咸水鱼类，而且也没有人会想象世上会有这样几何形翅膀和垂直翅膀的鸟类。"很明显，他认为这种黄金制品的作者设计的是飞行器，而不是鱼或飞鸟。在几百年甚至几千年前，人类怎么会制造出这样合乎飞行标准的飞行器呢？

秘鲁地下隧道

1971年，一支探险队在秘鲁的奥都兹柯村附近，在地下六七十米的深处，还发现了一条通向海边的隧道。有六道门，沉重的石门要四个人才能打开。隧道的地上铺着石板，石板上凿着防滑的凹凸沟槽。人们至今都不知道这些隧道的尽头在哪里，认为这是"世界上最神秘的宝藏"。有人认为，这是印加民族为了避免西班牙侵略者的掠夺建造的储藏室。也有人认为，在印加帝国建立前几千年，就已经有了这些储藏室。

这些发现是令人惊异的，研究南美文化的学者史汀格教授认为："这是自从发现特洛伊城址以来，最令人激动的考古发现。"

此外，科学家们对下列许多事实产生了深刻的怀疑：

1929年，在土耳其国家博物馆发现的几张古代地图绘于1513年，竟然和从卫星上用现代照像技术所拍摄的地球照片十分相似，甚至连数千年来一直被冰雪覆盖着的南极洲的山脉情况都有描绘。而我们直到1952年才具体了解南极山脉，并借助回声探测仪才绘成了地图。根据这些现象，科学家们推测：第一，这些地图不可能是我们的先辈绘制的；第二，地图是采用先进的技术从空中拍摄的。当时，人类并不具备这些先进技术，那么，这些古地图是谁绘制的呢？

↑秘鲁古迹中的隧道

秘鲁安第斯海岸有一古代城市的帕尔帕谷地，如今已是个不毛之地。可是在一个长约604千米、宽约1.6千米的平地上，有许多赭红色的石头，若从飞机上鸟瞰，会发现这些石头竟组成一道道平行或是交叉的线条，很像是一个轮廓鲜明的飞机场。

大马士革北部的一个石块建筑的平台，每边长约20米，估计整个重量近2000吨。有的科学家猜测，这可能是一个巨大飞机场的遗址。那这块巨石究竟是谁放置的？干什么的？这恐怕连考古学家也无法回答。

科学不是神话，但“神话”里未必没有科学。

巨石阵

在建筑学方面，地球上有很多史前巨石建筑群，其特点是用非常庞大的石块砌筑而成，而且拼接得非常完美。而这些巨石要用现代化的机器才能搬运，有的甚至用现代化的工具都无能为力。这些建筑中往往都运用了十分准确的天文知识。建筑物的三维尺度、角度和某些天体精密对应，蕴涵着很深的内涵。

比如英格兰巨石阵又称索尔兹伯里石环、环状列石、太阳神庙、史前石桌、斯通亨治石栏等名，是欧洲著名的史前时代文化神庙遗址，位于英格兰威尔特郡索尔兹伯里平原，约建于公元前4000年—公元前2000年，处于新石器时代末期至青铜时代。

这个巨大的建筑群石位于一个空旷的原野上，占地约0.11平方千米，主要是由许多整块的蓝砂岩组成，每块约重50吨。巨石阵不仅在建筑学史上具有重要地位，在天文学上也同样有着重大的意义：它的主轴线、通往石柱的古道和夏至日早晨初升的太阳，在同一条线上；另外，其中还有两块石头的连线指向冬至日落的方向。因此，人们猜测，这很可能是远古人类为观测天象而建造的，可以算是天文台最早的雏形了。

第3章 自然奥秘

江山如此多娇，大自然以她独特的魅力抒写着人间最美丽画卷的同时，也肩负着人类亘古绵长的历史重托。但不管是神秘，还是离奇，或是未知，她依然充满了盎然的生机。而人类对她的认识和探索，也从未懈怠。

一 神奇的天然空调

在大自然的一些峡谷洞穴里，气温冬暖夏凉，宛若天然空调是广为人知的，也是有据可循的。然而，以下这些山区内大面积的冬暖夏凉的区域，就颇令人费解了。

众所周知，自然界的冷暖取决于太阳的光热，随着地球的自转，由于地球和太阳的距离和太阳光照角度的变化，就形成了地球的一年四季。而某些奇异的土地却打破了这一自然规律，出现了超自然的现象，它的冷热不随外界变化而变化，而是有其自身的变化规律。

神奇的地温异常带

在辽宁省东部山区桓仁县境内，有一处被人们叹为观止的“地温异常带”。这条“地温异常带”一头开始于浑江左岸——沙尖子满族镇政府驻地以南 1.5 千米处的船营沟里，另一端结束于浑江右岸——宽甸县境内的牛蹄山麓。整个“地温异常带”长约 15 千米，面积为 10.6 万平方米。

在这块土地上，随着夏天的到来，地下温度便逐渐开始下降。在气温高达 30℃的盛夏时，在这里地下 1 米深处的温度竟低至 -12℃，达到了滴水成冰的程度。特别是船营沟任洪福家房后的一道长约 1000 米、宽约 20 米的小山岗现象更为明显。

↑ 辽宁省东部山区本溪市桓仁县境内被人们称为“地温异常带”

1995 年夏天的一天，当地村民任洪福的父亲任万顺在堆砌房北头的护坡时，发现从扒开表土的岩石的空隙里冒出了刺骨的寒气。老汉感到十分惊讶，于是就在这里用石块垒成了长宽不足 2 尺、深达 2 尺半的小洞。

夏季里，这个小洞就变成了一个天然的冰箱，散发出阵阵寒气。这时人站在距洞口六七米远的地方，就会被这寒气冻得难以忍受。他们将鸡蛋放在洞口，鸡蛋都被冻破了皮；将一杯糖水放入洞内，很快就被冻成冰块。而入秋后，这里的气温反而开始节节上升，到了朔风凛冽、隆冬降临时，这块“地温异常带”上却是热气腾腾，这时在地下 1 米深处的温度可达 17℃，任洪福家的“天然大冰箱”又变成了“保温箱”。

↓ 炎热夏季，冰冰背洞内是冰锥林立。

人们在任家山后的山岗上看到，虽然大地已经封冻，但种在这里的角瓜却是蔓壮叶肥，周围的小草也是绿茵茵的。任家在这里平整了一小块地，上面盖上塑料棚，在这棚里种上大葱、韭菜，大葱长得翠绿，韭菜已割了两茬。

人们经过测定，发现在这个棚内的气温可保持在17℃，地温保持在15℃。在这小岗上整个冬春始终存不住雪。任洪福充分利用了这一条件，在这道土岗的护坡前盖了一间房子，利用洞口的冷气制成了小冷库。为乡亲和沙尖子镇饭店、医院、酒厂、兽医站等单位储存鱼、肉、疫苗等物品，其冷冻效果十分理想。

天然空调并非独一无二

无独有偶，在河南林县石板岩乡西北部的太行山半腰，有一个海拔1500米叫“冰冰背”的地方，也是个冬热夏凉的地方。在这里，阳春三月开始结冰，冰期长达5个月；寒冬腊月时，热气蒸腾，从乱石下溢出的泉水温暖宜人，小溪两岸奇花异草，生机昂然。

天然空调之谜

这种奇异的现象，引起了许多科研人员的注意。当外界变暖时，它的地下为什么会是那么寒冷？而外界变冷时，它又是从哪里获得的热源呢？

有人认为，在这种冷热反常的地带，它的地下可能有着庞大的储气构造和特殊的保温层，大气对流于这种特殊的地质构造之中，才造成了奇异的现象。另有些人认为，这里的地下有寒热两条储气带同时释放气流，遇寒则热气显、遇热则冷气显。还有人认为，在这个地下庞大的储气带上面有一个特殊的阀门，冬春自动开闭，从而导致这种现象的发生。

以上种种分析只是推论而已，至于这样的“地温异常带”是如何形成的，这里的地质结构有什么与众不同等诸多缘由，还有待于科学工作者进一步的考证研究。

↑ 温馨的地热泉休闲屋

地热资源

地球是一个巨大的热量库，它由地壳、地幔和地核组成。我们知道越往地下温度越高，地热就是指地球内部蕴藏的能量。从地球表面往下，正常增温梯度是每1000米增加25℃~30℃，在地下约40千米处温度可达到1200℃，地球中心温度可达到6000℃。

由于构造原因，地球表面的热流量分布不匀，这就形成了地热异常，如果再具备盖层、储层、导热、导水等地质条件，就可以进行地热资源的开发利用。

所谓地热资源就是以水为介质把热带到地表的温泉水。我国不少地方都有温泉出露，北京著名的小汤山温泉就是其中之一。到目前为止对北京地区已进行了40多年的地热资源勘探研究，用钻探手段我们可以把地下几千米的温泉水带到地表，这就是地热资源开发。

一 从天而降的大火

↑ 1871 年的芝加哥大火，从照片中可看出大火仍在蔓延。

19 世纪末，美国芝加哥城内发生了一场匪夷所思的大火灾。火势之大、造成破坏后果之严重、死亡人数之多，都为旷世罕见。尤其是火灾爆发的原因，更是令世人费解。

1871 年 10 月 8 日是个星期天，美国芝加哥街上挤满了欢乐的人群。天色渐渐昏暗，忽然，城内东北一幢房子起火。消防队接到警报，还来不及抬出装备，第二个火警信息便接踵而来，在离第一个火警 3000 米外的圣巴维尔教堂也着起火来。消防队立即分拨一半人去教堂。但随后，火警从四面八方传来，报警电话一个接一个，消防队东奔西跑，不知先救哪处才好。

↓ 芝加哥大火发生时的情景

芝加哥号称“风城”。那天火借风势，越烧越旺，在第一个火警发出一个半小时后，整个芝加哥城便陷入火海之中，任何力量也无法抵御火神的进攻。

惊慌失措的市民逃出屋子，在街上乱冲乱撞，都想找一个没火的庇护所。平民靠两条腿逃离火区，一些富人弃了马车，骑上惊马向市郊突围。人们争相逃离，局面一时混乱不堪，一路上人们相互践踏。幸亏火警早，人们均未入睡。最终城中被烧死和惊马踏死的有千余人，另有几百人在郊区公路上倒毙。

大火延烧到 10 月 9 日上午，中心闹市化为瓦砾，1.7 万座房屋全部被烧毁。据救灾委员会报告，全城财产损失 1.5 亿美元（相当于现在的 20 多亿美元），12.5 万人无家可归。

这场火灾的肇事者是谁呢？当时的报纸说是一头母牛碰翻油灯，触燃了牛棚，蔓延至全城。人云亦云，市民们对此深信不疑。

在现场指挥救火的消防队长麦吉尔，对这个轻率的结论嗤之以鼻，他在调查证词中说：“到处是火。而在短时间内，燃遍全城的这场火灾，说是由某间房子开始而蔓延到大面积的情况是完全不可能的。如果不是一场‘飞火’，又怎能在一瞬间使全城燃成一片火海呢？”

许多目击者详细描述了当时的情景：“整个天空都好像烧起来了，炽热的石块纷纷从天而降。”同一天晚上，芝加哥周围的密执安州、威斯康星州、内布拉斯加州、堪萨斯州、印第安纳州的一些森林、草原，也都发生了火灾。这火究竟是如何烧起来的？

“流星雨引火”说

灾后调查发现，靠湖边的一座金属造船台被烧熔结合成团，而其周围却无其他大建筑物。城内一尊大理石雕像烧熔了，这要多高的温度？木屋之火不过二三百摄氏度，不可能熔化金属和岩石。

↑ 大火过后的芝加哥城，一片狼藉。

↓ 图为双子星座流星雨发生时的情景

几百人奋勇冲出火海，死里逃生，幸运地来到郊区的公路上。可是，他们离奇地集体倒毙了。尸检鉴定，他们的死与火烧无关。总之，谁也不再相信“一头母牛碰翻油灯烧掉芝加哥”的谣言了。

那么，谁是罪魁祸首呢？美国学者维·切姆别林研究了许多天文档案，比较了大气和火灾之间的关系，得出“流星雨引火”的假设。

彗星是制造流星雨的来源之一。捷克天文学家维·比拉 1826 年曾发现过一颗彗星，命名“比拉彗星”。比拉彗星 6.6 年绕太阳一周，1846 年擦过地球时，彗核已分裂成两半。1852 年，分裂后的两半彗核相隔 240 万千米，不久便失踪了。

1871 年 10 月 8 日，彗核之一擦过地球，交会点正在美国上空。于是，流星雨撒落下来，大部分在大气层中摩擦烧完，残余的陨石落到地面，具有极高的温度，足以使金属、石头熔化。芝加哥首当其冲，即被“天火”焚毁。附近各州也都溅落“天火”，引起一些森林、草原同时起火。因陨落物含有大量致命的一氧化碳和氰，可以形成小区域的“致命小气候”，使人不焚而亡。几百人逃到空荡的郊区公路上，正好进入“死亡区”。

切姆别林的上述假设言之有理，为母牛彻底平了反。但尊重事实的科学家仍不以为然，因为至今没有任何实物能够印证切姆别林的假设：

例如当时掉在芝加哥的陨石碎屑，遭“天火”污染过的土壤、树木样本等，还没有找到一件。再说，彗星是极其庞大的“乌有物”，大气圈则是地球自我保卫的屏障，即使彗星物质与地球相遇，也不会造成灾难性的事件，不待陨石坠地，早在高空就被焚烧尽了。个别落到地表的陨石不可能酿成火灾，因为陨石擦过大气层产生的高温只限于表层，内部仍旧是冰凉的，到达地面哪有“发火”之力呢？

芝加哥大火至今仍是世界未解之谜。切姆别林的“流星雨引火说”尽管没有证据，但人们也拿不出其他更有力的证据把它推翻。至少人类从这场争论中，得出了这样的结论：应当警惕天外之火，提防流星雨、彗星屑的袭击。

一 飓风能被削弱吗

2005 年夏季，美国新奥尔良饱受飓风侵扰，面对飓风过后满目疮痍的城市，人们提出了一个问题：在飓风登陆之前，有没有办法减弱它的强度，或者改变它的风向，从而避免它对人口密集的城市造成的灾难呢？

现在，各国的专家正在考虑各种可能的方法来实现这一梦想，不过由于这是前所未有的尝试，判断其能否奏效还需要相当长的时间。英国《新科学家》杂志日前发表文章，对目前比较热门的一些观点进行了介绍。

由于飓风是从其所经过的暖水海域蓄积能量的，所以科学家们的关注焦点都集中在如何剥夺飓风的“燃料”来源上。

尝试削弱飓风

2005 年 4 月，美国麻省理工学院的艾曼纽尔提出了一个计划，在真正的大飓风来临之前，使用大量的移动喷气式发动机在大气中制造一个微型的旋风，提前把海洋和大气中蓄积的能量吸收掉，让大飓风无“油”可加。但是反对者很快指出，即使用再多的喷气式发动机，也无法在大气中注入足够引起风暴的能量，哪怕对一场很小的风暴也不可能起到作用。

←飓风的卫星云图

→『卡特里娜』飓风给美国带来了巨大的损失

有的专家提出，在飓风来临之前，在海洋表面覆盖着薄薄的一层油，可以扰乱能量从海洋向大气的流动过程。但是麻省理工学院的飓风专家克里·艾曼纽尔早在 2002 年就做了类似实验，发现在高风速条件下，油层很容易被破坏，从而影响其发挥作用。

第三种想法是使用煤灰来发动一场风暴，这一想法是希望通过在飓风内部制造烟云来扰乱其内部结构，从而达到削弱飓风的目的，因为煤灰可以为云中的湿气凝结提供核的作用。1973 年，美国科罗拉多大学的飓风专家威廉·格雷指出，由煤灰吸收的能量可以引发一场比较小的风暴。不过早在 1958 年，美国海军研究实验室就进行了一系列试验，结论却不是很明确。

↑ 飓风过境后房倒屋塌，损失惨重。

↑ 被飓风掀飞的大型车辆

艾曼纽尔认为，最理想的办法是利用天气系统杂乱无章的特点，使飓风改变方向，离开人口稠密地区。这一观点是由罗斯·霍夫曼提出的，他来自美国马萨诸塞州莱克星顿一家研究大气和环境的公司。霍夫曼的理论基础是所谓的蝴蝶效应——即对于像飓风这样复杂的系统来说，一个小小的“推力”便很可能产生足够大的影响，使其改变原来的运行路线。

为了实现这一目标，气象学家首先需要更好的飓风监测手段和模型来预报“推力”产生的效应，他们还需要具体的方法来完成这一推力，有可能是用设置在地球外部的反射镜来加热大气，霍夫曼认为这还需要完成很多研究才可行。

不过，让飓风改向是一件比较危险的事情，不管飓风被推到哪里，科学家们都会被指责，说不定还会负法律责任。

艾曼纽尔认为，改变飓风方向将面临艰难选择，“表面看起来是让 3 级飓风袭击彭沙科拉城（美国佛罗里达州西北部城市，人口不多）还是让 5 级飓风袭击新奥尔良，这很容易做决定。但是彭沙科拉人难免会有怨言。”

“卡特里娜”飓风

2005年8月29日，美国东南部墨西哥湾沿海数州居民遭受特大飓风袭击：时速高达233千米的“卡特里娜”（Katrina）飓风势如破竹，引发了狂风暴雨和洪水泛滥，导致数百人伤亡和失踪，百万人流离失所。美国遭受了半个世纪来最严重的自然灾难。

飓风在新奥尔良的海湾掀起7米多高的巨浪，许多船只被拍打得支离破碎，然后被冲到岸上。市区顿成泽国，大部分建筑都淹在水里，两家医院也遭遇大水冲击，一家医院要求病人保持房门紧闭，以避免被飞溅的玻璃片划伤。新奥尔良市长纳金表示，这是新奥尔良建市以来遇到的最强烈飓风。他说：“我们正面临一场多数人担心已久的可怕飓风，这是一生都难遇一次的强烈飓风。”

路易斯安那州的新奥尔良有人口150万，是美国南方的主要工业城市，也是密西西比河流域的出海门户，是仅次于纽约港的第二大港，年均吞吐量在1亿吨左右，货物吞吐量中石油占首位。该市70%的地区低于海平面3米，历来是受飓风袭击最严重的地区之一。从28日下午开始，当地100多万居民奉命紧急疏散，结果在州际高速公路上上演了一出“集体大逃亡”。

在飓风等级计量上，5级飓风风速可达每小时249千米以上，是最高级。这次“卡特里娜”飓风曾一度被预警为5级，后来风向有所转变，被定为4级，是美国历史上罕有的。专家估计，“卡特里娜”飓风为新奥尔良带来38厘米的降雨量，暴涨的水位漫过堤坝，大部分地区的积水可达9米深，3/5到4/5的房屋可能被强风吹倒，100多万人将无家可归。保险业分析人士说，飓风最终造成的损失可能高达260亿美元。

离奇的唐山大地震

1976 年 7 月 28 日，大地震将唐山这座有百万人口的城市在数十秒钟内夷为平地，65 万多间房屋倒塌，36 万人伤亡……7.8 级的唐山大地震是中国有史以来破坏性最大的地震之一，给人民带来了巨大的灾难。

当时唐山地震烈度为 11 级，唐山市的厂房和住宅几乎全被破坏，而有一些建筑却完好如初，这不禁令人们产生了疑问。

地震后的景象

所有的树木、电线杆直立如初。唐山市内 65 米高的微波转播塔巍然屹立于大片废墟之中，而且震后两个微波塔之间仍可直接、准确地传递电视信号；

唐山的人防坑道除个别有小裂纹外，其他均未受到破坏；

在唐山大地震中死亡的人中没有人直接死于震动，绝大部分是因为建筑物坍塌而受害；

唐山地震后，除个别地区受采空区塌陷或其它影响出现局部起伏外，绝大部分地面、路面完好如震前，很少出现波浪起伏现象；

唐山启新水泥厂的一栋三层库房，一楼二楼基本完好，三楼的所有窗柱却全部断裂，而且旋转方向和角度各不相同，现存旋转角度最大的一个右旋达 40 度，旋转角度更大的当时即已脱落；

建筑体的破坏尤其是砖石结构和水泥制件的破坏，一般都是分段裂开，四面开花崩塌整体歪斜的现象很少；

唐山公安学校有三栋三层楼房，形状相同，相互间隔 10 米平行排列。在地震中，南面一栋完全塌平，而中间一栋只是部分散落。即使在一栋房中，有的是第一层破坏比较严重，有的是第二层，有的是第三层。

寻根究底

为什么同一区的受震程度会存在如此大的偏差？

过去的地震学理论认为地震波分为纵波、横波两种，地震破坏主要是横波造成的，可是，这种理论根本无法解释在唐山地震现场发现的种种现象。理由一：根据横波破坏原理，高的建筑物（重心较高）在地震破坏对象中应首当其冲。

↑ 1976 年发生的唐山大地震对处于那个年代的中国人来说，简直是一场噩梦。

↑ 唐山地震遗迹

↓ 丰南火车站的铁轨弯曲变形

理由二：在地震现场考察中发现，地震断裂均具有旋转性，而纵波、横波的震动是没有旋转性的。

理由三：不论横波还是纵波，它们的传播都是连续的，强度是渐变的，从震中向外逐渐衰减。因为，在同一震区内，同样的建筑物受破坏程度大致相当，可是在唐山地震中出现的现象并非如此。

根据对震波的分析，专家发现扭波才是此次地震破坏的元凶。1979 年，南京地质学校高级讲师李泰来发表了《扭波与抗震》的论文，引起了学术界的轰动。在 1996 年的第三十一届国际地质大会上，他以扭波为主题的发言也引起了注意。

李泰来指出，扭波与纵波和横波乃“同卵三胞胎”，其中纵波传播速度最快，其次为横波，最后为扭波。纵波使物体产生上下震动，横波使物体前后摆动，两者的破坏都不大。但是，扭波一到，则把物体从内部扭散扭断，随即垂直坠落，造成巨大破坏。有了扭波，在唐山地震现场发现的怪异现象全部迎刃而解了。

在研究出地震扭波理论后，李泰来趁热打铁进行了抗震理论的研究。因为扭波不能通过流体和柔性物体，他提出了“轮胎”理论，即采用柔性材料如橡胶作为建筑体的“轮胎”，阻止扭波进入建筑体，从而达到防震的作用。

扭波理论遭遇的尴尬

在对扭波的研究中，李泰来还惊奇地发现，中国的很多古典建筑如宫殿、庙宇、木塔等全部具有除“地下”以外的七种抗震性能，它们都是世界上抗震性最强的地上建筑物。但是，让李泰来觉得遗憾的是，自从 1979 年发现扭波理论后，由于经费、人手等原因，更由于扭波理论对传统地震理论的大胆否定，时至今日，扭波理论仍未得到应有的重视。唐山大地震的余波已然平息，但其中的种种疑问仍然没有可靠的答案。

一 珠峰在变矮，青藏高原将垮塌吗

2005 年 11 月，几位专家在经过详细考察分析后，在《DEEP 中国科学探险》杂志上发表了“珠峰不再长高，青藏高原将要垮塌”的言论。此语一出，即刻引起了新闻媒体、科研机构以及普通民众的广泛关注。

2005 年 10 月 9 日上午，国家测绘局公布当年春天珠峰测定的数据，珠峰顶的冰雪厚度为 3.50 米，测得峰顶的高程是 8847.93 米，珠峰的岩体高程为 8847.93－3.50＝8844.43 米，比 1975 年测得的 8848.13 米降低了 3.7 米。

“珠峰变矮”，其实是个假命题，只要明白物理学上“误差不可避免”的道理就可以理解珠峰真实高度和我们测得的数值毕竟还是两回事，虽然后者在不断接近前者，但是限于技术手段，30 年间误差还是达到了 3.7 米，也就是说，是我们两次测得的数据相差这么多。那么珠峰究竟是长了还是没长？

珠峰岩石高度基本没有变化

中科院大气物理所研究员高登义认为，若以 3.50 米作为当时的冰雪厚度，那么 1975 年珠峰的岩体高程应为 8849.05－3.50＝8845.55 米。有此可见，珠穆朗玛峰的岩体高程减小了 8845.55-8844.43=1.12 米。另外，2005 年的大地水准面比 1975 年升高了 0.7 米，考虑到这个因素，那么珠峰高程减少 0.42 米。如果再考虑测量冰雪厚度和顶峰高度的测量误差(±0.1~±0.36)的话，唯一可以得出的结论就是：珠峰岩体高程基本没有什么变化。

根据板块构造理论，印度洋板块不断向北挤压青藏高原，使得后者不断抬升，珠峰地区以每年 10 毫米的速率上升，如果这个推断不假，30 年来，至少珠峰岩石面的高度应该增加 30 厘米。这 30 厘米已经超过了正负 21 厘米的

↑ *珠穆朗玛峰高大巍峨的形象一直在当地甚至全世界的范围内产生着影响，它真的会垮塌吗？*

↑近年来专家表明，喜马拉雅山现在已基本达到它的最大高度，今后不会再长太高，几百万年以后还会出现下降趋势。

↓地球之巅到底是不是真的变矮了呢？

误差范围，按理2005年测量过程中应该有所反映。种种迹象表明，珠峰似乎不再长高。

根据我国地质与地球物理学家研究，印度洋的扩张推动印度洋板块持续向北运动，与欧亚板块碰撞后，两个板块的地壳分层交互挤入，发生了强烈挤压。整个青藏高原就好像一个巨大的岩石样品，受到坚硬的印度板块和塔里木板块南北向俯冲、挤压，在造成南北向缩短、垂直增厚的同时也在“东西向拉伸”。

“珠峰不再长高”这可能是一个信号，暗示青藏高原在印度洋板块和塔里木盆地等刚性结构的南北挤压下正在寻找长高之外新的出路——东西拉伸。同时，这也可能是一个新的证据（如果30年来喜马拉雅山脉的高程都没有什么变化的话），支持科学家们预测青藏高原不再抬升甚至开始垮塌的观点。

青藏高原是在抬升还是在垮塌

实验表明，一个岩体样本在上下方向（南北方向）受到挤压时，左右方向（东西方向）会出现多个裂隙，而不是一个规模较大的裂隙。实验证明这些裂隙仅仅是上下方向挤压的派生现象，因为根本不存在左右方向的恒久力源。与此同理，印度洋板块俯冲到青藏高原下部，并以一定的速率持续向东北方向缓慢漂移，只要这个过程不停止，青藏高原就仍然在抬升过程中。

然而，中科院青藏高原研究所研究员丁林认为，青藏高原不可能无限地向上抬升，在达到一定高度后，由于巨大重力的作用，即使印度洋板块再挤压，高原也只会向外扩展、面积增大，但高度不会增加。现在的青藏高原是在已经达到最大高度之后的垮塌时期。

东西拉伸之后紧接着出现一个问题：按照理论推断，在如今青藏高原某地应该出现一个规模较大的南北向大地堑！这个地堑存在吗？如果存在，它又在哪里呢？

中科院地质与地球物理所研究员潘裕生认为这样的南北大地堑根本不存在，东西拉伸仅仅是南北挤压的派生现象，青藏高原仍然在抬升。

1975年我国珠峰测量的设计者和组织者之一、2005年珠峰测量技术总顾问、中科院院士陈俊勇认为，关于珠峰峰顶岩石面上升还是下降问题，经多年测量，讨论被认为是可能的，但真正要测量出来还要假以时日，而且目前的技术和人们要求的标准还有不小的差距。

南极万年冰架的崩裂

最新科学研究称，南极地区的拉森 –B 冰架崩裂为万年以来最大规模的崩裂，原因是近几十年来南极气温上升。

在 2005 年 8 月 4 日出版的英国《自然》杂志中，以美国汉密尔顿大学科学家为主的科研小组发表文章指出，2002 年崩裂的南极拉森 –B 冰架是 1.1 万年来规模最大的。研究人员认为，崩裂原因是冰架底部长期以来受温暖的海水或洋流作用而融化变薄导致的。其持续的时间跨越了上千年，但冰架表面的融化是在最近几十年才发生的。

↓南极万年冰架崩裂前后对比图，上图为崩裂前，下图为崩裂后。

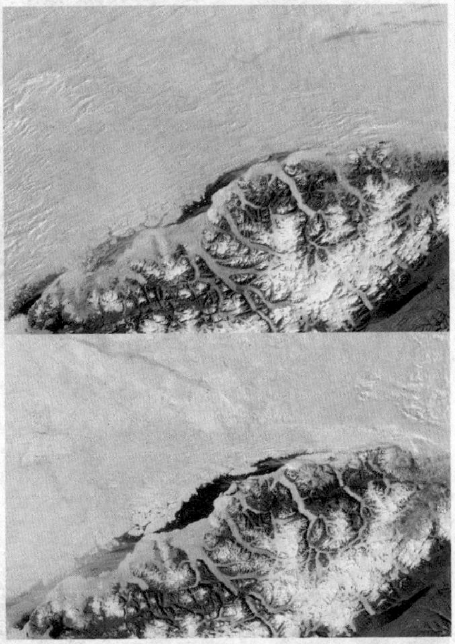

全球变暖是罪魁祸首

位于南极大陆西部的南极半岛一直是一个气温升高的热点。在过去的 50 年中，这一地区的气温上升了 2.5℃。在 1995—2002 年间，南极半岛失去了大约 1.25 万平方千米的冰架，相当于卢森堡国土面积的 4 倍。

很多科学家相信，人类活动引发的全球气温上升是导致冰架崩裂的罪魁祸首。研究小组中的加拿大科学家罗伯特·吉尔伯特指出：“南极气温在过去 50 年中上升了 2.5℃，相比之下，全球气温自冰川时代结束以来上万年的变化也只有 2℃~3℃。”还有科学家预测，由于南极深水温度在过去 60 年中明显升高，以目前的融化速度，拉森冰架在 21 世纪内就会整个崩溃。

此外，英国科学家近期的研究成果显示，在与南极半岛冰架相连的 244 个冰川中，87%自 20 世纪 50 年代以来就已出现了不同程度的萎缩。

可能加速海平面上升

研究还表明，拉森 –B 冰架的崩裂可能给地球带来了一系列变化。吉尔伯特认为，拉森 –B 冰架的崩裂本身不会导致全球海平面变化，但原先被其包围的冰川就会向前运动，同时向下沉，因此会导致更多的冰川融化，加速海平面上升。2002 年 1 月底开始，拉森 –B 冰架开始从南极半岛崩裂，整个过程持续了 35 天。在此之前，小一些的拉森 –A 冰架早在 1995 年就已崩裂了。

科学家目前正密切观测拉森冰架的最南端，也就是南极洲最冷的部分是否也会发生冰架崩裂。从上一个冰川时代至今，小规模的冰架一直在周期性地崩裂，而导致它们发生巨大变化的正是气温的明显变化。

↑ 南极的无雪干谷

↑ 罗斯冰架

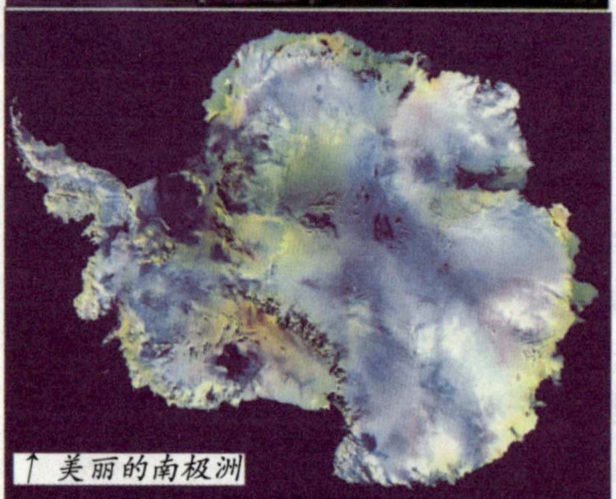
↑ 美丽的南极洲

↑ 可爱的南极小海豹

南极的干谷

在大家的印象中，南极地区都是被厚厚的冰雪覆盖的。但是你知道吗？这种想法是很武断的。最近几年，经过南极科考队勇士们的探险发现，其实南极大陆还有一些光秃秃的裸露干谷地带，并且非常神秘。

初探南极干谷

虽然冰层几乎覆盖了整个南极，但这里仍然有 3 个干谷。它们位于南极大陆部分的罗斯冰架以东和麦克默多湾上，分别被命名为泰勒、赖特和维多利亚干谷。

这些干谷边坡陡峭，呈 U 字形，原由冰川刻蚀而成，现在冰川早已融化。干谷范围很大，呈褐色或黑色，无植物生长，因此被形容为“赤裸的石沟”。

长眠于此的动植物

在干谷，很少下雪，降雪量大约相当于 25 毫米的年降雨量。即使下雪，雪也被干燥的风吹走，或融化在周围吸收太阳热量的岩石之中。虽然冰雪已经覆盖南极大部分地区，历经数百万年堆积成平均厚达 3000 米的冰层，但是干谷却没有一点儿积雪，这不能不说是一个奇迹。

每个干谷都有盐湖，其中最大的是万达湖。它有 60 多米深，湖面上有一层 4 米厚的冰层。湖底水温较暖，达 25℃。这是因为湖面上的冰层阻止其热量发散开去的缘故。

动植物尸体能长时间地保存在干谷的干冷空气中，正如肉类能保藏在冰箱里不变质一样。在干谷里散布着被保存下来的海豹尸体，它们可能死于数百年甚至数千年前。

一 南极奇湖

南极大陆气候酷寒，年平均温度仅为零下25℃，最低温度达到零下90℃，绝大部分地方覆盖着很厚的冰层，因此被称为“冰雪大陆”。然而，就在这片寒冷的冰天雪地上，却存在着不冻湖、热水湖，实在令人费解。

↑南极美景

↓南极冰雪中的热水湖

冰天雪地中的不冻湖

科学家们发现，在南极“冰”的世界中，有一个面积约4.8万平方千米的不冻湖。而且这个湖时隐时现。为什么在冰的世界中，存在着不冻湖呢？为什么这个不冻湖时隐时现呢？对于这些问题，有许多不同的观点，比较有代表性的说法有两种：

一种看法认为，在南极地区，由于500米深处的海水不直接与寒冷的空气接触，因此水温高于地面温度。这种温差作用，使得海水产生垂直方向的运动，这样就形成一股漩涡。靠这股漩涡的力量，500米深处的海水就被卷到海面上，形成了不冻湖。

另一种看法认为，在南极濒海地区存在着一些奇特的咸水孔。这些咸水孔会散发热量，由此凝结成巨大冰块。在巨大冰块的挤压下，深层温度较高的海水上升到表面，于是形成不冻湖。湖水与寒冷空气接触一段时间后，又结成大冰块，于是不冻湖又消失了。

冰雪中的热水湖

科学家们在南极发现了一个热水湖。湖面上有一层清澈明亮的淡水，淡水温度高达27℃，比表面冰块的平均温度高47℃。湖底既没有活火山，也没有热泉，而且湖底沉淀物的温度比湖底水层的温度要低，那么，热水湖的热量从何而来呢？

不少科学家认为，热源来自太阳。他们解释说，南极极昼时，阳光透过洁净的冰层和透明的湖水把湖底的水晒成了温水。这一层湖水含盐较多，咸水的比重较淡水的比重大，不会跟上层淡水对流融合，因此，能够较好地存储太阳光能。同时，淡水层像保暖的“棉袄”，湖面的冰层像密封的保暖库，于是就将热量积聚并保存在湖底的咸水里，形成热水湖。这一观点是否正确，目前还不能确定。

一 极昼极夜的奥秘

↑ 梦幻般的北极极夜景色

↓ 南极极夜时的满月夜景

北极和南极都有极昼和极夜现象，一年内大约连续 6 个月是白昼、6 个月是黑夜。极昼与极夜是两极的奇观之一，它使人们对这块神秘的土地产生了更丰富的遐想。

极昼极夜奇观

所谓极昼，就是太阳永不落下地平线，天空总是亮的；而极夜，就是与极昼相反，太阳总不出来，天空总是黑的。

极昼的景色十分奇妙。由于每天 24 小时始终是白天，所以在极昼的日子里，街上的路灯都是通夜不亮的，汽车前的照明灯也暂时失去了作用。家家户户的窗户上都低垂着深色的窗帷，用来遮挡外面的光线。

可是，当极夜到来的时候，又是另一番景象了。白天也要开着电灯，只有中午略有光亮，星星也一直在黑漆漆的天空中闪烁。

极昼和极夜的这种自然现象，在地球的两极都会出现。南、北极这种神奇的自然现象是其他大洲所没有的。

极昼极夜的形成

由于地球在沿椭圆形轨道绕太阳公转时，还绕着自身的倾斜地轴旋转。地球在自转时，地轴与其垂线形成一个约 23.5° 的倾斜角，因而，地球在公转时，有 6 个月时间两极之中总有一极朝着太阳，全是白天；另一极背向太阳，全是黑夜。

昼夜交替出现的时间，是随着纬度的升高而改变的，纬度越高，极昼和极夜的时间就越长。在南北纬 90° ，即南北极点上，昼夜交替的时间各为半年。也就是说，那里白天黑夜交替的时间是整整一年，一年中有半年是连续白天，半年是连续黑夜。

→ 北极极昼时太阳在地平线上运动的轨迹

一 为什么会发生雪崩

在一些常年积雪的山区，常常会发生令人恐怖的雪崩。雪崩一旦发生，便会铺天盖地而来，给附近人们的生命和财产造成严重的威胁。

↑ 雪崩常常发生于山地，此图为阿尔卑斯山发生雪崩时的情景。

1969 年 12 月 24 日，瑞士西南部阿尔卑斯山吉纳村上方，14 名山地人爬过一个积雪山坡，为度假的人们准备滑雪坡。而此时，脚底下不稳固的积雪突然似山崩地裂一般，向下滑落。其中 3 人被翻腾而下的积雪卷走，无法救援，葬身于数吨重的雪堆中。

那次圣诞节前夕的悲剧其实是随后前所未有的更大雪崩惨剧的前奏。在那个酷寒的冬天，从欧洲阿尔卑斯山脉以东至亚洲伊朗艾尔布茈山脉，发生了几次 20 世纪威力最大的雪崩。1970 年头三个半月内，有 200 余人因此丧生，数百人受伤，许多房屋、旅馆、医院、滑雪缆车设备、桥梁、公路及铁路也被冲毁。

↓ 登山和滑雪时一定要防备雪崩

其中，法国灾情最严重。4 月中旬，融雪引起山崩，数以万吨计的泥石从白朗峰疾冲入山谷对面阿西高地一所肺结核疗养院的三幢宿舍里。72 名遇难者多半不满 15 岁。这个事件 2 个月前，在伊塞勒峡谷，大雪崩猛扑向一座青年旅舍，有 39 名滑雪青年遇难。

同一期间内，瑞士也发生了历史上罕见的雪崩惨剧。1970 年 2 月 24 日，接近意大利边界的雷京格村发生了 220 年来最惨重的雪崩，30 人遇难。在随后发生的几次小意外中，又有多人死亡。

各地高山都会发生雪崩。每年发生的大雪崩，最多达 25 万次，但并不都会毁灭生命或财产。雪崩与冰川的不同在于：冰川是由又厚又硬的大冰块缓缓移动形成的，雪崩则是大量松软积雪迅速滑动。斜坡上的积雪，总是处于脆弱的平衡状态。连续降雪后，雪就会像多层夹心蛋糕似的层层堆积。随着气温及天气的改变，雪层会下沉、结实、融化及重新冻结。例如，新降的雪落在已结成冰块的层面上，这两层之间的结合极为薄弱。

雪崩分为“尘崩”与“土崩”两类

↓ 雪崩常常给住在雪山旁的人们带来严重的灾害

山地人把雪崩分为“尘崩”与“土崩”两类。新降大雪不能与旧雪层坚实扎结在一起时，通常发生尘崩。大雪连下 24~48 小时，积雪堆至 10 英寸以上，尘崩最易发生。上层积雪受到地心引力，顺着山坡滑下。巨量积雪滑落速度迅速增加，滑落时积雪越来越多、越来越重。只需几秒钟便滑下极长的斜坡，速度惊人。瑞士有一次尘崩，用计秒表测得的时速竟超过 200 英里。

尘崩时还会在迅速滑动的雪墙前面产生一股强大气压。就是这种强烈的“风”，曾有一次在阿尔卑斯山把 250 英亩范围内所有根深蒂固的百年老树连根拔起。还有一次在奥地利，把一辆游览客车吹落一座桥下，使 23 名滑雪人遇难。但滑动的雪墙根本没有碰到那辆游览客车。

土崩，即湿雪滑落，时速很少超过 60 英里，但也有破坏力。此种雪崩通常发生于春季积雪开始融化时，土崩的雪在滑动时滚成雪球，一路上收集泥土、拔起了的树木和挖松了的大圆石等杂物，积重可达 100 万吨。土崩的雪所经之处，障碍物上所受的威力，每平方米高达 100 吨。

山区中必有雪崩，但为什么近几年雪崩所造成的伤亡及破坏都比以往大？专家举出几个理由：

滑雪及其他冬季运动方兴未艾。历来遭受雪崩侵袭的地方，冬季别墅及游乐场地有增无减，于是危险增加。一位瑞士专家说：“人们好像并不关心那里是否安全。个人的经济利益总是摆在前头。”

雪崩预防措施

无限制发展冬季旅游并不是雪崩杀人的唯一原因。有记录的雪崩多半是由粗心的滑雪人引起的。瑞士一个救援队的队长指出：“每年有太多人由于愚昧无知或低估危险而丧生。他们想不到可能有被活埋、压坏或窒息的危险（瑞士有记录表明，遇雪崩遭活埋的人，2 小时后，100 人中只有 19 人生还，3 小时后只有 9 人生还）。”

每个冬季，瑞士估计有 2 万次雪崩，其中约有 137 次造成相当大的损失，伤亡人数在比例上却较邻国为低。这一点主要归功于完善的预报系统。这个系统隶属瑞士联邦积雪及雪崩研究所。意大利、奥地利及苏格兰也都采用了同样的办法，法国则效法部分措施。

雪季时间，人们每周一次估计阿尔卑斯山发生严重雪崩的可能性，在危机情况下则逐增次数。发出雪崩警报前，先分析几千项目个别报道。研究所及外界观察员，包括阿尔卑斯山向导、滑雪教练、学校教师、修道士及缆车驾驶员等，每日从瑞士的 52 个观察点用电话、电报报告当地积雪及天气的情况。此外，还与奥地利和意大利交换类似资料。

报纸、电台和电视台都会报道研究所的公报。瑞士联邦电话局还把公报录下来，随时回答电话询问。公报翔实可靠，警察、救援队及游乐场地，都据此来限制车辆来往、关闭滑雪坡或撤离危险地带。

该研究所在 1942 年成立，设在一座四层楼高的现代大楼内，坐落在崎岖的威斯夫鲁约赫峰顶。这座险峻的山峰海拔 9000 英尺，山脚下是达弗斯镇。山上有一条 2 英里长的缆车轨道把研究所与山谷连接起来，这条缆车轨道也供滑雪者登山之用。

↑↓雪崩后的情景

研究所共有 24 位专家，分担控制积雪的各项工作。其中包括气象学家、水文学家、工程师、森林学家、地质学家及物理学家等。由于这批专家专门研究雪崩成因及各种预防措施的工作，所以全世界专家也常群集威斯夫鲁约赫峰吸取新知识。

研究所的另一项活动，是每隔一年的一月份举办为期一周的雪崩讲习班，这项户内及户外课程只需缴付很少费用便可参加。许多学生是阿尔卑斯山救援人员及外国游乐场地的滑雪教练。课程之一是寻找埋在雪崩中的遇难者。研究表明，狗的嗅觉敏锐程度是人类远不能及的，训练过的狗对救援工作有很大帮助。

举例来说，1968 年某夜，达弗斯镇连串雪崩活埋了 11 人，雪崩狗在两三个小时内便把他们找到了，救出后其中 4 人还活着。这些灵犬仅凭嗅觉便找到了埋在大雪下深达 16 英尺的遇难者。据研究报告，受过良好训练的雪崩狗，能在 20~30 分钟内搜遍近 3 英亩的雪地。如果使用人力，同样的工作需要 20 个人花费 20 个小时才能做完。方法是用棍子不断插入雪中，每次还得保持适当的距离。

据说，从前马车夫赶车穿过阿尔卑斯山隘口时，会抽一下鞭子，击松积雪，使雪滑落而不伤人。今天，该研究所也用人工方法引发无害的雪崩，以消除隐患。他们发现用炸药引发雪崩最好。此外还动用迫击炮、反坦克火箭炮、遥控地雷、手榴弹等。仅在瑞士阿尔卑斯山区，每年就有近 1 万次爆炸，以造成人为雪崩。一位游乐场地主人说："我们是个爱好和平的民族，不过，听到那些爆炸声，人们也许不那么想。"美国及加拿大洛矶山区也采用同样预防方法来保护铁路和公路。

科学家对雪崩的知识及所拟的预防方法仍然不足。未能解答的难题数以千计。如何用人工方法使积雪稳定？哪种雪面对哪种天气变化最敏感？在雪崩地区如何种植防护林才能收效最大？对于这些问题，研究所所长德奎威博士说："这些问题及其他迫切问题中，只要有小部分获得解决，雪崩造成的伤亡及破坏便可剧减，也许能减少一半。"

突然死亡的火山

↑ 现在桑托林岛的一半已被海水淹没

↓ 1977 年由史蒂芬·斯皮尔伯格导演的电影《第三类接触》

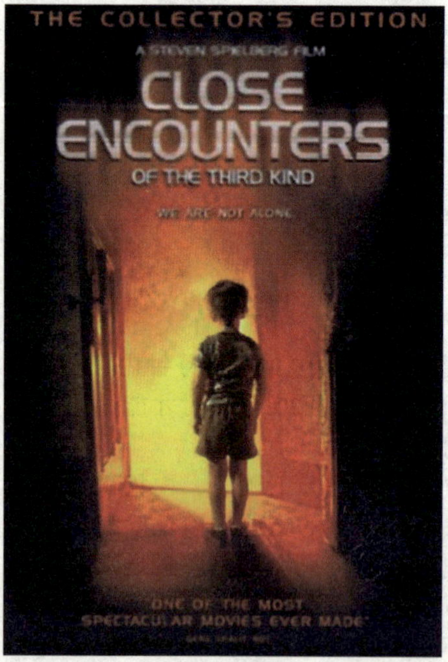

火山进入老年期，就不再喷出岩浆火焰，但会形成温泉和冒泡泥塘，其内部结构或许会暴露于地面。火山喷发所塑造的地形，最壮观的莫过巨大的圆形破火山口，那是古代大型火山爆发留下的遗迹，直径往往以数十千米计。

新西兰的陶汝湖就是典型的破火山口。两千年前，熔岩不断在一座巨大休眠的火山内积聚，终于在公元 186 年爆发。由于威力强大，整个山峰中部塌陷到岩浆房内。直插云霄的高山消失，只剩下一个大湖，四周是低矮的峭壁，标出火山口崩塌的边界。

公元前 1645 年前后，希腊桑托林岛发生了大规模的火山爆发，把古代城市阿克洛提里化为灰烬，岛的中部塌陷。该岛可能就是传说中的亚特兰蒂斯岛（柏拉图说是海浪吞没的）。现今的桑托林由一圈小岛组成，即爆发后破火山口的外缘。泻湖内有一座新生的火山。

死火山的形成

活火山沉寂下来时，常出现喷气口、温泉、泥潭等，大多位于破火山口内。温泉是地下水下渗遇到炽热的岩浆，受热涌上地面形成的。若地下水所受的温度和压力增高，水温达到沸点，蒸汽和热水就会从地下激射出来，形成间歇泉。黄石公园的“老信徒”间歇泉大约每 75 分钟喷一次热水和蒸汽，间歇的时间供蒸汽在岩层间积聚压力。

由于表层岩石起了隔热作用，火山深处的熔岩也许要几百万年才能冷凝。

休眠火山最终会熄灭，变为死火山，但地处活动板块边缘的火山，随时都有可能死灰复燃。死火山受风化侵蚀，把火山灰和较软的岩石剥蚀殆尽，露出内部塞满了凝固岩浆的火山筒。火山筒是岩浆流往火山口的通道，筒内充填物称为火山栓。由于岩浆凝成的岩石一般十分坚硬，不易熔化，四周的岩石剥蚀掉后，老火山的火山筒和火山栓就凸出地面。

因著名电影《第三类接触》而出名的美国怀俄明州魔塔山就是个火山栓。原来的火山长期风化，把较软的岩石侵蚀掉，只剩下火山筒内凝固的结构。熔岩冷却时收缩，形成六角柱状的玄武岩。

熔岩流形成的柱状玄武岩较火山更为多见，如北爱尔兰的贾恩茨考斯韦角。岩柱像风琴管子，垂直熔岩流一个挨一个排列着。这类熔岩通常不是火山喷出而是从地面裂缝涌出来，覆盖大片土地。熔岩层层相叠，较容易构成玄武岩高原。占印度面积 1/5 的德干高原，就是大规模熔岩流造成的。

熔岩从岩石裂缝或岩层较弱处向上流，往往到不了地面而在地下凝固。在竖向岩缝中凝固成坚硬的岩壁，宽阔笔直，不易风化。美国新墨西哥沙漠中一堵岩壁从希普罗克峰伸出，长达 15 千米。

岩浆若涌入水平岩缝，则冷凝成岩板，称为岩床。英格兰北部的暗色岩床原本在地下，其表层较软岩石风化剥蚀掉后，岩床露了出来，成为长长的陡崖。古罗马人以此作为英格兰与苏格兰之间的天然屏障，并沿其顶部修筑了部分哈德良长城。

熔岩流进沉积岩层有时会把岩层向上顶，形成蘑菇状的岩盘。若熔岩涌进一层层沉积岩中，就形成相叠的岩盘。美国蒙大拿州朱迪斯山脉的形状，即由这类岩盘构成。

每座火山下都有一个容纳岩浆的空间，称为岩浆房，岩浆地下冷却，通常形成结晶岩石，例如花岗岩，称为岩基。由于地壳活动和风化作用，其表层岩石消失，露出岩基。在英国康沃尔，从岩浆房分支出来的花岗岩圆形岩株露出地面，形成高原沼地，例如博德明沼地。

美国加州的内华达山脉本为巨大岩基，表层风化消失才露出地面，成为绵亘的山脉。约塞来蒂谷的花岗岩壁也不过是其小部分受冰川切割而成的地形。

↑ 火山爆发时的滚滚熔岩

↓ 黄石公园的“老信徒”间歇泉

海鸣未解之谜

↑ 澎湃的海鸣声振聋发聩

↑ 有节奏的海鸣声难道是海牛发出的？

↑ 广东湛江硇洲国际灯塔

自然界真是奥妙无穷，有沙鸣，也有海鸣。

海鸣，就是海洋发出的鸣响声。惊涛拍岸的轰响、地震和火山引起的喧啸以及鱼类和其他海洋生物发出的声音都属于海鸣。可是，有些地方发生的海鸣，其原因却难以弄清。

我国广东省湛江硇洲岛东南海面，每当风云突变，天气异常，或风暴即将来临时，海面上就会发出一阵阵有节奏的“呜、呜、呜”的声响。这声音犹如闷雷，一高一低，错落有致。当地人对这声响甚感惊奇，但谁也弄不清它来自何处。

当地流传着这样一个说法：这种海鸣是沉放在海中的“水鼓”发出的。“水鼓”是很久很久以前建造硇洲岛国际灯塔时法国人放置的。

有人猜测“水鼓”是用作海上气象预报的。但也有人认为，“水鼓”是一种海况探测报警器，随时向人们发出风流变异的信息。可谁也没见过“水鼓”的模样，更不知它放在哪里。有关部门曾专门派出船只到硇洲岛东南一带海域巡视搜索，结果却一无所获。

1969 年，人们曾在硇洲岛海域发现过一群海兽在游动，有人说是海牛。于是有人提出，奇怪的海鸣是海牛的嚎叫。可能是海牛预感到天气或海况即将变坏而烦躁不安所发出的叫声，也可能是海牛游动过程中相互联络的信号。

1976 年以后，硇洲岛东南海面上的海鸣之声逐渐减弱。持“水鼓说”的人认为，这是“水鼓”年久失修，功能减退的结果；持“海牛说”的人认为，海鸣减弱是因为近年来人们在这一带海域活动明显增加，影响了海牛的正常活动和生活，使海牛迁徙到别处去的结果。

硇洲岛东南海面上海鸣的起因至今仍无定论。这个奥秘有待进一步探索。

一 极光成因之谜

↑神奇而壮观的极光

1957 年 3 月 2 日，人们在黑龙江省呼玛县的上空观察到了离奇的光变。当时大约是晚上 7 点多，西北方的天空中出现了几个稀有的彩色光点。接着，光点放射出不断变化的橙黄色的强烈光线。不久，光线渐渐模糊而形成幕状。尔后，彩色逐渐变弱，到 8 点 30 分消失。等到 10 点零 3 分，这一情景再次出现。

令人惊奇的是，在同一天晚上 7 点零 7 分，新疆北部阿尔泰山背后的天空也出现了鲜艳的红光。红色的天空里射出很多片状的东西，垂直于地面，形成白而略带黄色的光带。渐渐地，这光带变成了银白色。这些光带呈辐射状，逐渐向天顶推进。各光带之间呈淡红色，并且忽明忽暗。光带的长短也不断变化。7 点 40 分左右，光带伸展到天顶附近，这时的光色最为鲜明，好似一束白绸带飘扬在淡红色的天空中。大约 10 点，景色完全消失。

上述这种奇异的光变，被称为极光，这种自然现象通常只出现在地球南北两极的高空。

我国记载极光的历史已有几千年，当时的人们不了解这种自然现象的起因，而把它当作灾难的先兆。随着科学的进步，人们不再相信这种迷信的说法，而开始从科学的角度来观察它、研究它。

目前，关于极光的成因有以下两种说法：

第一种是，极光是由于太阳的反射作用而形成的。在北极方面，以北冰洋四周或者北纬 70° 左右最常见，每年平均出现 100 多次。然而，这种解释似乎过于简单，不足以解释一些现象。

另一种是，极光与地球磁场和太阳辐射有关。当太阳黑子发出的高能质子和电子到达地球时，受地球磁场的影响，和南北两极地区的偏斜，大部分进入南极和北极地区，在下降过程中，会碰撞高层大气的原子，大气原子受力而发出闪耀的光辉，形成极光。然而，这种解释也是一种推测，还有待进一步证实。

神秘天坑之谜

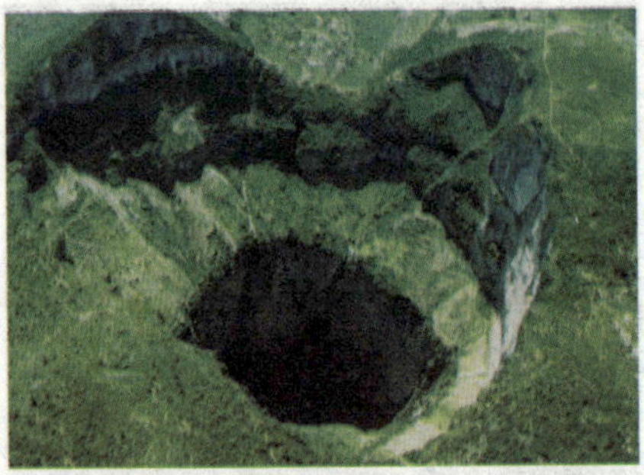

↑重庆奉节的神秘天坑

↑从天坑底部向上望，犹如坐井观天一般。

↓有些科学家认为这原是外星人留下的工作基地

重庆奉节县有一个神秘莫测、堪称世界之最的特大型天坑，因它位于该县境内小寨村，故被人们称之为——“小寨天坑”。

所谓“天坑”，从地质学角度解释，即“漏斗形下陷地貌”，又有人说是数亿年前陨星撞击所成。天坑边沿由峭壁悬崖围成，呈桃形，短径520米，长径622米。坑内四面山峰向外延伸，铁壁般合围成漏斗状，直至坑底。坑底一条阴河从西南方流向东北方，露出段为110米，宽约4米，河水黑绿，但清澈见底。

1997年4月，一支由英国天文学家、地质学家和考古学家联手组成的科学考察队抵达奉节小寨天坑进行考察研究。

考察队发现，天坑峭壁内约6米深处，竟隐藏着7只直径为4米的大圆球！这些大圆球呈曲线排列，球面上还刻着一些无法破译的文字和符号。据测定，圆球距今有7500万～8000万年，主要成分是金属钛，而包裹圆球的岩石密度和月球表面岩石的密度差不多。

在天坑底部，专家们还发现了三角形的箱子和一块被切割过的恐龙头骨化石。

有人推测，天坑很可能曾是外星人的一个工作基地，后被废弃。持该种观点的人对地陷说不屑一顾，对陨星撞击说则不予驳斥：倘若小寨天坑系陨石撞击而成，为什么在它周边没有发现丝毫陨石痕迹？更没有散落着的角砾岩块？

小寨天坑若非外星人所为，那么那些大圆球、三角形箱子以及被切割的恐龙头骨又作何解释？

一些科学家认为，小寨天坑就是外星人工作基地。眼下所有的证据尚不能完全说明问题，何况证据的真实性和可靠性也值得认真研究，除非拿出更加充分的理由和证据来，否则争论还将持续。

天坑究竟是地陷奇观或是陨星撞击而成，还是外星人废弃的工作基地？相信这诸多悬疑终有一天会破解。

一 地球磁场为何会倒转

在地球历史上，曾出现磁场减弱甚至磁场发生倒转的现象，在过去的 1.6 亿年中，地球磁场经常会发生倒转，地磁南极变成地磁北极，转而地磁北极又变为地磁南极的事件频繁发生。

但地球磁场为什么会倒转呢？时至今日，科学家们仍争论不已。

地下“大雪崩”造成

美国的马勒教授认为，地球磁场倒转是地核与地幔边界处的物质“大雪崩”造成的。

多数地质学家认为，地球磁场产生于外地核液态铁的对流，液态的铁流动起来，相当于电流的性质，而电流能够产生磁场。马勒则进一步认为，外地核的物质对流可能是由于铁在内的地核表面结晶导致的。

他分析道，在地下 5000 千米深的地方，是内地核与外地核的交界处，在这里，外地核液态的铁时常结晶为固态，在这个过程中，液态铁里含有的一些密度轻的成分，比如氧、硫和硅，被释放并上升到距离地面 2900 千米深的核幔边界处。核幔边界处的温度比内地核表面低 1000℃左右，因此那些轻的成分在核幔边界冷却，并浓缩成泥泞的沉积物。每 100 万年大概会堆积出几十米厚的沉积层，这些沉积物向上“落”在地幔下不平坦的地形上。由于核幔边界的地形起伏不定，有的地方比较陡峭，沉积物甚至会沿着斜坡滑动。

在轻密度沉积物向上升的过程中，会使外地核的液态铁向内地核的方向流动，碰到坚固的内核后，液态铁流又会返回。科学家猜测，铁流的往返运动使地球出现了磁场，不过在正常时期，磁场是稳定的。

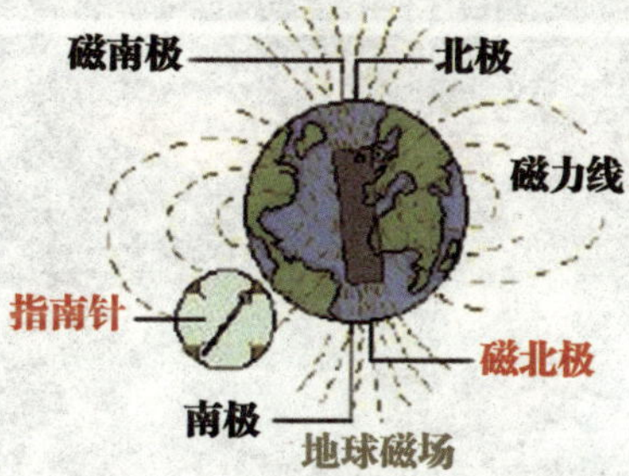

←地球磁场示意图

沉积物的积累和滑落过程每时每刻都在发生，液态铁流的往返运动同样也是每时每刻都在发生，但是地球磁场的倒转却并不是那么频繁的。因此马勒猜测，地下铁流和沉积物正常的上升和下落并不会强烈地改变地球磁场，只有那些剧烈的地下物质“大雪崩”，才会使地下发生翻天覆地的变化，地球磁场发生混乱，甚至出现磁场的倒转。上涌的物质流还会加热地核之上的地幔，让一些岩浆奔涌到达地球表面，形成大面积的火山岩。

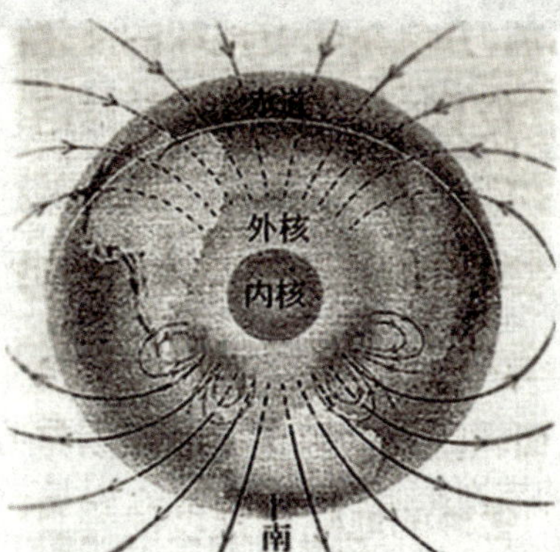

←地球磁场会倒转

地磁倒转的根本原因

马勒相信，只有很少的事件能够引发核幔边界的沉积物“大雪崩”。例如，当一个小行星或彗星以倾斜的角度撞击地球表面时，地下壳幔边界处的沉积物质会被侧向推移，厚重如山一般的沉积层剧烈震荡，破坏了外地核液态铁流的正常流动，搅动了地下世界，地球的磁场因此而发生倒转。

小行星撞击地球带来的生物大灾难是大家所熟知的，人们发现，伴随着小行星的撞击，地下岩浆会喷涌出来，形成面积广大的玄武岩。那么，撞击是如何使地下物质以岩浆的形式喷出，进而形成玄武岩覆盖地球表面的呢？马勒认为，小行星或彗星撞击地球后，核幔边界处的沉积物被震荡，热的铁流会在某些薄弱处与地幔接触，迅速加热地幔物质，产生的岩浆上升到地壳的缝隙处，喷涌上来便形成大面积的玄武岩。

←恐龙的迅速灭绝仍是一个谜

→地球磁场能抵挡大部分太阳风

马勒用自己的“地下大雪崩假说”将地外星体撞击和地下物质运动联系了起来，描述了地磁倒转时发生的一连串事件：

小行星或彗星倾斜地撞击到地球上引发了生物大绝灭，并且搅乱了核幔边界的沉积层，使地球磁场在几千年中崩溃。岩浆喷涌出地表，形成玄武岩。撞击甚至造成了地下物质上百万年的震荡。最后，地球磁场缓慢地重建，地球磁极再次形成，发生了倒转。

不过，有些学者质疑，引起恐龙灭绝的星体撞击事件确实曾伴随着印度德干高原的大面积玄武岩的出现，但是当时却并没有发生地磁的倒转，这又该如何解释呢？马勒认为，原因很简单，6500 万年前的那次撞击是一次直立撞击。

造成恐龙绝灭的那颗星体撞到了中美洲尤卡坦半岛上，形成了一个大型的撞击坑。地质研究显示，尤卡坦半岛的大型撞击坑确实是直立撞击的产物。直立撞击不会在地幔和地核边界产生水平方向的分力，因此就无法造成那里的沉积物“大雪崩”，也就不会出现地磁倒转。而倾斜撞击则不同，一次大的倾斜撞击将强烈地影响核幔边界的沉积物状态，从而引发地磁倒转。

“预言”过去

根据自己的假说，马勒还“预言”了一个人们没有注意到的远古现象：

在地球磁场倒转的历史记录中，有一个被称为“漫长沉寂”的时期，这个时期从距今1.2亿年开始，持续了3500万年，竟然一次地磁倒转也没有发生过。在这个时期结束后，地磁倒转再次出现，而且又开始频繁发生，就像正常的时候一样。以前的科学家对这个反常的现象无法做出合理的解释。

马勒断定，漫长沉寂说明地下沉积物不发生“大雪崩”，表明此前必定有一次剧烈的撞击“消耗”了大量的沉积物。在沉积物“大雪崩”导致地磁倒转后，由于沉积物的积累需要一定的时间，没有聚集足够的沉积物，即使发生星体撞击地球的事件，也不可能再次引发大雪崩，导致长时间根本没有地磁倒转的情况。因此，在漫长的正常时期开始前，应该有一次剧烈的撞击事件，而且伴随着撞击事件，应该有岩浆涌出，形成大面积的玄武岩。然而，令他烦恼的是，他并没有在地质资料中找到相关证据。

著名的地质学家阿瓦尔斯告诉马勒，他使用的玄武岩资料仅仅是大陆上的，因此并不完整。全球最大的玄武岩区域其实位于西太平洋洋底，正好形成于1.2亿年前，和地球磁场倒转的漫长沉寂时期开始的时间刚好吻合。

显然，由于1.2亿年前地球发生剧变，核幔边界处的沉积物“大雪崩”，从而造成了地磁倒转。在此后的漫长时间里，沉积物虽然也在积累，但是量很少，无法形成使地磁再次倒转的力量。这就是对“漫长沉寂”的合理解释。

今天，人类还不可能去地心旅行，要亲眼看到地下的物质“大雪崩”目前尚不可能。不过面对地球磁场倒转这个重大问题，科学家们提出的一些合理而大胆的设想则是完全必要的。

地球磁场

地球磁场会逐渐失去自己的威力。专家们指出，地球磁通量数值在最近200年里大大减小，如按现有的速度递减，则再过1000年地球的磁通量将降至零值。如果研究人员的预测是正确的，则结果将是灾难性的。强烈的太阳辐射流由于地球磁场而不能抵达大气层，否则会加热大气层上层，同时会引起全球气候改变，损坏所有位于地球近地轨道上的导航和通信卫星，此外还会使地球上所有的迁移性动物失去定向能力。

英国地质观察中心阿兰·汤普森教授指出，地球磁场在历史上曾不止一次消失过，地球磁极的变换是这种现象的结果。地球磁极变换大约每25万年发生一次，但是最后一次大约发生在100万年前，因此我们应该想到下一次会提前。

对于地球磁极变换为何会持续如此长时间，目前科学家们还没有统一的意见。有一种观点认为，再过几千年地球将会失去对太阳辐射的防护能力。另一种观点认为，地球磁极变换只需要短短的几周时间。科学家强调指出，正是磁场的消失才导致火星大气的蒸发消散。

第4章 文化历史

地球上有几百个国家，数十亿人口，由于国家、人种、信仰、传统等各不相同，世界各地的人们都以自己独特的方式为人类文明贡献着自己的文化价值。

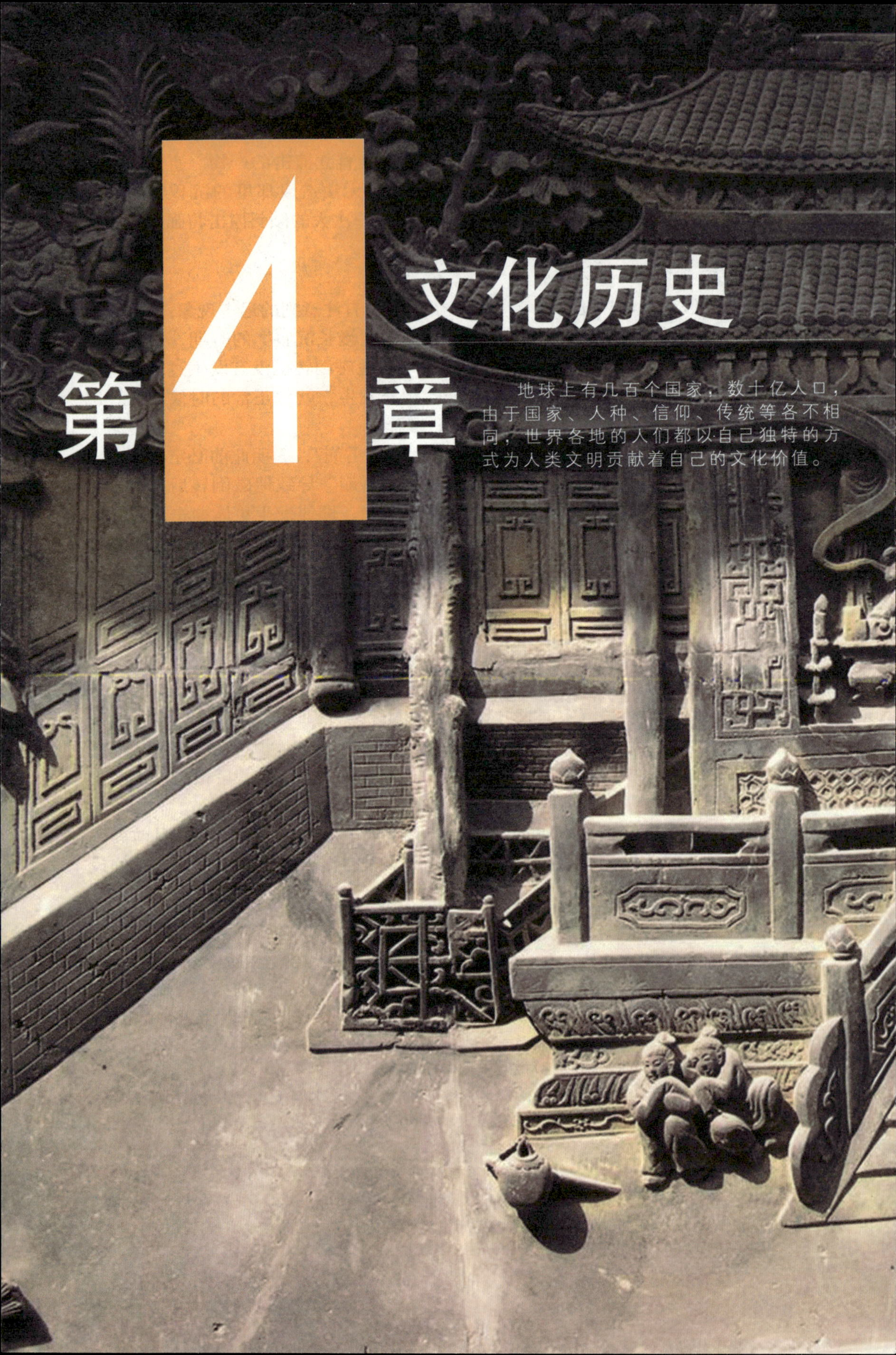

走向世界的《孙子兵法》

在许多外国读者的眼中，诞生于2500多年前的中国古代典籍《孙子兵法》可谓是一部充满神奇色彩的著作。这不仅是因为书中蕴含着丰富的东方智慧，也是因为它走向世界的历程本身就有着许多说不清楚的谜团。

《孙子兵法》传入日本

许多著述都认为《孙子兵法》在国外的流传以日本最早，朝鲜次之。因为这两个与中国相邻的国家在历史上与中国文化交流频繁，而日本奈良时代曾多次派遣学生到中国学习，无疑为《孙子兵法》的东传搭建了便捷的桥梁。

据史书记载，在公元734年，也就是处于鼎盛时期的唐朝开元二十二年，在中国留学长达17年之久的日本学生吉备真备历尽艰辛回到自己的祖国。这位兼修文武的饱学之士，在离开繁华的唐朝都城时并没有携带什么丝绸珍宝，而是用唐朝廷赏赐给他的钱来买书，将大批记载中国兵学阵法知识的书籍捆载而归，这其中就包括被人们奉为“兵经”的《孙子兵法》。如果这一记载准确无误的话，那么《孙子兵法》传入日本至少有1200多年的历史了。

↑ 中国画家（右下）和外国画家笔下不同风格的孙武形象

日本著名兵法史学家佐藤坚司却认为，说吉备真备将《孙子兵法》传入日本时间过晚。按照他的推断，中国兵法传入日本是早在公元663年以前的事。这一年，来自朝鲜半岛百济国的几位兵法家到达日本，在那里领导修筑了几座城池，并因为精通中国兵法被授予荣誉勋位。佐藤推测很可能是这几位百济兵法家把中国兵法（当然包括《孙子兵法》）传入日本的。

↑ 兵者，诈道，运筹帷幄决胜于千里。

佐藤的推断将《孙子兵法》传入日本的时间向前推了70多年，而且可能由此改写该书传入日本的路径，即《孙子兵法》不是借扁舟孤帆之力从中国大陆循海路直达日本，而是先传

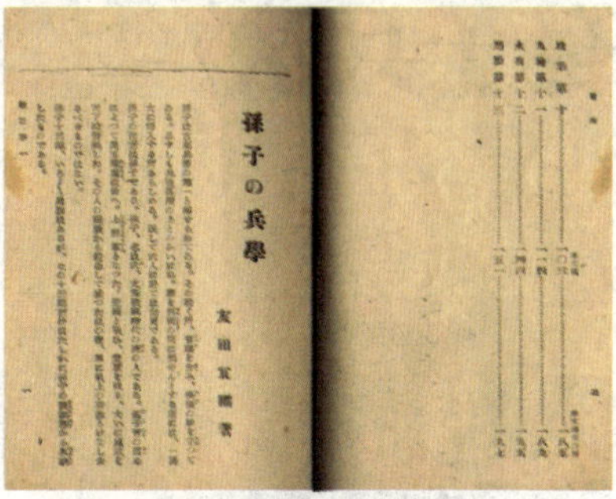

↑ 日文版孙子兵法

↑ 第一个让欧洲知道中国《孙子兵法》的法国传教士约瑟夫·阿米欧

入高句丽、新罗、百济三国鼎立时代的朝鲜半岛，然后才由百济兵法家们传入日本的。

其实，不管《孙子兵法》是由谁传入日本的，大家一致公认吉备真备和百济兵法家们在历史上都为中日兵学的交流做出了贡献。特别是吉备真备在日本开创了注释、研究《孙子兵法》的传统，使得同样具有东方文化背景的日本兵法学界在弘扬《孙子兵法》精义方面做出了巨大努力。

据统计，从16世纪以来，日本的各种《孙子兵法》注本近200种。在世界文化交流史上，对他国的兵法著作有如此长时间的研究热情，投入如此巨大的精力，这是绝无仅有的。

《孙子兵法》传入欧洲

把《孙子兵法》引入欧洲的第一人是法国天主教耶稣会传教士约瑟夫·阿米欧。提起这个名字，清朝乾隆年间北京的官吏文人恐怕大都觉得茫然，但要说起他的中文名字——钱德明（别名钱遵道），知道的人还真不少。

原来，这位1718年出生于法国土伦的耶稣会士，1750年被派来华传教，第二年就被打算结交几个西洋朋友的乾隆皇帝召进京城，此后一直受到清政府的礼遇。钱德明在京城一住就是43年，直到他去世。在这期间除了传教以外，他把主要精力都用在研究中国文化上面。

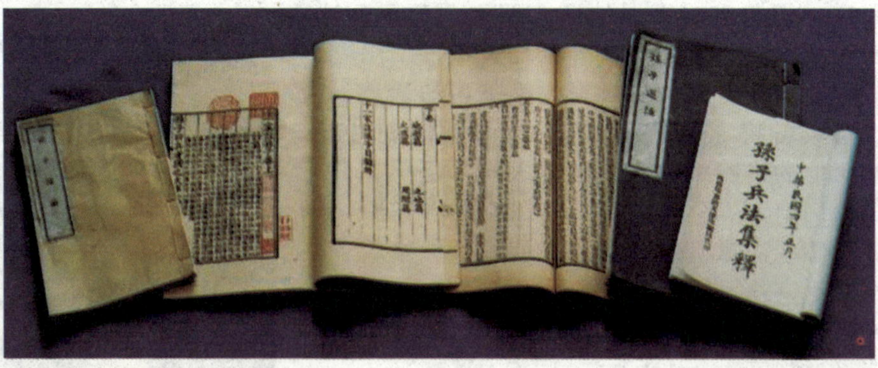

→ 孙子兵法

在居住京城的岁月里，钱德明下苦工夫学习满文、汉文，钻研中国的传统文化，成了声名卓著的汉学家，有名的“中国通”。后来他致力于向欧洲介绍传播中国的历史、文化、科学，先后出版了多部介绍中国的译著，如《中国兵法》、《中国音乐古今记》、《中国药物》、《满文文典》、《唐代简史》等。

《中国兵法》于1772年在法国巴黎出版，其中包括《孙子》、《吴子》和《司马法》，把中国著名的七部兵法（另外四部是《六韬》、《黄石公三略》、《尉缭子》、《李卫公问对》）介绍了三部，这在当时实在是了不起的，也为后来的俄国人、德国人、英国人相继翻译出版《孙子兵法》开创了历史先河。《孙子兵法》的法译本一问世，就引起法国公众的重视，《法国精神》等文学刊物纷纷发表评论，有的评论者甚至说，他在《孙子兵法》里看到了西方名将和军事著作家瑟诺芬、波利比尤斯和萨克斯笔下所表现的“那一伟大艺术的全部真理”，建议将这一“杰作”作为“那些有志于统领我国军队的领袖和普通军官的教材”。

↑ 西方军事理论奠基人克劳塞维茨

↓ 1991 年的海湾战争中，美国海军陆战队军官都奉命携带一本《孙子兵法》，以便在战场上阅读。

现在传播于世界各地的《孙子兵法》除了英文、法文、德文、俄文、日文之外，还有朝鲜文、西班牙文、捷克文、缅甸文、希伯来文、罗马尼亚文、泰文、意大利文、荷兰文、阿拉伯文等，不仅译文较之过去更加准确，还有史料引证、战例分析、评论，但是，当谈起《孙子兵法》的翻译出版时，人们还是以极其推崇的态度提及钱德明译本，因为他毕竟是第一个让欧洲知道中国《孙子兵法》的人，为后来人的翻译提供了宝贵的史料。

《孙子兵法》与克劳塞维茨

至于说西方兵学泰斗克劳塞维茨也读过《孙子兵法》，则纯属是今天学者们的揣测而已。

一些学者认为，1806 年克劳塞维茨以副官的身份，随普鲁士奥古斯特亲王参加对法作战，战败被俘。羁旅法国期间，他抓紧时间阅读了大量军事著作。而当时《孙子兵法》在法国已出版了 30 多年，他看过该书或听人说起过该书的思想观点恐怕不是什么难事。

从《战争论》的某些观点看，这种揣测并不能说是虚妄之谈。在《战争论》的第一篇第一章中，他直言批评说：有些仁慈的人可能很容易认为，一定会有一种巧妙的方法，不必造成太大的伤亡就能解除敌人的武装或者打垮敌人，并且认为这是军事艺术发展的真正方向。这种看法不管多么美妙，却是一种必须消除的思想。

在这里，克劳塞维茨的批评简直像是针对孙子的“不战而屈人之兵”、“全胜论”而来的。这仅仅是一种巧合，还是克劳塞维茨确实对《孙子兵法》有或多或少的了解，所以从自己“最大限度地使用暴力”的核心观点出发，来表明他完全不同的态度呢？这我们就不得而知了。

神秘的《清明上河图》

↑《清明上河图》的仿制品，而真品《清明上河图》现藏于北京故宫博物馆。

↑ 爱新觉罗·溥仪所著《我的前半生》

在中国美术史上，《清明上河图》可谓是一幅最具传奇色彩的作品，也是历朝历代被临摹得最多的一幅作品。从古至今关于《清明上河图》版本的考证、真伪的争辩有着许许多多的传说和不解之谜。千百年来，历朝历代的皇宫贵族、文人墨客对于《清明上河图》的求取和收藏从未停息过。《清明上河图》真迹是如何现世的？它的作者张择端到底又是怎样的一个人呢？

《清明上河图》真迹再现

1912 年 2 月 12 日，中国封建历史上最后一位满清皇帝爱新觉罗·溥仪走下了皇帝宝座。溥仪从小受到西方文化思想的影响，一直有出国留洋的梦想。为了离开皇宫后能有充足的经费实现自己的愿望，他想到了皇宫中收藏的大量珍宝、字画。由此，历经宋、元、明、清四个朝代的《清明上河图》，再次开始了它神秘而漫长的旅程。

离开了皇帝宝座的溥仪利用自己的一些特权在 1922 年 11 月 16 日—1923 年 1 月 28 日的 73 天时间里，以“赏赐”其弟爱新觉罗·溥杰的名义，将书画手卷 1285 件、册页 68 件移出皇宫。这些中国历朝历代珍贵的书画精品，每一件都价值连城。其中，《清明上河图》就有四卷之多，包括北宋画家张择端所画的《清明上河图》、明代画家仇英仿画的《清明上河图》以及明代其他画家以苏州为背景仿画的“苏州片”《清明上河图》等。其中北宋画家张择端所画的《清明上河图》堪称中国美术史上的稀世神品，是历朝历代皇宫贵族争相收藏的珍品。

1932 年 3 月 8 日，溥仪在侵华日军的操纵下，带着他的家眷和大量珍宝、字画，从天津迁往长春，就任伪满洲国皇帝。这样，《清明上河图》又陪伴着溥仪在长春度过了长达 13 年零 4 个月的岁月。

1945年，日本关东军司令官山田乙三通知溥仪迁都通化，所谓的迁都实际上就是逃亡。溥仪请山田乙三宽限三天时间打理行装。他从大量的珍宝、字画当中精选了一些珍品带往通化，剩下的珍宝字画被一些侍卫哄抢。其中，四个不同版本的《清明上河图》有哪一卷被溥仪带在身边？又是哪一卷流失于民间？人们不得而知……

溥仪带着一部分珍宝、字画和家眷，匆匆逃往长白山脚下的小山村——大栗子沟，3天后又匆忙赶往沈阳。被遗弃在大栗子沟的大部分珍宝、字画，有的被瓜分，有的被烧毁，一部分最后被解放军收缴。

1945年8月19日，溥仪在沈阳机场乘飞机准备逃往日本，飞机起飞后被苏联红军迫降，溥仪和他的随从人员以及随身携带的珍宝字画被苏联红军截获。溥仪被苏联红军遣往苏联赤塔，后转至伯力，五年之后被遣送回国，四个不同版本的《清明上河图》下落不明。

1950年冬天，东北局文化部开始着手整理解放战争后留下的文化遗产。书画鉴定专家杨仁恺先生打开一卷残破的画卷时，顿时惊呆了，这幅画卷的最后记载有“翰林张择端，字正道，东武人也，幼读书，游学于京师，后习绘事，本工其‘界画’，尤嗜于舟车市桥郭径，别成家数也，按向氏《评论图画记》云，《西湖争标图》，《清明上河图》，选入神品，藏者宜宝之。大定丙午清明后一日，燕山张著跋。”这幅精品画卷，即为被历代皇宫、贵族争相收藏的稀世神品——北宋张择端的《清明上河图》。自此，失踪多年的稀世国宝终于再一次入藏北京故宫博物院。

↑ 宋徽宗时张择端在翰林图画院任职。善画风俗画，尤擅绘舟车、市肆、桥梁、街道、城郭等。是北宋末年杰出的现实主义画家。

↓ 被疑为张择端早期所画的作品——《金明池争标图》

张择端身世之谜

对于张择端的身世，史书上未见任何记载，千百年来一直是一个难解之谜。一些专家学者认为张择端是南宋人，还有专家学者认为张择端是金代人，但多数专家学者认为张择端是北宋人。

认为张择端为南宋人的专家，主要是根据明晚期书画家董其昌在《容台集》中对《清明上河图》的推测：“南宋时追摹汴京景物，有西方美人之思。”清代孙承泽在《庚子消夏记》中记载：“《清明上河图》乃南宋人追忆故京繁盛也。”

←宏篇巨制而又不失精微的传世名作《清明上河图》（局部）

认为张择端是金代人的专家，是根据《清明上河图》最早的题跋出自金代人之手，并且两宋画院均不见张择端著录而推断的。

然而，更多专家学者通过对《清明上河图》的研究考证，认为张择端是北宋人。现存于故宫博物院的《清明上河图》“石渠宝笈三编本”，后面最早的金代张著题跋中注明了张择端的身份为“翰林”，并且进一步指出，张择端游学于京师，善于画“界画”，尤其喜欢画车水马龙的场面。张著的题跋是关于张择端身世的最早记载，也是唯一的记载。他所提到的向氏究竟是何人，已经无法考证，且向氏所著的《评论图画记》一书也不曾见于著录，这给专家学者的研究和考证留下了广阔的空间。但是根据最早的金代张著题跋，张择端是北宋人的观点最具说服力。

至今，在开封民间还流传着张择端与《清明上河图》的故事。

“清明”与“上河”是何意义

张择端的《清明上河图》如此巨制一定有其寓意，那么“清明”与“上河”是什么含义呢？

研究《清明上河图》的专家学者通过对“清明”的考证得出三种观点：一是“清明节”之意；二是“清明坊”之意；三是“清明盛世”之意。

持“清明节”观点的专家学者，有已故文物鉴定专家郑振铎和书画鉴定专家徐邦达等。郑振铎甚至明确指出就是清明节这一天。

持“清明坊”观点的专家学者，是已故河南开封中学老师孔宪易。1981 年，孔宪易在《美术杂志》上发表了《清明上河图——质疑》的文章，文章中通过对木炭、石磙子、扇子、西瓜、服饰等考证研究，认为画的是秋景。清明之意是指“清明坊”，根据是，当时东京城划分 136 坊，外城东郊区共划分 3 坊，第一坊就是“清明坊”。

持“清明盛世”观点的专家学者，是著名鉴定专家史树青先生，他指出：“清明非指清明节这一天，而是作为称颂太平盛世的寓意，清明即政治清明。”

许多专家学者对于《清明上河图》中的“清明”有着诸多的解释与争论。那么《清明上河图》中的“上河”又是什么含义呢？长期以来一些专家学者对“上河”二字的含义也有诸多解释，其中主要有几种观点：有专家学者认为“上河”是指“河的上游”，有专家学者认为“上河”是“逆水行舟”之意，也有专家学者认为“上河”即“上坟”之意，还有专家学者认为“上河”即“赶集上街”之意。

根据《东京梦华录》中记载：“汴河自西京洛口分水入京城，东去泗州入淮，运东南之粮。”根据这段文字可明晓，由西北向东南是下水，反之是上水。因此有专家认为“上河”即“在汴河上逆水行舟”之意。

然而，也有专家学者提出了不同的观点。根据《清明上河图》明代李东阳的题跋记载：“上河者云，盖其世俗所尚，若今之上冢然，故其如此也。”这就是一些专家学者提出“上河”即是“上坟”一说的重要依据。但还有专家学者提出了不同观点，认为“上河”不能作为动词解释，而应该作为专用名词解释。如果按名词解释，“上河”应该是指御河。

也有学者提出疑义，虽然《清明上河图》中展现了气势恢宏的繁盛景象，但是《清明上河图》中也描绘了乞讨的乞丐、流浪汉、街上跑着的猪、官衙门口坐着的懒散的士兵，这些与太平盛世相悖的另一番景象又该如何解释？

古往今来，有多少人想占有《清明上河图》，但又有几人能够完全了解其含义呢！

↑ 开封市以《清明上河图》为蓝本，在开封城西北隅修建了一座再现图中风物景观的大型宋代文化主题公园——清明上河园。

拉丁字母表的渊源

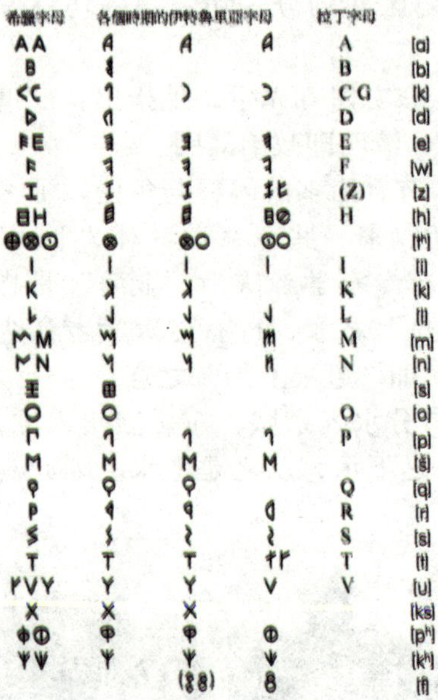

↑ 关于拉丁字母的一些变换

↓ 腓尼基人石雕

人们都知道英文有 26 个字母，但这 26 个字母的来历，知道的人恐怕就不多了。原来，英文字母来源于拉丁字母，拉丁字母来源于希腊字母，而希腊字母则是由腓尼基字母演变而来的。

腓尼基是地中海东岸的文明古国，其地理位置大约处在今天黎巴嫩和叙利亚的沿海一带。“腓尼基”是希腊人对这一地区的称谓，意思是“紫色的国度”，因该地盛产紫色染料而得名。罗马人则称之为“布匿”。

公元前 21 世纪初，在腓尼基产生过一些小的奴隶制城邦，但从未形成统一的国家。在古代，腓尼基以经商、航海和贩运奴隶闻名于世。至公元前 10 世纪前后，其活动范围已达今塞浦路斯、西西里岛、撒丁岛、法国、西班牙和北部非洲，并建立了许多殖民地。公元前 8 世纪以后，亚述、新巴比伦等国相继侵入腓尼基。公元前 6 世纪，腓尼基最终被波斯帝国兼并。

大约公元前 13 世纪，腓尼基人主要依据古埃及文字制定了人类历史上第一套字母系统，共 22 个字母（无元音）。这是腓尼基人对人类文化的伟大贡献。腓尼基字母是世界字母文字的开端：在西方，它派生出古希腊字母，后者又发展为拉丁字母和斯拉夫字母，而希腊字母和拉丁字母是所有西方国家字母的基础。在东方，它派生出阿拉美亚字母，由此又演化出印度、阿拉伯、希伯来、波斯等民族字母。中国的维吾尔、蒙古、满文字母也是由此演化而来。

当时的腓尼基人对祖先的 30 个符号加以归纳整理，合并为 22 个简略的形体。后来，腓尼基人的 22 个字母传到了爱琴海岸，被希腊人所利用。公元前 1 世纪，罗马实行共和时，改变了直线形的希腊字体，采用了拉丁人风格明快、略带夸张的 23 个字母。

据考证，腓尼基字母主要是依据古埃及的图画文字制定的。在古埃及，“A”是表示“牛头”的图画；“B”是表示“家”或“院子”的图画；“C”和“G”是表示“曲尺”的图画；“D”是表示“门扇”的图画；“E”是表示“一个举起双手

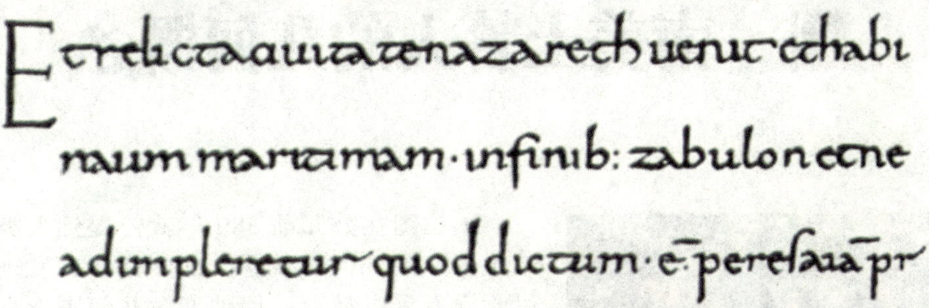

↑ 拉丁文书写给人以一种流畅优美的感觉

叫喊的人”的图画；“F”、“V”、“Y”是表示“棍棒”或“支棒”的图画；“H”是表示“一节麻丝卷”的图画；“I”是表示“展开的手”的图画；“K”是表示“手掌”的图画；“L”是表示“鞭子”的图画；“M”是表示“水”的图画；“N”是表示“蛇”的图画；“O”是表示“眼睛”的图画；“P”是表示“嘴巴”的图画；“Q”是表示“绳圈”的图画；“R”是表示“人头”的图画；“S”和“X”是表示“丘陵地”或“鱼”的图画；“T”是表示“竖十字型”的图画；“Z”则是表示“橇”或是“箭”的图画。

↑ 被称为“紫红色人”的腓尼基人

公元前 2 世纪时，拉丁字母已包括了这 23 个字母。后来，为了雕刻和手写的方便，并为了使元音的“V”和辅音的“V”相区别，便把原来的“V”的下方改成圆形而定为元音“U”；又把两个“V”连起来变出了一个做辅音用的“W”，这个“W”的出现已是 11 世纪的事了。后来人们又把“I”稍作变化而另创出一个辅音字母“J”。这样，原来的 23 个字母再加上“U”、“W”、“J”这三个字母，就构成了 26 个字母的字母表了。中世纪时，拉丁字母基本定型，后世西方文字（当然也包括英文）都是由它演变而来的。

↑ 石板上的腓尼基字母

南美土著人的几何概念

↑欧几里得是古希腊最负盛名、最有影响的数学家之一，他将公元前7世纪以来希腊几何积累起来的丰富成果整理在严密的逻辑系统之中，使几何学成为一门独立的、演绎的科学。

柏拉图在公元前380年就曾提到人类有着与生俱来的几何学概念，而苏格拉底发现奴隶尽管没有受过教育，但他们对几何图形有着过人的理解。他们的图形与思维究竟有着怎样的关系？

人类学家调查发现，巴西亚马孙河畔蒙杜鲁库人掌握了几何学的基本概念，却没有用来表达这些概念的语言。研究人员表示，这可能是一种独立于一般语言之外的延展性数学语言。

蒙杜鲁库人是南美洲印第安人的一支，生活在亚马孙河及其支流周围，19世纪初其居住地被并入巴西版图。现在的蒙杜鲁库人的主要经济来源是野生橡胶采集。

土著人语言中只有1~4四个数

欧几里得几何是人类智慧的结晶，但直到今天，欧氏几何是如何提出的仍然是个谜。几何学概念究竟是否为人天生所具有的？这一问题从古希腊便开始有人探究。人类学家在对一些原始部落做田野考察时发现，许多部落认知事物的能力都是脱离语言范畴的。以蒙杜鲁库土著部落为例，他们以狩猎为生，但他们的语言对于现代文明来说显得极为奇特，因为在其语言中表达数字的词汇很少，只有1~4，而且这些数字对他们来说只是简单的概念，既不具备口头计数的功能，也不将其用作符号、刻度、计数等方面。

然而，来自法国法兰西学院和美国哈佛大学的研究人员对生活在偏僻地区的这一部落研究后发现，蒙杜鲁库人对几何学很有天赋，他们很轻易地就能掌握几何学中的基本概念。

2004—2005年，研究人员深入到蒙杜鲁库土著部落，邀请当地人加入他们的实验。为了验证出蒙杜鲁库土著部落对于几何概念的形成，他们选取了小孩和成人，其唯一的标准便是这些人并未接受过现代教育的启蒙。研究人员发现，在蒙杜鲁库人语言里，没有与长方形、平行线等几何学相对应的语言，但在部落里发现的许多画作阐释了相当多的几何美学。

几何学常识与生俱来

为了探测出蒙杜鲁库人对几何学中点、线、平行线、长方形、图形、对称等概念的理解，研究人员设计了六种图案的排列，其中一项为干扰项，被测试者要识别出那个干扰项。实验结果是，不论年龄大小，蒙杜鲁库人都能很顺利地完成试题，只是在识别“对称”这一概念时稍有困难。

这个结果证明，蒙杜鲁库人尽管语言构成中没有几何学的基本概念，但他们具备几何学的基本常识。这种能力并非通过后天教育形成，而是与生俱来的。研究人员表示，这表明了在蒙杜鲁库人的数学思维中有着一种独特的语言：延展性数学语言。

↑ 你能从蒙杜鲁库人的画作中发现几何美吗？

几何学的概念能使人们对长度、面积等度量有认识，那么蒙杜鲁库人是否也能将他们对几何的理解应用到生活中呢？

当时，研究人员设计了一些相关测试方法，试图让蒙杜鲁库人通过图画等方式进行加减法和比较大小的数学运算。由于这些土著人只掌握1~4四个数字，应该不能准确地进行大于5的数字运算，但测试结果是，他们能够做出大致近似的加法和大小比较。通过抽样研究表明，蒙杜鲁库人计算的近似精确度基本保持在一个稳定的水平上，而且与“文明人”在不使用计数方式时所做的估算相比，其近似程度基本相当。

↑ 美国语言学家沃尔夫

而在这次测试中，研究人员设计了一个抽象的“地图”测试，希望检验出蒙杜鲁库人是否熟知距离的概念。结果表明尽管擅长人体画，但蒙杜鲁库人不会画地图，他们只会在地上画一些圆圈来代表村庄。不仅极为粗糙而且也无法传达出村庄与村庄之间的距离。

“语言决定思维”理论遭到挑战

在人们普遍的直觉中，我们是用语言来思维的，或者说离开了语言就不可能有任何思维活动。这种观点被称为“语言决定论”或“沃尔夫假设”，是由美国著名语言学家沃尔夫于20世纪30年代末期提出的。

沃尔夫提出这一假说时，就受到语言学界的不少质疑。而最近对土著部落语言的测试，更吻合了一些数学家的看法。他们认为，人脑中复杂的空间、时间和数字等代数学、几何基本概念都是独立于人类语言的，人们对这些数学语言的思考并不能完全用“现代文明语言”一种标准来思考。

对此，研究人员认为，在人类语言之外，可能还存在一套延展性的数字序列词汇，不使用人类语言的动物同样具有这种独立于语言之外的数字表征。有反对沃尔夫假设的学者提出，人类有一个“前语言系统”，它具有表征世界的基本概念元素。但是由于这种数字表征并不具有更深入的计算功能，因此学习可以表达的数字单词对于数学思维仍然具有不可替代的作用。

古希腊雕塑为何都是裸体的

↑ 古希腊器物上所描述的各项古老运动

↑ 古希腊的裸体运动员雕塑——掷铁饼者

在人类文明的发展史上，欧洲文化出现了四大高峰，第一是古希腊与古罗马时代，而这个时代的艺术是以希腊的雕塑为中心艺术。那时雕塑极为普遍，以至后来清理古希腊古罗马遗产时，发现城中雕像的数目几乎与居民的数目相等。

人们在欣赏古希腊雕塑艺术的时候，或许会有这样的疑问：为什么有相当数量的雕塑眼睛没有眼球？为什么雕塑都没有表情？

在当今社会裸体艺术还有诸多禁忌的时候，人们更会发问：为什么古希腊雕塑都是裸体的？裸体造型艺术何以如此普遍？

对于这些问题的探讨，曾经在几个世纪中困扰了无数智者、学者、专家和研究人员，其观点看法又是如此的大相径庭，主要分为以下几种：

说法一，源于原始社会的风俗

有些专家认为，古希腊的裸体艺术源于原始社会的裸体风俗。农业社会之前的原始人，对男女外生殖器的表达较为突出，如太平洋诸岛、南洋群岛和非洲的原始人，都会刻意装饰和显示自己的外生殖器。这种以性为主的裸体美，是由于原始人把性看作大自然的恩赐，是生命与欢乐的源泉。

说法二，源于战争的频繁与体育的盛行

古往今来，大多数人认为古希腊人雕塑采取裸体的形式和当时战争的频繁与体育的盛行紧密相关。大约在3000年前，爱琴海一带出现了众多城邦，由于各个城邦都想占有其他城邦，因此当时的公民只有两个职责，就是公共事务和战争。为了培养懂政治、会打仗的公民，就出现了一种特殊的教育：

著名哲学家柏拉图的《对话录》中有这样的描绘：那时战争全凭肉搏，因此每个士兵都得锻炼好身体，愈强壮愈矫健愈好。青年人大

半时间都在练身场上角斗、跳跃、拳击、赛跑、掷铁饼，把赤露的肌肉练得又强壮又柔韧，目的是要拥有一个最结实、最轻灵、最健美的身体，而没有一种教育在这方面做得比希腊教育更成功的了。

战争带来了体育的盛行。古希腊是一个体育大出风头的时代，当时，几乎没有一个自由民没有经过练身场的训练。而运动不高明的人则被人看不起。希腊人的孩子从会走路开始，就要接受体育训练。那时的体育教师才是真正的健美专家，他们训练出了一大批体格健美的青年人，也培养了一大批合格的模特儿。古希腊各个城邦每逢节日，都要举行体育竞赛，从中挑选出最有力气、身手最敏捷的青年。

在当时的运动会上，人们并不以裸体为耻，青年男女为了显示自己健美的体魄，常常把衣服脱光。斯巴达的女青年参加运动会，也常常是全裸的。古希腊历史学家普鲁塔克曾记述当时少女们裸体参加运动会的情景说：“尽管少女们确乎是这样公开地赤身裸体，却不感到有什么不正当的地方，这一切的运动都充满嬉戏之情，并没有刻意的春情或淫荡。”

对于运动会上的优胜者，人们都报以雷鸣般的掌声，姑娘会向他献上鲜花桂冠，诗人为他作诗，雕塑家为他塑像。罗丹还说道：“希腊人这种特有的风气产生了特殊的观念。在他们眼中，理想的人物不是善于思索的头脑或者说感觉敏锐的心灵，而是血统好、发育好、比例匀称、身手矫健、擅长各种运动的裸体。”

基于这种思想，裸体雕塑自然地成了当时的艺术主流。从艺术规律来看，雕塑为三维空间艺术，有实感，最能表现力量。而那些运动场上的优胜者和美丽的肌体都可成为雕刻家最理想的模特儿。

说法三，源于特殊的审美价值

美国著名历史学家伯恩斯教授和拉尔夫教授在他们共同编著的《世界文明史》中说：“希腊艺术所表达的是什么？总而言之，它是把人文主义象征化——即把人视为宇宙中最重要

←法国著名雕塑家奥古斯特·罗丹的雕塑作品《吻》、《思想者》、《脚手架下的三个影子》。

↑ 古希腊雕塑为何都不穿衣服？

的造物而加以赞美。尽管许多雕刻描绘神，但这一点也不减损人文主义的本质。希腊人的神是为着人的利益而存在，所以赞美神也就是赞美自己。建筑和雕刻二者都是把平衡、和谐、秩序的思想具体化。"

在他们看来，希腊的裸体艺术和他们的审美观念有关，表现人体的作品具有特殊的审美价值。人乃万物之灵长，造化之极点，具有特殊的魅力。在古希腊人的观念里，万物之中，数人最美，所以在竞技场上会出现欢呼雀跃的裸体群。"健全的精神寓于健康的身体"，这是他们信奉的一句至理名言。然而，从总体上来说，希腊雕塑的裸体和他们的战争、体育以及哲学观念都是有联系的。

希腊的人体雕塑主要是希腊现实生活的真实记录或描绘，这样久而久之所形成的特殊审美观念往往会逐渐脱离了原来的实用目的，而具有相对独立的文化象征。

对于古希腊雕塑裸体的解释，以上三种说法是几种主流观点，除此之外还有很多其他观点。时至今日，关于这个问题的争论仍在继续。

米洛斯的维纳斯

米洛斯的阿佛洛狄特俗称"米洛斯的维纳斯"，是一座高204厘米的大理石雕像。相传是古希腊亚历山大的德罗斯(Alexandros) 在公元前150—前50年创作的。因雕像于1820年发现于希腊米洛斯岛，故名。雕像中阿佛洛狄特半裸全身，面容俊美，身体匀称，亭亭玉立，衣衫滑落至髋部，虽然双臂残缺，但仍展现出女性特有的曲线美，显得端庄而妩媚。

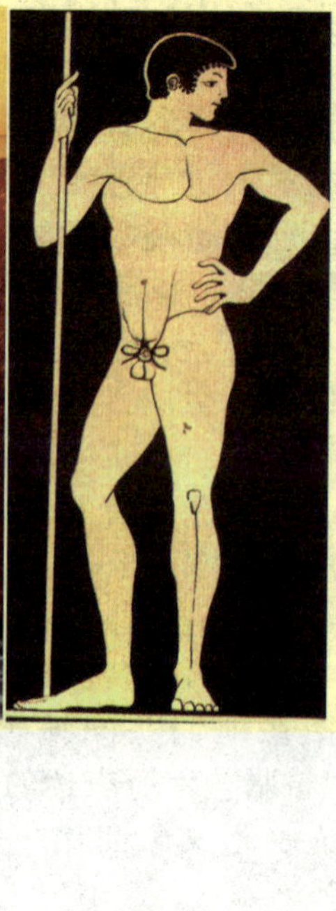

→ 古希腊壁画上的人也是裸体

一 奥林匹克运动会的起源及发展

↑ 摔跤比赛

↓ 古希腊人田径比赛的壁画

奥林匹克运动会起源于古希腊，因举办地点在奥林匹克而得名。传说古代奥运会是由众神之王宙斯所创始的。第一届古代奥运会于公元前 776 年举行，到公元 394 年共举行了 293 届。运动会每隔 1417 天即 4 年举行一届，后来人们将这一周期称为奥林匹克周期。随着近代体育运动的兴起，希腊人民希望恢复古代奥运会。

古奥运会初期，竞赛项目不多，所以前 22 届时间仅一天。后来随着比赛项目的增加，又延长为两天。从第三十七届增加少年比赛项目后，时间又延长到 5 天，其中第一天是开幕式，举行献祭和宣誓仪式，第二、三、四天是比赛的具体内容，第五天是闭幕式，进行发奖和敬神活动。

奥林匹克运动会的由来和发展，从历史上看，可分为两大阶段：1896 年开始至今举办的奥运会被统称为现代奥运会，之前的称为古代奥运会。

14 世纪初，欧洲文艺复兴掀起人们对古奥林匹克精神的赞扬高潮，意大利早期活动家马泰奥·帕尔米里亚更是在 1450 年提出要把古奥运会的和平与友谊精神贯注到人们的社会生活中去。在这一时期，对奥林匹亚的考察挖掘不断受到重视。德国人库齐乌斯率领的考察团，进行了长达 6 年之久的挖掘，获得大量文物和史料，被湮没多年的奥林匹亚村得以重见天日。

1852 年 1 月 10 日，库齐乌斯在柏林宣读了以“奥林匹亚”为题的考察、挖掘报告，建议把这个运动会恢复起来，引起社会强烈反响。1859—1889 年，在希腊人札巴斯的倡导下，希腊举行过 4 次全国奥运会，但始终没有扩大。

19 世纪的欧洲，随着科学文化教育的发展，各国建立了本国的体育组织，有些国家举行了某些项目的竞赛，德国、瑞典、英国还形成了各自的体育制度或竞技运动。正当人们进而要求组织国际比赛时，第一批国际体育联合会成立，如 1881 年建立了国际体操联合会，1892 年建立了国际赛艇联合会和国际滑冰联合会。

此外，19 世纪末，世界上出现了帝国主义和垄断资本，新崛起的德国欲发动战争来重新瓜分世界市场。法国是德国的近邻，如果德国发动战争，战争的灾难首先就会落到法国人民头上，所以法国人民想保持和平。在这种情况下，有人想起了重新恢复象征和平与友谊的奥林匹克运动会。

法国教育家顾拜旦于 1883 年提出举办类似古代奥运会的比赛，并把它扩大到世界范围。1892 年，他遍访欧洲，宣传奥林匹克思想，呼吁复兴奥林匹克运动。同年，在巴黎运动联合会成立 10 周年会议上，倡议恢复奥林匹克运动会。1894 年 1 月，他致函各国的奥林匹克组织，建议于同年在巴黎召开国际体育会议。6 月 16 日—24 日，在巴黎举行的国际体育大会上，15 国代表决议每 4 年举行一次奥林匹克运动会。为了筹办奥运会，6 月 23 日成立了国际奥林匹克委员会，希腊人维凯拉斯出任主席，顾拜旦任秘书长，他还亲自设计了奥运会的会徽、会旗。

1896 年 4 月 6 日—15 日，第一届现代奥运会在希腊的雅典举行，共有 13 个国家的 311 名运动员参加了这届运动会。美国运动员詹·康诺利以 13.71 米的成绩获三级跳远金牌，从而成为第一位现代奥运会冠军。

↑ 奥林匹克之父——顾拜旦

↑ 位于瑞士洛桑的奥林匹克雕塑

现代奥运会最有意义的一件事是打破了奥运会不允许女子参加的规定。在第二届奥运会上，尽管顾拜旦执意反对女子参加，女运动员还是踏上了在此之前一直属于男子的体育场。但性别歧视并未就此了结，田径运动直到 1928 年第九届奥运会才对女子开放。

奥运史上另一个让人刻骨铭心的事是在现代奥运会的诞生地——希腊雅典引燃奥林匹克火炬，之后以接力方式传递至奥运会举办地，并在开幕式上举行点燃奥运圣火的仪式。

从 1924 年开始，现代奥运会又分为夏季奥运会、冬季奥运会两种。当时在巴黎举行的是第八届夏季奥运会，在夏蒙尼举行的是第一届冬季奥运会。

以政治问题为由抵制奥运会在 1956 年墨尔本奥运会上首开先河。英、法出兵苏伊士运河造成埃及、伊拉克和黎巴嫩的抵制，而苏联出兵匈牙利则导致瑞士、西班牙和荷兰拒绝跨进当时的奥运会大门。

自丹麦自行车选手詹森在 1960 年罗马奥运会比赛中倒地身亡到 1988 年汉城奥运会短跑项目的世界纪录的创造者本·约翰逊依赖类固醇的事昭然天下，药物问题便阴魂不散地尾随着奥运会。

现代奥运会诞生 100 多年来，历尽艰难，它的兴衰荣辱牵动着全世界亿万民众的心，它为加强世界各国人民和运动员之间的友谊、促进世界和平及世界体育事业的发展，创造了不可磨灭的功绩，这是人们在回忆奥运会历史时所不会忘记的。

悠悠四合院文化

清华大学建筑系景观研究所所长孙凤岐的一段话，因为表明“风水有着朴素的科学道理而不全是迷信”而受到了关注。

他以北京四合院为例说：“如果你注意观察就会发现，从四合院里出来的人都面色红润，不像在楼里住久了的人脸色会发黄，这是因为四合院的建造有科学依据，利于长寿，住四合院的人每天至少有一半的时间都能在户外活动，住楼房的人通风会成问题。不说风水利于人发财什么的，一个人健康都不能保证，还有什么精力去赚钱呢?”

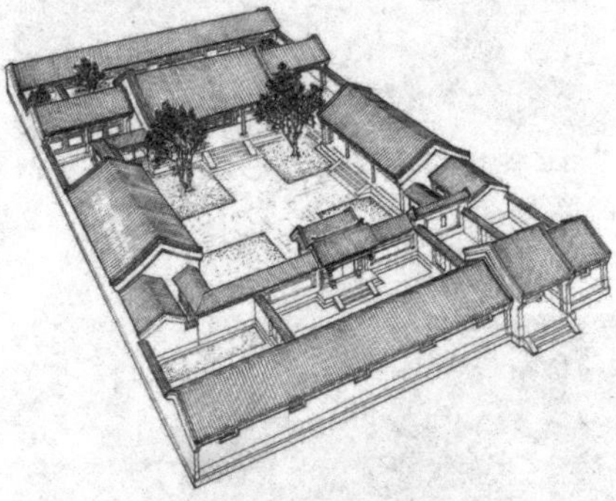

↑ 四合院结构图

↓ 三进的四合院

我们祖先盖四合院，确实是建筑史上的一项成就，但追溯它的来由，便不难发现，四合院的建立并非只是为了人与自然的和谐，而是按宗法礼教要求设计兴建的，并应用了风水理论。

大门开设在宅院东南角的“巽”位上；在门口放置个猴子形状的避马石，“因为根据十二生肖的排位，马是属火的，木构的房子最怕火了，而猴子属水，于是就把拴马的石头做成猴子的形状”；四合院里不能种松树、柏树和杨树，因为那是阴宅（为死去人建的坟墓）种的树木；一般要种海棠、梨树和石榴，因为传说中海棠、梨树是兄弟化成的，表示兄弟和睦，种石榴树是为了多子多孙等。

四合院中，冬天太阳可照进正房室内，因此冬暖夏凉。可惜四合院中只是正房有此好处，其他一多半的房间都不能朝南。这种结构符合中国尊卑长幼有序、内外有别的礼法要求。由此可见，四合院并非保证人人都有个好的生活环境，而是只有正房中的家长和地位高的人才能得以享用。

普通四合院的设计和皇帝居所的格局是一脉相承的，只是规模要小得多，而且根据房主人的身份地位有严格的区别。王侯、高官和平民百姓，在四合院的大小、形式和可以使用的建筑材料上，包括大门上钉多少门钉都有规定，不可逾越，以体现当时的等级秩序。

↑ 四合院某种程度上也是封闭、集权的象征。

↓ 四合院内的风景

在楼房居住比在四合院居住的人户外活动时间少，会影响到身体健康，这确实是一个事实情况。但大家都住四合院，今天难以实现。如果拿四合院和陶渊明的草屋比，或跟一排排四周是草地的住宅比，谁会更“天人合一”呢？如果这个天就是指自然，四合院显然尚不足道。

加拿大的温哥华，除了中山公园，其他地方都没有四合院建筑，但它却是多次被联合国评为世界上最适于人居住的城市。那里大学没有围墙，居民的住宅也没有围墙，每家人把自己的草地还有花木都打理得很好，大家都能观赏。如果用四合院围出个自成一统的小天地，是增进了人与自然的和谐还是隔绝了这种和谐呢？

照孙凤岐的看法，四合院不仅阻碍了人与自然的和谐，还妨碍社会的和谐，因为“四合院就是由北房、南房、东房、西房四面围合，各房之间用墙连接起来的封闭式院落”。正如京剧《游龙戏凤》中正德皇帝对李凤姐说的，他是住在北京城这个大圈圈中的小圈圈，小圈圈中的黄圈圈。从紫禁城、王府到普通百姓的四合院，是一种从大自然还有社会中分隔出来的小圈圈。从上到下都可以关起门来称孤道寡，称王称霸。高低贵贱只要看看你住在四合院的哪间房就一目了然了。四合院体现的是等级森严，不是人人平等。连获得阳光的多少都不平等，又哪来人与人的和谐、人与环境的和谐呢？

四合院发展史

据建筑史学家考证，从敦煌壁画和其他中国古代绘画资料可知，隋、唐、五代的贵族宅第和乡村住宅，就都已经采用了四合院的形式。到了明、清两代，北京已经成了四合院的“世界”。

其实，四合院也不尽然只是一种民居形式。早有研究者指出，整个北京城，可以说是一个巨大的四合院。“垂花门”以外是北京的前门地区，“正房”是紫禁城。而紫禁城里，也是一个由许多小四合院组成的大四合院。难怪有研究者指出，在北京，几乎每一座建筑都是一座墙。

这样，四合院生活方式的特点就显而易见了。

第一是它的封闭性。四合院的四周，由各座房屋的后墙环绕封闭，一般对外不开窗。院门里，还每每以一座迎门的影壁遮挡；稍大的院子，过了影壁，还有一道垂花门挡驾。足见其封闭之深。

第二是它的亲和性，这是对内而言。四合院把一小块大自然围在了自家的院落里，里面有树，有草，有金鱼，有朗朗晴空，一家人生活在其中，隐忍谦恭，尊卑有序，其乐融融。可以说，这是一个封闭社会的缩影。

一 秦兵马俑之谜

1974 年 3 月 29 日，陕西省西安市临潼县西杨村的农民在打井时挖出了秦俑的陶片，从此，这里便发生了翻天覆地的变化。法国前总理希拉克在参观后说：“世界上有七大奇迹，秦俑坑的发现堪称第八大奇迹。”

↑被法国前总理希拉克誉为“世界第八大奇迹”的秦始皇兵马俑

世界第八大奇迹

如果把兵马俑和古希腊、古罗马的雕塑放在一起，可能看不出兵马俑在艺术方面的形态多变，其实，兵马俑是胜在“奇”上。

为什么说兵马俑是个奇迹？兵马俑博物馆老馆长袁仲一先生认为，兵马俑主要有三个特点：大、多、真。

↓兵马俑让人叹为观止的地方在于千人千面

大。大就是陶俑像真人真马一样大小。过去人们在博物馆里经常看到的一些陶俑都比较小，一般只有二三十厘米，最多也就六七十厘米。而兵马俑和真人一样大小，在感官上超过了人们的想象。

多。兵马俑的数量达到一定程度的时候，就会使人的感官发生整体变化，它会自然地产生一种力量和艺术上的宏伟感。兵马俑一、二、三号坑出土的秦俑达到 8000 多件，仅一号坑就有 6000 多件，气势磅礴，邓小平当年看到后一直感叹“不得了，不得了！”

真。兵马俑都是一个个雕出来的，而不是用模子做出来的，参加雕塑的人很多。据初步统计，发掘和修复过程中，发现制作者的名字有 87 个，这些人都是老师傅了，下面还有一些徒弟，根据推算，一个老师傅带着 10 个徒弟，就是 870 个人。照此推理至少有上千人参与了这项宏伟的工程，在中外雕塑艺术史上都堪称奇迹。由于制作者繁多，一个人一种风格，有来自宫廷的工匠，也有来自全国各地的工匠。一般人看兵马俑觉得都差不多，但专家一眼就能看出是什么人做的。如宫廷工匠制作的作品从形象来说都是将军、力士，非常英武，而来自民间的工匠制作的风格比较清新活泼，高矮胖瘦都有，这和他们的生活环境有关。从整体看，宫廷工匠的技艺水平高一些，比较熟练一些；民间工匠水平有高有低，这主要体现在身体的比例上，比如胳膊的长短不一，手的大小不同。另外从面部表情上也可以看出水平的高低。

正因为以上三个非同凡响的特点，希拉克提出的世界第八大奇迹的观点，很快便被全世界的人接受了。

兵马俑未解之谜

当然，出土文物在证实一些史实的同时，也同样给专家学者带来更多的问题，兵马俑由于其特殊时代、背景和出土量之大，它制造出的未解之谜也远远多于任何出土文物。这些谜团涉及政治、社会、科技、文化等方方面面。

过去认为中国的雕塑艺术是在南北朝时佛教传入中国后才真正发展起来的，兵马俑被发现以后，可以看出中国的雕塑艺术远在秦代就已经达到了很高的水平。古代民间雕塑有六法：堆、塑、捏、贴、画、刻，兵马俑上都有。另外从雕塑风格上看，秦俑的雕塑艺术与西方有所不同，西方具有事无巨细的写实特点，秦俑不是这样，它虽然也写实，但因为是大规模需求而显出繁简相称、有所取舍的特点。

↑ 跪射俑

↑ 兵马俑一号坑是以车兵和步兵联合编队的方阵，东端三列为前锋，西端一列面向西为兵卫，两边各一列分别面向南北，为左右翼，中间面东的武士俑和车马为其主体部队。

兵马俑青铜剑在出土时都非常锋利，基本上光亮如新，有的根本没有生锈，制作得也非常规整。经过现代科学方法检测分析，这些青铜剑表面涂有一层厚约 10 微米的氧化膜，其中含铬 2%。这一发现立即震动了世界，因为大家普遍以为这种铬盐氧化处理是近代才有的先进工艺。据说德国是在 1937 年、美国是在 1950 年才先后发明并申请这项专利的，而且这种工艺只有在一套比较复杂的设备和工艺流程下才能实现。而中国早在秦代时就已具备了如此高超的铸造水平，真是不可思议！

尤其值得称道的是，这些青铜剑的韧性异常惊人。其中有一把剑被一具重 150 千克的陶俑压弯了，弯曲度超过 45 度。当陶俑被移开的一瞬间，奇迹发生了，青铜剑反弹平直，自然还原。这精湛的铸剑技艺令人瞠目结舌，但至今仍不知是怎样铸造出来的。

另外，1980 年出土于秦始皇陵封土西侧的铜车马也堪称奇迹。车共两乘，经复原大小约为真车、真马的二分之一。

一号铜车马为双轮、单辕结构，前驾四马，车舆为横长方形，宽 126 厘米，进深 70 厘米，呈横长方形，有圆形车盖，前面与两侧有车栏，后面留门以备上下，车舆右侧置一面盾牌，车舆前挂有一件铜弩和铜镞，车上立一圆伞，伞下站立一名高 91 厘米的铜御官俑。

二号铜车马是四马鞍车（即坐乘的车），车马全长317厘米，高106.2厘米，为凸字形，分前、后二室，其间以车相隔，车舆上有穹窿形的椭圆形盖子，车厢分前后两部分，左、右、前三面各有一窗，后有门，门窗可灵活启闭，前室为御手所居，内跽坐一御官俑，后室为主人所居，车舆内外绘有变形夔龙纹、夔凤纹、流云纹及各种几何形图案花纹。

↑ 修复后的一号（左）和二号铜车马（右）

二车皆双轮、单辕，由四马驾车，车上各有一名御手，铜御官俑戴冠佩剑坐于前室，挽具齐全，有的用金、银装饰。车通体彩绘有卷云纹、云气纹和几何纹图案，车、马、俑部件均由铸造成型，再经多种工艺加工和组合，其饰件的金银细作工艺十分精湛。

铜车马结构完整，装饰华丽，是研究秦代舆服制度、单辕车系驾方法和冶金铸造技术的重要实物。被誉为“青铜之冠”的铜车马让人们一睹始皇帝銮驾的非凡风采。根据出土地点和车辆造型分析，这可能是秦始皇后妃所乘之车。专家们认为，这是我国考古史上发现的最早、体形最大、保存最完整的铜制车马，对研究我国秦代冶炼与机械制造技术、车辆结构等具有极重要的历史价值。

↑ 陶驭手俑

兵马俑的制作也颇令人费解，比如说，这么大的体块是如何制作出来的？现在制做都要先分节制作，烧出来之后再组合到一起。而那时候是整个烧出来的，有两个问题不好掌握：泥巴从湿到干的收缩比怎么掌握？烧制过程中软化到硬结的收缩比例怎么掌握？而且，兵马俑有的地方厚，有的地方薄，薄厚同时放到窑里烧，怎么掌握火候？还有泥巴掺和石英砂的比例怎么掌握？诸如此类的技术问题，在当时都是怎么解决的？至今依然没有答案。

解读成吉思汗后裔

DNA 能将一个美国白人和“一代天骄成吉思汗”联系在一起？的确，这种神奇物质能悄悄地在漫长的生命变迁的历程中，留下难以磨灭的烙印，让人们通过追溯遗传基因的长河认祖识宗。而这个美国白人，即是通过基因检测被确认为成吉思汗的嫡系后裔。

↑一代天骄成吉思汗画像

↓据说是与成吉思汗有直接亲缘关系的美国人鲁宾逊

生理指标高度吻合

研究人员最新发现，一名美国人的基因显示，他与成吉思汗有直接亲缘关系。他是亚洲之外，血缘可以追溯到成吉思汗的第一人。

这名美国人叫鲁宾逊，他与成吉思汗的基因图谱进行的对比测试显示，他的 9 项生理指标中有 8 项与其吻合，仅有一项发生在 800 年前的生理变异指标显示出了不同结果。而鲁宾逊的家谱则显示，正是在那段时间，他的曾曾祖父约翰·鲁宾逊从英国移居到美国伊利诺伊州，把成吉思汗的染色体带到了美国。鲁宾逊透露，目前他已接到蒙古驻美大使馆的酒会邀请，同时也正考虑到蒙古一游，看看老祖宗的帝国发源地。

Y染色体的秘密

鲁宾逊的基因测试结果是牛津大学人类基因研究所的布赖恩·赛克斯教授发布的。他创办了一家“牛津后裔”研究公司，专为人们完善家谱、查找祖先提供帮助。其中，他实施的这项“成吉思汗后裔”基因测试的费用是 195 英镑（约合 350 美元）。也就是说，如果你想知道自己和成吉思汗有没有血缘关系，花上 195 英镑就知道了。

赛克斯的实验方法是提取 Y 染色体样本进行对比实验。在 DNA 检测中，Y 染色体是决定男性性别特征的一组数据信息。Y 染色体由父亲单传给儿子，再由儿子传给孙子，以此类推，就像姓氏一样代代相传了下去。因此也可以这样说，分享了同一个姓氏的男性很有可能在过去某个时间与同一个祖先有继承关系，因此在他们的 Y 染色体里也有相同的 DNA 数据信息。不过由于染色体呈线状，其数据信息可能会在代代相传中随环境而有所改变。

这种基因变异的累积实验，可以检测出不同的人是否拥有共同的祖先。2003年，赛克斯搜集了大约2.5万名亚洲男性的Y染色体进行测试，他发现在元朝所覆盖的区域内，接受测试者中约有8%的人都拥有相同的Y染色体，而且来自同一个男人。科学家认为，这些人可能都是成吉思汗的后裔。因为大约1/3哈扎拉族的男性也拥有这种染色体，这些人居住在阿富汗和巴基斯坦边境，他们一直声称自己是成吉思汗的后裔。

此外，还有一个证据是：这个8%的比例是极不寻常的，表明它们可能是从同一个祖先那里继承来的，而这个男人生活的年代不会很久远。

通过检测染色体的微小变化，科学家得出的结论是，这些人共同的祖先都生活在12—13世纪之间。同时，研究者们将这些基因变化的证据和成吉思汗在12世纪建立的元朝版图联系起来，推断这就是成吉思汗的染色体片断。

庞大的成吉思汗家族

赛克斯还指出，全世界有近1600万人，大约占8%的亚洲人是成吉思汗的后裔，延续了一条完整顺畅的父系遗传链。而且还没有计算可能存在的上百万名女性后裔，也就是说成吉思汗的后代远不止1600万这个数字。事实上，如今许多居住在中亚一带的人，如果追溯他们的族谱，都有可能直接或间接地与成吉思汗有着血缘关系。

成吉思汗生活的时代（公元1162—1227年），世界的人口还不到现在的1/20，那时的每个男人如今平均约有20个直系男性后代。然而，成吉思汗却有约1600万个直系后代，相当于平均数值的80万倍。据史料记载，成吉思汗拥有6个蒙古妻子，后来又与多个臣服于他的国家的公主通婚。他在位期间南征北战，获得了许多战利品，其中包括土地、粮食以及女人。赛克斯指出，成吉思汗的王国版图在13世纪横跨东亚大陆并延伸至俄罗斯和伊朗。经成吉思汗批准，元朝大军每攻占一处城市都会将掠来的美女献给成吉思汗，因而他拥有不少混血儿子，而这些儿子身上都带有他的染色体。

成吉思汗逝世后，他的4名拥有继承权的儿子和2名孙儿延续了“家族传统”。他们不但同样英勇善战，将势力扩张到俄罗斯、匈牙利和波兰，而且还勤于传宗接代，将成吉思汗的染色体广撒亚欧大陆，这样成吉思汗家族就变得越来越庞大了。

↑成吉思汗引兵西征

神秘的亚历山大陵墓

↑ 征战中的亚历山大大帝

↓ 创作于公元 14 世纪中叶的世界名画《亚历山大大帝的棺架》

1964 年的一天，埃及亚历山大市的报纸发表了一则耸人听闻的消息："马其顿国王亚历山大的陵墓找到了！波兰考古学家们的巨大成就！"消息很快传遍了全世界。美国《纽约时报》立刻给波兰考古队发了一封电报，希望他们就这一伟大的发现写篇文章，并给予优厚的稿酬。各国记者闻讯也争先恐后地飞抵埃及。同时，大批旅游者的涌进使得埃及警方处于戒备状态。

没想，消息是假的。原来，发现的并不是亚历山大的陵墓，而是古罗马时期的一座剧院的遗址。那么这位著名历史人物的陵墓究竟在哪里呢？他又是怎样死的呢？为了寻找答案，让我们先了解一下这位能征善战的帝王。

亚历山大大帝（公元前 356—公元前 323 年），是古代马其顿国王腓力二世的儿子。他于公元前 336 年即位后，大举侵略东方。在短短的十余年里，东征西伐，建立起东起印度河、西至尼罗河与巴尔干半岛的，版图广阔的亚历山大帝国。

亚历山大曾是一位赫赫有名的英雄，但同时又是一位神秘人物，有关他的传说不可胜数。遗憾的是，他生前的一些历史记载没有留传下来，而后来的一些传抄本及书籍又众说纷纭，矛盾重重，而且带有极浓重的传奇色彩。因此，就是在他死后 2300 多年的今天，这位古代伟大统帅的业绩仍令人们十分关注。人们迫切希望发现这位不可一世的帝王陵墓，以求从出土文物中获得一些有价值的历史证据。

死因之谜

关于亚历山大的死因历来有两种说法。一是说他远征印度时在距离巴比伦不远的地方，迎面碰上了一些精通天文和占卜的祭司，他们劝告他不要去巴比伦，否则凶多吉少。虽然他没有停止前进，但此后心情却变得十分抑郁。

一次，他驾驶着战舰在湖泊上游逛。突然刮来一阵风，把他的帽子吹走，掉在芦苇丛中，正好落在古亚述国王的墓上，所有随从以及亚历山大本人都认为这是个不祥的征兆。

派去追赶帽子的水手在泅水回来时，竟大胆地把它戴在自己头上，这就让亚历山大心中的不祥之感更强了，盛怒之下，他当即杀了这个水手。不久，亚历山大身患重病。13 天后亚历山大逝世。他当了 12 年零 8 个月的国王，死时年仅 33 岁。这些琐事，不过是巧合罢了。其实，亚历山大的死很可能是由于长途行军的艰辛，加之多次征战，导致遍体鳞伤，在沼泽地里又感染上了疟疾等原因造成的。另一个传说是：亚历山大之死是因为在宴会上有人往他的酒杯里下了毒药。如果这个传说是真的，那么亚历山大就不是自然死亡，而是死于阴谋。

↓ 亚历山大的部下托勒密将军，他后来成为埃及国王。

陵墓之谜

亚历山大死后，他的部下托勒密将军（后来成为埃及国王）用灵车把他的遗体运往埃及，安葬在亚历山大城，并为他建造了一座富丽堂皇的陵墓。

恺撒大帝、奥古斯都皇帝、卡拉卡尔皇帝等历史上的著名人物都曾到此陵墓朝拜过，还在亚历山大的塑像头上加上一顶金冠。可是到了公元 3 世纪，有关陵墓之事，不知为何悄无声息了。公元 642 年，阿拉伯大军攻占了亚历山大城，这里的辉煌历史遗迹使他们感叹不已。到了 1798 年，拿破仑的军队进入亚历山大城时，这里已是一派衰落景象，城中只有 6000 名居民了，跟随拿破仑的一些学者还看见不少古建筑的废墟。19 世纪初，这里开始修建海港，古老的建筑遗址成了采石场，许多遗迹被深埋入地下。亚历山大城很快成为地中海上一个重要的贸易中心，可是历史陈迹却荡然无存了。

按照古希腊的习俗，创建城市的国王在他死后一般都要埋藏在城市中心。因而有的考古学家分析认为，陵墓很有可能位于城市东部的皇宫区。也有人认为，陵墓应在两条街道的交叉点上。

近年来，波兰考古学家玛丽亚·贝尔纳德对当地出土的古陶灯进行了一番研究后发现，古人在制作陶灯时，在上边绘制了古代亚历山大城的模型，因此她对陵墓的位置做了一个有趣的推测，她认为在模型内的许多建筑物之中，有一个圆锥形的建筑物可能就是亚历山大的陵墓。奥古斯都皇帝的陵墓是尖顶圆锥形建筑，这种墓形很有可能就是在仿造亚历山大陵。

专门研究古代马其顿历史的考古学家安得罗尼克斯发现了亚历山大的父亲——腓力二世的陵墓。大殿中央停放着高大的大理石石棺，上面设有镶着宝石的、沉重的金质瓶状墓饰。

其中有五个用象牙雕刻的雕像，制作得相当精美，特别引人注目。这五个雕像是国王的一家：腓力二世本人、他的父母、妻子及儿子亚历山大。

这个发现在考古界引起了轰动，被认为是 20 世纪考古中最伟大的发现。但惊喜之余，人们不禁要问：腓力二世的陵墓尚能找到，难道他儿子的陵墓就找不到吗？

人们在耐心期待着。如果一旦找到，很可能会发掘出当时许多民族的文化艺术珍品以及大量的历史资料，这对考古学无疑具有不可估量的意义。

特洛伊古城之谜

↑盲诗人荷马在唱诗，他的史诗《伊利亚特》和《奥德赛》就是依据特洛伊战争写成的。

↓特洛伊战争中的“木马计”被后人广为流传

一场战争引出了两大史诗，从而成为西方文学的源头，这场战争就是特洛伊战争，而两大史诗就是荷马的《伊利亚特》与《奥德赛》。那么，这场战争是真是假呢？在那样一个人神界限特别模糊、人类貌似神灵而神灵身上又表现出人性的时代，特洛伊成为了当时人神中最伟大者交锋的场所，其诸多神秘之处至今仍疑云重重。

特洛伊古城

特洛伊城因荷马的史诗而出名，《伊利亚特》、《奥德赛》是荷马根据特洛伊十年战争写成的。特洛伊战争是指希腊和特洛伊之间的十年大战，尽管古希腊史学家希罗多得和修西迪底斯认为敌对双方的战事都是历史上的真实事件，但后人则认为全都是传说，直到现在还在争论中。至于这场战争的原因，常见的说法是为了争夺一个名叫海伦的绝世美女。

特洛伊古城因为荷马史诗中的描述而闻名，绝世美女海伦和“木马计”也成为不朽的传说。近年来，德国蒂宾根大学里的两位博士，就目前位于土耳其西部特洛伊古城遗址的废墟展开了激烈的争论，争论的中心就是特洛伊城当时到底是不是一个繁华的都市，这一点，荷马并未在他的诗中提起。

商贸中心VS小城邦

商贸中心说：德国蒂宾根大学的考古学家曼夫利德·克福曼博士认为，特洛伊古城的规模比想象中的要大，而在当时众多的城邦中所起的作用也比原来所设想的要大。并且，他已经在这片废墟下面发现了确凿的证据。根据他的调查和发掘，可以初步确定古城的轮廓。他认为依山而建的古城的中心城区位于396米高的山地，而且当时居住的人口也比想象中的要多。

这个比原来设想的规模更大的特洛伊古城，在鼎盛时期居住的人口达到近10000人，这种城市规模在当时来说相当可观，而且这座古城所处的地理位置对于铜器时代后期爱琴海和黑海之间的海上贸易有十分重要的战略意义，因此当时它周围的大国都对其虎视眈眈，为了夺取此地不惜一战（前提是荷马的史诗巨著《伊利亚特》中所描述的战争是真实的历史事实）。

小城邦说：蒂宾根大学的古代史学家弗兰克·科尔博博士则认为，希腊首都雅典的这座卫城绝对没有克福曼博士所描述的那样宏大，因为考古发现并没有为他的论点提供强有力的证据。当时特洛伊充其量不过是一个供王公贵族游乐的场所，是一个城堡。

↓绝世美女海伦，据说特洛伊战争就是因争夺她而引起的。

为说明特洛伊城曾是一个非常重要的商贸中心，克福曼博士指出，特洛伊城位于达达尼尔海峡，海峡连接爱琴海和马尔马拉海，马尔马拉海又和黑海相连，特洛伊人可以通过控制船只航行和收取货物税金来取得财富。

科尔博博士则坚持认为：爱琴海和黑海贸易交通在青铜时代还不发达。另外一个反对意见是当时特洛伊和希泰帝国之间的关系并没有想象中的那么密切。而希泰帝国当时统治安纳托利亚（亚洲西部半岛小亚细亚的旧称），现在的土耳其中部。

两位教授之间的交锋，引出了一些已经争论多年的古老问题：荷马史诗中对特洛伊战争的描述是基于史实还是脱离史实成为纯粹的诗作？历史上真的有海伦这样的绝世美女存在吗？如果存在，她的容颜真的有那么动人，会引来成千上万的军队为其征战吗？

类似这样的问题一直困扰着对其感兴趣的考古学家和历史学家，他们都试图依靠自己在相关领域的研究给这些问题一个合理的解释，但是，这些证据看起来是那么模棱两可，其真实性值得怀疑。

考古工作的新发现

1988年，克福曼博士对遗址发起50多年来的第一次系统的研究工作，工作由来自德国蒂宾根大学和其他机构以及美国辛辛那提大学的研究人员来主持，他们有了一些新发现。

在对一个堡垒的废墟进行磁力勘察时，研究人员发现了外城墙的痕迹，尽管那只是一点埋在地下的遗迹。外城墙包围起来的也许是工匠和商人的住处，那特洛伊就不仅是一个“大本营”了。

但后来的挖掘工作发现，那并不是城墙，而是切断岩床的一条深壕沟。克福曼博士的挖掘队，猜测这是用来阻挡战车和驱赶羊群的。在壕沟里面也有许多高墙，但砌高墙的那些石块很可能被搬走并用在它处了。

科尔博博士认为壕沟是用来灌溉的。

在壕沟和堡垒的内墙之间，克福曼博士的挖掘队发现了大量铜器时代的陶器、一个砖窑和一个里面有一口井的窑洞，他认为窑洞可能是这个城市供水系统的一部分。他还挖掘到几所房子的地基。在其中一个被称为“庭院”的房子里，考古学家找到一些极有价值的古物，其中有青铜雕像和陶牛。

负责特洛伊城下部挖掘工作的蒂宾根大学考古学家彼得·贾布朗卡表示，延伸出来的城市部分的遗址边缘紧挨着壕沟，这使得整个城市要比原来估计的要大10倍左右。

科尔博博士指出，克福曼博士的队伍挖掘的只是有争议地区的一小部分，而且也没什么成果。他说，现在展出的特洛伊城下部的模型是错误的，并没有什么坚固的房子，挖掘的只是“散乱的木头和土砖房子，那里更多的是空地”。

来自美国辛辛那提大学的布莱恩·罗斯博士则站在克福曼博士一方，他解释说，在完全了解一个地方的历史之前，这个地方是不可能完全被挖掘的，而这需要花很长的时间。而且，罗斯博士补充道，如今的挖掘处在示范阶段，应该给我们的后代留下一点什么，让他们运用以后更先进的技术去进行挖掘。

特洛伊战争

传说，特洛伊战争缘起赫拉、雅典娜和维纳斯3位女神，她们为了一个金苹果起了争执，因为上面刻了一行字：归至美所有！宙斯要她们3个找帕里斯做裁判。

3位女神都想贿赂帕里斯，天后赫拉愿意让他成为全世界的主人；智慧女神雅典娜要让他赢得所有的战争；爱神维纳斯则答应让他回去当特洛伊的王子，并得到全世界最美丽的女人——希腊斯巴达王麦尼劳斯的王后海伦。最后维纳斯得到了金苹果，但维纳斯忘了提醒帕里斯，海伦是有夫之妇，于是引发了这场著名的特洛伊战争。

海伦是希腊神话中最美丽的人间女子。当帕里斯访问斯巴达城邦时，和海伦相恋并私奔，帕里斯将海伦带回特洛伊。麦尼劳斯和他的兄弟迈西尼国王阿伽门农派兵讨伐特洛伊。由于特洛伊城池牢固，易守难攻，攻战10年，未能如愿。最后，阿伽门农在麾下将领尤利西斯（荷马史诗《奥德赛》的原型）的建议之下，让士兵全部登上战船，制造撤兵的假象，并故意在城前留下一具巨大的木马。特洛伊人高兴地把木马当作战利品弄进城去。当晚，正当特洛伊人沉湎于美酒和歌舞中欢庆胜利时，藏在木马内的迈西尼士兵悄悄溜出，打开城门，放进早已埋伏在城外的军队，把特洛伊城在一夜之间变成了一片废墟。

↑ 智慧女神雅典娜

一 庞贝古城和赫库兰尼姆城的覆灭

庞贝城始建于公元前7世纪，公元前4世纪开始逐渐受到罗马势力的影响，公元前89年与赫库兰尼姆城一同并入罗马。

↑ 今日的庞贝古城遗址仍显出它昔日的致密和宏伟

↓ 维苏威火山依然静静地矗立在庞贝古城的废墟旁

庞贝城和赫库兰尼姆城相距8千米，位于意大利那不勒斯东南的维苏威火山脚下。

这里濒临海湾，阳光明媚，气候宜人。因此很多人都选择在这里生活、工作，其中不乏知名的权贵和富豪。随着时间的推移，人口数量不断增加，城市规模不断扩大，街市也日益繁荣。

庞贝城和赫库兰尼姆城舒适的气候和安宁的生活并没有永远持续下去。在公元79年8月24日这一天，灾难从天而降，维苏威火山爆发，天堂转瞬间成为地狱。

早在公元79年8月初，维苏威火山就开始不断冒出股股白烟，出现火山爆发的前兆。但是这一险情并未引起人们的特别关注，因为之前这里也经常出现这种情况，而每次都是瞬间就烟消云散了。所以，他们照常生活、工作。可是这一次，好运并没有光临他们，粗心大意使他们付出了惨重的代价。

8月24日这天，两城的居民像往常一样开始了他们一天的生活。中午时分，毁灭性的灾难到来了。随着一声震耳欲聋的爆炸声，维苏威火山口岩浆汹涌而出，直冲云霄，遮天蔽日的黑烟挟带着滚烫的火山灰向人们袭来，刹那间天昏地暗。之后，火山爆发引发的暴雨扫荡着山上的石块、泥沙、火山灰，继而形成巨大的泥石流，顺着山势滚滚而下，冲向山麓平原。

庞贝城、赫库兰尼姆城遭到了彻底的摧毁。待烟消云散、土地冷却之后，庞贝城、赫库兰尼姆城这两座昔日繁华热闹的城市已被灼热的岩浆、火山灰和泥石流所埋葬，它们的历史就此戛然中断。

后来，维苏威火山多次爆发。由于火山灰和熔岩的多次覆盖，致使地下的古城埋得越来越深厚，人们再也无法见到古城的踪迹。

千百年来，人们只能从古籍史册和传说中得知曾经有过这两座古城的存在，但它们是什么样子，究竟在哪里，却一直是个不解之谜。

↑ 庞贝古城的内部景观

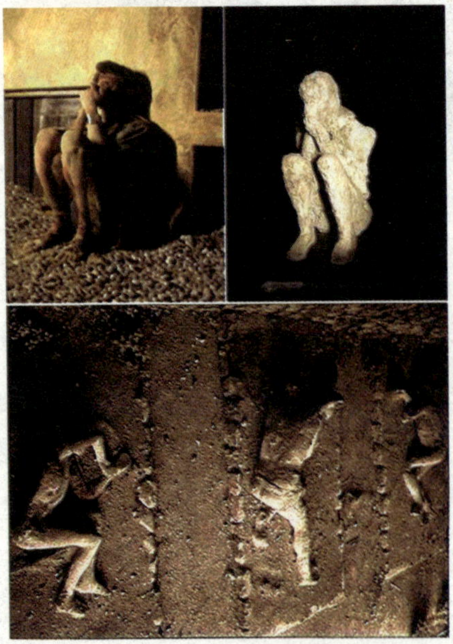

↑ 从今人的模拟图中更能清楚地看出这些遇难者生命凝固的瞬间

直到1600多年后，一个偶然的发现使得被遗忘已久的庞贝古城重新出现在世人面前。

18世纪上半叶，有人在离那不勒斯不远处挖出一块刻有“庞贝”字样的石头。经考察，这里就是罗马古城——庞贝城。不久之后，离此不远的赫库兰尼姆城也被发现。

随后，经过长达100多年大规模的系统挖掘，庞贝城这座沉睡了1000多年的古城逐渐露出它本来的面目。但是，赫库兰尼姆城迄今只挖出其中的一部分，因为其被厚达十多米的坚固熔岩所覆盖，致使其发掘工作困难重重。

庞贝城由于受火山尘砾的保护，致使其当年的城郭结构、建筑装饰乃至居民的生活用品得以保持原状，甚至绘画颜色都鲜艳如初。这座在骤然之间被外力“凝固”的城市，就像一座天然的历史博物馆，鲜活地向人们展示出公元79年8月24日这一天庞贝古城的景象。

发掘的古城建筑在一个五边形台地上。城址略呈长方形，周围建有石砌城墙。它的城区规划得井然有序，东西向、南北向各有两条平坦笔直的大街，把全城划分为9个城区，每个城区又有许多街、巷纵横相连。街道路面用碎石铺成，路边还铺有高出路面的石块。

城西南有一个长方形广场，据残存的大理石圆柱和雕琢精美的拱门推测，这里应该是全城的政治、经济和宗教活动中心。

广场四周建有政府办公楼和法院。在广场的东北角，考古学家在那里发现了干枯的杏仁、胡桃、无花果、栗子、葡萄等果品，据此推测，这里应该是一个商品集散地。

城的东南有一个圆形剧场，剧场四周是环形观众席，中心低处为舞台，同时兼做角斗场，可容纳观众5000人。剧场附近还有一座体育场，近乎正方形。体育场三边围以圆柱长廊，黄柱红瓦，醒目亮丽，场中央是一口游泳池。

庞贝城每个城门设有2个城塔。

从已发掘出的遗址、遗物来看，庞贝城是个手工业相当发达的城市。榨橄榄油作坊、纺织作坊、面包作坊、羊毛纺织印染作坊星罗棋

↑ 《末日来临时的庞贝城》（油画）

布，这些作坊的设备都很齐全。城里还有很多的小酒店、小客栈、小商店。

令人瞠目结舌的是，庞贝城竟然具有完整的供水系统。泉水从城外山上通过高架渡槽引入城中水塔，再通过铅制供水管分流到城中各处。在十字路口设有带雕像的石头水槽，高近 1 米，长约 2 米，供市民饮用。城内有 3 座公共浴室，每座用一个锅炉统一烧水，将热水、温水分别导入男女浴室。公共浴室设施齐全，蒸汽浴、冷热浴俱全，还有按摩室、化妆室，装饰华丽，比起现代公共浴室有过之而无不及。

↓↑ 庞贝城现在就是这样一片整理出来的废墟

庞贝城除了富丽堂皇的公共建筑外，还有许多达官贵人的别墅。这些住宅装饰华美，无不弥漫着古罗马式的奢华情调。

在庞贝城中最引人注目的是那些色彩鲜艳的壁画。

1831 年，庞贝城出土了著名的镶拼画《伊索斯之战》。该画高 2.3 米，宽 4.5 米，表现出了极高的制作水平。整幅画约用了 150 万块嵌片，嵌片之间镶接得天衣无缝。整幅画有很强的立体感，明暗层次分明，显示了画家极高的技艺水平。

在考古学家们从庞贝城清理出的壁画中，以神话和传说为题材的作品很多，其中以《伊菲革涅亚的献祭》最为杰出。

庞贝城灿烂辉煌的壁画把人们带到了公元之初的罗马社会，但是发掘之中，这座曾经繁华美丽的古城却向人们展示了一幕人间地狱的惨状。2000 多具死者的骸骨被挖掘了出来。

赫库兰尼姆城的居民没能全数逃脱，火山爆发引起的海啸切断了他们的生路，许多人葬身于海边。考古学家们在海边发现了一具具保存完好的骸骨，其中有妇女、孩子、战士和老人。

庞贝城和赫库兰尼姆城就这样在大自然的威力下被埋没了，但历史并没有忘记它们。经过考古学家们的努力，庞贝城得以重见天日，赫库兰尼姆城也终有一天会全部现身。

瞬间消失的楼兰古国

在塔里木盆地的东部、罗布泊洼地的西北边缘，曾经有一座著名的楼兰古城。但是这座昔日绿草遍地、车来车往、门庭若市的繁荣古城——楼兰，却在公元4世纪以后，突然神秘地消失了。是什么原因让它消失的呢？

↑ 残破的废墟向人们讲述着楼兰1000多年前的秘密

多元文化的格局

楼兰文明处于东西方交通要道，荟萃了东西方文明的精华，是一个展示各民族文化交流的舞台，也是各种文化聚集融合的场所。楼兰古城出土的文物既包括汉晋时的绢、缣、帛、丝织金锦、汉人铁镜，也有带中亚风格的麻织面具、黄金冠饰、金耳环和金戒指等，还有来自波斯安息王朝的玻璃器皿和古希腊罗马风格的毛纺织品。可以说，当时的楼兰文化非常繁荣，集中原、中亚、西亚文化于一身，是一个多元文化并存的地方。

↑ 楼兰古城出土的佛经汉文简牍

汉文简牍

经过考古挖掘，在楼兰古城出土了一些汉文木简和文书。这些文书主要是当地行政机构和驻军的各项公文及公私往来信件，它们记载了公元前270年楼兰文明的详细情况，是当时楼兰文明在政治、经济、文化等方面的真实写照。通过研究这些汉文木简和文书，可以大致了解楼兰文明的状况。

↑ 自然环境的日益恶化也许是导致楼兰消亡的罪魁祸首

楼兰覆灭之因

公元4世纪以后，楼兰文明突然在瞬间消失了，漫漫黄沙遮盖住了曾经在这片土地上发生的一切。文明突然的蒸发，让考古学家惊诧不已。那么，到底是什么力量覆灭了楼兰的一切呢？考古学家们推测，在公元4世纪前后，当地的自然环境发生了较大变化，水源日益不足，环境恶化，生态失衡。楼兰人不得不放弃他们曾经坚守的故国，四处逃散，最终导致了楼兰文明的覆灭。不过，对于楼兰古国覆灭的真正原因还有待进一步考证。

“泰坦尼克”号究竟因何而沉

几十年来，有关“泰坦尼克”号遇难的真正原因一直是科学家们探索和研究的焦点。“泰坦尼克”号真的是与冰山相撞而沉入大海的吗？要知道，“泰坦尼克”号当时堪称“世界上最大的不沉之船”。

“泰坦尼克”号究竟因何而沉，历来专家学者对此争论不一，主要有以下几种观点：

撞击冰山沉没

1912年4月10日，由英国白星航运公司制造的豪华客轮“泰坦尼克”号驶出英国南安普顿港，开始其处女航。为赢得北大西洋远洋轮的最高荣誉——蓝飘带奖，船长爱德华·史密斯选择了一条较短的夏日航线，横越大西洋，冬季的航向通常不走这条航线，以避免与冰山相撞。

14日23时45分，这条全长269米的巨轮与冰山相撞，右舷至船身中央被撕开一道90米的裂缝，海水大量涌入船身。船长史密斯立即发出求救信号，并下令放下救生艇。由于救生艇数量太少，无法容纳全船2224名乘客，因而船上秩序大乱。装载着许多富商和达官贵人的“泰坦尼克”号在15日凌晨2时20分沉没，1513名乘客丧生，仅有711人生还。

↑ 史密斯船长（右）在出发前的留影，他与“泰坦尼克”号一起沉入了冰冷的大西洋。

超自然现象造成沉没

1985年，海洋勘察人员在大西洋底发现了已沉睡73年的“泰坦尼克”号。他们在对其残骸进行勘察时，在其右舷的前下部发现一个直径为90厘米的大圆洞。令人百思不得其解的是，这个大圆洞边缘十分光滑规整，好像是被一种圆规状切割工具加工后形成的。

↓ “泰坦尼克”号是当时世界上最大的豪华客轮

美国皇家海军舰艇专家会同国际专家组对“泰坦尼克”号船体右舷前下部的神秘圆洞进行水下拍照和测量等综合研究后认为，“泰坦尼克”号是被一种功率强大的激光束击穿后，底舱进水而遇难。如果因撞击冰山而沉没，理应在船体前部或其周围部位留下不规则形状的洞痕，或船体钢板出现不规则的开裂现象，可是事实并非如此。

↑ 水下摄影机拍摄到的“泰坦尼克”号残骸：船头部分

↓ 头等舱的餐具

美国《旧金山纪实报》记者获得的一份绝密档案中说：“据幸存的‘泰坦尼克’号船员证实，海难发生时，他们站在‘泰坦尼克’号的甲板上观察，发现大海中有一些奇怪的‘鬼火’不规则地运动，这样扑朔迷离的‘鬼火’像是从一艘来历不明的‘幽灵船’上冒出来的。”

超自然现象专家对沉没的“泰坦尼克”号水下残骸的录像资料和照片进行详尽研究后得出一个令人震惊的结论：“泰坦尼克”号是意外遭到不明潜水飞行物（USO）的激光束攻击而进水翻沉的，然后这艘USO潜入水中，不久又浮上水面观察“泰坦尼克”号翻沉的惨景。

随着时光的流逝，“泰坦尼克”号却给科学家们带来意想不到的礼物——按照“泰坦尼克”号残骸考察计划，在对船体集中拍摄的一系列水下照片中，发现一些来历不明的神奇发光体。最初，研究人员认为，这可能是某种深水鱼群。不过，当研究人员借助电脑再次对这些水下照片进行更详细分析后发现，确实有一些来历不明的人造发光体围绕着“泰坦尼克”号游弋。乘深潜器亲临海底考察的海洋学家确认，海洋中再也找不到与这些神奇发光体类似的东西了，它们很像在空中飞行的UFO，但又有别于UFO，不是那种典型的飞碟，而是类似于世界各地的许多目击者见过的那种能量凝聚体。研究人员在6幅水下照片中发现了8个这种神秘的潜水发光体。

研究人员就上述海洋怪异现象向有关国家的海洋部门进行咨询，却毫无结果。无论是海军司令部还是“和平”号潜艇，对这些会游弋的USO都未能做出任何解释。另据可靠消息，任何一个国家都未曾在这一海区内进行过任何形式的科学考察或实验。美国政府曾派出一个专门小组就类似海洋怪异现象进行军事调查，但均未能查清真相。

德国潜艇击沉

历史学家认为，“泰坦尼克”号船身的底层剖面影像现已证实，它的损毁并没有我们想象中那么严重，因此，必定有其他原因导致它当晚沉没。

有学者指出，1912年德国海军已完成了潜艇的设计。当“泰坦尼克”号发生灾难时，引发第一次世界大战的政治动荡已在酝酿，而德国也派遣了潜艇到北大西洋巡逻。

另有报道引述历史学家彻里的话说："当其船员和乘客被美国参议院调查专责小组盘问时，他们说'泰坦尼克'号撞到冰山之后，他们才听到船身内部的爆炸声。"

↑电影《泰坦尼克号》真实地再现了当年那艘豪华巨轮的风采，以极其逼真的高科技手段再现了这艘巨轮从起航到沉没的空前场面。

当晚许多挤在救生艇上的生还者声称，他们见到附近一艘船发出奇怪的光芒，像探照灯发出的灯光，他们希望这艘船会来拯救他们，但它没有。

附近的那艘船是"加利福尼亚"号，它的船长洛德至死都坚称：有另一艘船在他的船和"泰坦尼克"号之间。

迄今，"泰坦尼克"号沉没的原因仍没有真正破解。目前，沉没于海底的"泰坦尼克"号尚未发现被破坏的部件。而在一个世纪后，它可能在海水和海洋生物的腐蚀下被彻底毁掉，厚厚的钢板会被腐蚀成一股股锈水。有食铁习性的海洋微生物可以把沉船部件变成红褐色的石钟乳般的东西，看上去，就像数千根冰柱悬挂在那里。

对于"泰坦尼克"号沉没原因的研究要抓紧时间，否则，在不久的将来，船上的部件将全部锈蚀，那时再去调查就更加困难了。

↓"泰坦尼克"号撞冰山示意图

珍珠港事件：偷袭与“苦肉计”

↑ 珍珠港受袭击后的历史照片

↑ 1941 年 12 月 7 日日本不宣而战，攻击美国夏威夷珍珠港军事基地。一天以后，美国总统罗斯福签下了对日本的宣战书。

1941 年 12 月 6 日晚，在美国白宫，海军部长诺克斯、海军作战部长斯塔克、陆军部长史汀生、陆军参谋长马歇尔和商务部长霍普金斯少见地聚在一起，与总统罗斯福一同消磨时光。他们在等待一件事——日军进攻珍珠港！

12 月 7 日，日本海军特遣舰队长途奔袭，以舰载机偷袭了美军太平洋舰队基地珍珠港，美军被击沉和受重创船只包括：战列舰 8 艘、轻巡洋舰 6 艘、驱逐舰 1 艘，损毁飞机 270 架（一说 180 架），伤亡 3400 余人。次日，罗斯福总统在国会大厦发表了慷慨激昂的演讲和战争咨文，正式对日宣战。美国公众彻底放弃孤立主义，投入到对轴心国的战争中。

在这历史性的一幕发生前，美国当时的海军部长诺克斯曾对其密友詹姆斯·斯泰尔曼透露过一些不为人知的内容，给人们留下一个谜——美国到底知不知道日本要偷袭珍珠港？

置若罔闻的异常电波

1935 年，美国陆军重新组建由密码专家威廉·弗里德曼领导的监听机关——信号情报处，它与随后成立的海军通信保密科被冠以“魔术”的代号。至 1941 年，“魔术”已能截获并破译出绝大多数日本人用九七式打字机发出的“紫色密码”外交电报。

1941 年底，他们破译的秘密外交电报平均每周多达 200 页，这其中包括许多有关珍珠港的情报：1941 年 9 月 24 日，日本海军通过外务省致电檀香山总领事馆，要求了解美军太平洋舰队军舰在珍珠港的停泊位置；11 月 15 日，日本外务省要求驻檀香山总领事馆每周至少报告两次珍珠港美军军舰的动向；11 月 18 日，日本驻檀香山总领事馆向外务省汇报美军军舰进入珍珠港后航向变化角度和从港口到达停泊点的时间；11 月 28 日，日本外务省要求驻檀香山总领事馆销毁密码和密码机……

↓珍珠港事件中遭受重创的美军舰艇

“魔术”将最重要的情报通过特别信使及时递交给总统、陆军部和海军部的部长、作战部长、情报局长、国务卿等军政首脑，而其他人极少能接触到这些情报。但华盛顿并没有将上述与珍珠港密切相关的情报通知太平洋舰队司令金梅尔海军上将和夏威夷基地司令肖特陆军中将。金梅尔将军后来在接受调查时直言不讳：“海军部扣下了珍珠港将可能遭受袭击的有关情报，太平洋舰队被剥夺了一次战斗机会，导致 1941 年 12 月 7 日的灾难性局面。”

对于这种反常的行为，当时美国海军作战部长斯塔克解释道：“我不希望通知金梅尔司令，因为这样会泄密。”他怕泄露的究竟是日本人的秘密还是华盛顿的秘密？

危险面前的反常布防

即使美国高层害怕泄密，也应该在大战即将来临之际想方设法加强珍珠港太平洋舰队的实力。事实上，在 1941 年初，太平洋舰队包括 1 艘航空母舰、3 艘战列舰、4 艘轻巡洋舰、17 艘驱逐舰在内的 1／4 的作战力量被调拨给了大西洋舰队。此外，海军部还把舰队中素质最好的指挥官和水兵也成批调往大西洋舰队。

为此，金梅尔曾多次向海军作战部长斯塔克陈述加强太平洋舰队实力的重要性。他在 1941 年 9 月 12 日写给斯塔克的信中言辞恳切地说：“一支强大的太平洋舰队，无疑是对日本的威慑，而弱小的舰队也许会引来日本人……在我们能够保持足够对付日本舰队的兵力之前，我们在太平洋是不安全的。”

但海军部却丝毫不理会金梅尔的呼吁。更奇怪的是，当日本飞机对珍珠港狂轰滥炸时，太平洋舰队的主力——3 艘航空母舰恰巧全部外出（“萨拉托加”号停在圣迭戈检修，“列克星敦”号正在行驶途中，“企业”号在珍珠港以西 200 海里的归途中），它们因此逃过劫难。

提前准备好的救助

1995 年 9 月 5 日，当时的美国总统克林顿收到一封名叫海伦·哈曼女士寄来的信。她在信中称她的父亲史密斯曾向她讲述过一些关于珍珠港事件的惊人内幕，二战时她父亲任美军后勤部副主管。她父亲说，珍珠港事件爆发前不久，罗斯福总统紧急召开了一个由极少数军官参加的秘密会议。罗斯福总统在会议上透露了一个惊人的消息：美国高层已经预见到日本海军将要偷袭珍珠港，可能造成大量人员伤亡和财产损失。他命令与会者尽快准备将一批医务人员和急救物资集结到美国西海岸的一个港口，随时待命启运。

罗斯福总统特别强调禁止将会议内容向外透露，包括珍珠港的军事指挥官和红十字会的官员。面对与会官员的惊讶与不解，罗斯福解释说，只有当美国本土遭到攻击时，犹豫不决的美国民众才会同意他宣布投入战争。

这封信引起了很大轰动，但哈曼不是当事人，而她父亲史密斯又已于1990年去世，人们无法从中得到更加详尽和更有说服力的材料。

克林顿收到信后不久，美国红十字会夏威夷分会的工作人员在查阅该会1941—1942年财政年度报告的影印件和有关国家档案时，意外发现美国红十字会和美军后勤医疗部队在珍珠港事件前一两个月曾进行过非常规的人员和储备物资紧急调动。

例如，在那段时间里，夏威夷分会通过正常渠道从国家红十字会总部得到价值2.5万美元的医疗急救物品，同时，还通过秘密渠道接收到价值5万美元的药品和物资。

↑ 美军士兵在清理珍珠港战场

这批额外补给，在偷袭珍珠港事件后的急救工作中发挥了重要作用。1941年11月的美国红十字会总部的月度报告也显示，那个月夏威夷分会共接收了2534名医护人员，其中1505名是被秘密调去的临时人员。有关人员还从夏威夷红十字分会会长阿尔弗雷德·卡瑟尔的弟弟威廉·卡瑟尔的日记中发现：12月6日，夏威夷分会的全体人员奉命战备值班。

美国史学家查尔斯·比尔德和著名作家约翰·托兰等人分析认为：面对国内浓厚的孤立主义情绪，具有远见卓识的罗斯福总统和他的高级幕僚们为了使美国在纳粹德国和日本法西斯全面征服欧亚大陆之前投入战争，上演了这出“苦肉计”。同时，为了减少损失，他又将3艘航空母舰调出了珍珠港，并通过秘密渠道不露声色地运去大批医护人员和急救物资。但由于人们至今仍未找到最有力的直接证据，有关“苦肉计”之说仍然是一个未解之谜。

↑ 电影《珍珠港》中美军逃命的场景

↑ 电影《珍珠港》真实地再现了当时战争的惨烈

日方妄想借此推卸战争罪责

对于美国人“自揭家丑”的行为，日本人表现出了特殊的兴趣，一些所谓专家、学者更是对此大肆渲染，《大东亚战争全史》的作者服部卓四郎和《偷袭珍珠港前的 365 天》的作者实松让就是典型代表。他们称美国人事先知道了日本偷袭珍珠港的企图，暗示日本是在美国人“引诱”下被迫发动了对珍珠港的袭击。他们想通过这种说法，把发动太平洋战争的责任推到美国人身上。

其实，日本在全面发动侵华战争后，已经开始考虑是“北上”还是“南进”。1941 年 10 月，主张对美英开战的东条英机上台后，最终确定了发动太平洋战争、夺取印度支那和太平洋诸岛的“南进”计划。这决定了他们必然要对美国在太平洋的军事基地发动攻击，只不过他们首先选择了珍珠港的太平洋舰队而不是驻扎在菲律宾的美国陆军。

关于珍珠港事件是“苦肉计”之说，不论美国民众对以罗斯福为首的美国政府以何种方式、多大代价投入反法西斯战争的历史真相的探讨多么激烈，日本人发动太平洋战争的罪责都是推卸不了的。

珍珠港事件

夏威夷檀香山时间1941年12月7日，星期日，早4时，日本49架水平轰炸机、40架鱼雷机、51架俯冲轰炸机和43架“零式”战斗机，共183架飞机从6艘航空母舰上全部起飞。

7时02分，美军雷达管制员发现有一大群飞机从北飞来，此事没有引起美军上级的重视。珍珠港错过了最后的一个机会。

7时35分，日本飞机到达珍珠港；7时55分，俯冲轰炸机首先攻击了瓦胡岛的3个机场。

最初的几分钟内，太平洋舰队中没有人能意识到发生了什么事情。等逐渐清醒后，“西弗吉尼亚”号和“俄克拉荷马”号已各中了两枚鱼雷，后者又中了5枚炸弹后带着400多名官兵倾覆。“亚利桑那”号由于穿甲弹在舱内爆炸引发了大火，“加利福尼亚”号中了两枚鱼雷后使舰上油库腾起烈焰，并且逐渐下沉。5分钟后，零星的高炮开始响起。

随后，日本水平轰炸机开始了进攻。“亚利桑那”号大火导致弹药库发生了爆炸。一艘日本袖珍潜艇成功地潜入港口内，而后被美莫纳汉号驱逐舰撞沉。

8时10分，另一封明码电报——“珍珠港遭空袭，这不是演习”转到美国海军部。8时25分，日本第一拨攻击平息。从西海岸飞来的美军12架B−17在毁坏的机场上艰难地进行了着陆。

8时40分，日本由78架俯冲轰炸机、54架水平轰炸机和35架战斗机组成的第二拨攻击已在瓦胡岛上空展开完毕。

8时42分，167架飞机冒着越来越猛的炮火开始了进攻。停在战列舰队末尾的“内华达”号战列舰离开了泊位，它也是整个袭击过程中唯一开动的美国战列舰。

9时40分，日本第二拨攻击飞机队组大摇大摆地撤离。

希特勒之死留给世人的疑问

↑ 战争狂人和种族屠杀者——希特勒

↓ 刺杀希特勒事件的真实历史照

第二次世界大战已经结束几十年了，但当时遗留下来的许多秘密至今仍未解开。俄罗斯出版的《第三帝国最后的秘密》一书的作者列昂·阿尔巴茨基根据史料，对希特勒于 1945 年 4 月死于自杀的观点提出了疑问。

斯大林认为希特勒并没有死亡

阿尔巴茨基根据史料推断，希特勒没有自杀，而是消失。

1956 年苏联行政民事法庭的审判官们在听了 48 名证人的证词后曾认定：1889 年出生的阿道夫·希特勒已不在人世。

阿尔巴茨基也同意这一认定，因为到 1956 年，希特勒的确已死。但是，许多重要证人并未出庭，许多极其重要的文件并未举证，而为希特勒做过假牙的牙医及其助手这两名关键证人事后都翻供。

1945 年 5 月 4 日，苏联侦察员在帝国总理府花园的一个弹坑里发现了被推测为希特勒和他情人爱娃的两具焦尸。斯大林接到报告后认为希特勒没死，只是隐匿起来了，他对美国和英国领导人谈了这一看法。当时，英国首相艾德礼也认为希特勒仍在人世。1945 年 7 月在波茨坦会议上，他说出了这一推测。

尸体血型不符

1945 年，当苏联军官把希特勒的颅骨给牙医看时，他认出了自己给希特勒做的几颗假牙。但是，1972 年他在同德国作家马泽尔的谈话中推翻了这个说法。他说，无法肯定那的确就是希特勒的颅骨，他的助手也发表了同样的言论。然而，当初他俩的证言恰恰就是苏联尸检专家鉴定的依据。

莫斯科犯罪学实验室对据说是希特勒开枪自尽时在沙发上留下的血迹的鉴定结果表明，这不是血，而是和血的色泽相似的液体。被认为是希特勒的那具焦尸上的血型，同希特勒的真实血型也不符。而且，焦尸的大脑内也未发现弹痕。当时曾流行一个说法：希特勒 1945 年 4 月 30 日在对太阳穴开枪前曾服毒，但苏联内务机关在数月后对尸体作鉴定时，未发现服毒痕迹。

种种迹象表明，是替身掩盖了“元首”潜逃的踪迹：4 月 30 日 13 时，希特勒同下属告别，同爱娃一起进了地堡。此后，在生还的证人中只有近侍林格一人见过死后的希特勒。其余人只见过裹着毯子的尸体被从希特勒办公室抬出，毯子里究竟是谁，他们并不知道。

既然希特勒不打算死，为什么让爱娃服毒？看来是为了让这幕戏演得更逼真些。希特勒在隔壁换了装，改变了外貌，不该知道这一秘密的人，事先都已经被清理出地堡。希特勒的副官的证言说，他曾下令让警卫离开通向希特勒套间的房舍。之后，希特勒悄然离开了地堡。

玻璃瓶里的证据

众所周知，4 月 30 日午夜逃出帝国总理府防空洞的人多达 4 万名，希特勒很容易夹在人群中混出去。战争刚结束后的前几周，德国到处都是无家可归的人，希特勒不费吹灰之力就能消失在人流中。有个细节值得注意：希特勒在跟林格道别时命令他设法逃到西方。林格问他：“这是为谁?”“为元首。”林格后来在监狱里说，只有他一个人知道希特勒之死的秘密，但他永远也不会说出来。

← 林格（希特勒贴身侍者）

希特勒在最后时刻曾等过飞机，但白等了，因为机场已被炸毁，但他完全可能通过地铁隧道逃出。当时有 10 艘远洋潜艇停泊在汉堡港，艇长们接到的命令是送政府要员撤退。

希特勒警卫队成员凯尔瑙供称，他在 5 月 1 日看到希特勒还活着。而且，外国报刊战后立即出现了有关希特勒撤到阿根廷（或巴拉圭、西班牙、爱尔兰）的报道。

在丹麦的北海海滨发现过一只密封的玻璃瓶，里面装着一名德国潜艇水兵的信，说希特勒就在这艘潜艇上。潜艇撞上了沉船，破了个大洞，部分艇员逃生，但希特勒在艇尾紧闭的舱内，无法脱身。

所以说，当初在帝国总理府花园内发现的尸首并非希特勒。但是，现在已无法重新鉴别了，因为前苏联克格勃主席安德罗波夫曾于 1970 年下令，挖出并彻底焚毁埋葬在东德马格德堡苏军兵营里的希特勒和戈培尔全家的尸骨，骨灰随后被抛入河中。有关焚毁过程的记录仍保存至今。

希特勒是否真的逃走，至今仍是众说纷纭，且都没有确凿的证据，由此看来，二战中，希特勒末日这段历史尚未画上句号。但不管怎样，头号战犯希特勒死无葬身之地的悲凉结局，仍是对一切独裁者的警告。

↑ 独裁者的风光在人类历史上必将越来越短暂

第5章 科技未来

科学技术是第一生产力。但它的迅速发展像一把双刃剑。一方面有利于人类认识过去，把握现在，也为造福人类开辟了广阔的道路，但同时，它也带来了危及地球生命和人类社会的自然问题和社会问题。

一 解密张衡地动仪

人类史上首台验震器于 1700 多年前消失后，中外科学家一直试图复原它。中国科学家近日取得阶段性成果——张衡地动仪之谜被初步破解。

中国地震学家和考古学家宣布，通过大量理论计算和科学实验，失传千年的张衡地动仪的复原工作取得了重大进展，实现了地动仪的科学复原，新的复原模型已具备了验震功能。

弄清工作原理

严谨的科学研究证实，地动仪的工作原理应该是“悬垂摆原理”，即地动仪是利用一根悬挂柱体的惯性来验震的，而非当今历史教科书所说的在仪器底部简单地竖立一根直立杆。这个原理的科学性得到了专家的明确肯定。

由中国科学院、国家博物馆、中国地震局等研究单位数名地震学、考古学、文物学、机械工程学等相关学科的专家组成的验收委员会认为，新模型首次把概念模型复原成了具有验震功能的科学仪器，迈出了复原研究的历史性一步。

复原模型频出

张衡发明的地动仪是人类历史上的第一台验震器，在 1700 多年前神秘消失，它的外观和原理长期成为人们心中的谜团。所幸《后汉书·张衡传》对地动仪作了记载，但总共不到 200 字：“……阳嘉元年，复造候风地动仪。以精铜铸成，圆径八尺，合盖隆起，形如酒尊，饰以篆文山龟鸟兽之形。中有都柱，傍行八道，施关发机。外有八龙，首衔铜丸，下有蟾蜍，张口承之。其牙机巧制，皆隐在尊中，覆盖周密无际。如有地动，尊则振龙发吐丸，而蟾蜍衔之。振声激扬，伺者因此觉之。虽一龙发机，而七首不动，寻其发面，乃知震之所在。验之以事，和契若神。”根据这一史料，中外科学家一直试图复原它。

↑ 地动仪的发明者——张衡

↑ 研究地动仪的张衡

19 世纪末，日本和英国的科学家先后绘制出复原模型。目前家喻户晓的地动仪模型是中国历史博物馆科技文物专家王振铎于 1951 年设计的，其内部结构采用直立杆原理。但是，几十年来，国内外地震学界一直对它的科学性表示怀疑，因为它不能检测地震。20 世纪 70 年代后，国内外相继提出了 6 种新的复原模型，但这些都属于概念模型。

←→ 后人根据古书上的描述而仿制的地动仪（左）及其内部结构（右）

文化遗产复活

以中国地震网中心研究员冯锐为负责人的研究小组，从 2002 年起开始了地动仪的原理复原研究，还首次利用了《续汉书》和《后汉纪》中对地动仪的记载和描述。

研究组利用了唐山、云南和越南的几次实际地震资料，通过计算机的控制，在振动台上实现了相当于当年陇西地震引起洛阳极其微弱的地面振动，然后把新复原模型放到振动台上验证。结果表明，新模型对地震的反应良好，对非地震的人为干扰一直未出现误触发。冯锐表示，目前的复原只是阶段性成果，整个工作还没有结束，内部结构需要优化，外观造型也需要征求公众意见，以便进一步完善。

张衡

张衡是我国东汉时期著名的天文学家，南阳人。17岁那年离开家乡，先后到了长安和洛阳，由于他读书用功，后来做了官，担任太史令，负责观察天文。

经观察研究，他断定地球是圆的，月亮是借助太阳的照射才反射出光来。于是，他用铜制造了一种测量天文的仪器，叫“浑天仪”。上面刻着日月星辰等天文现象。他设法利用水力来转动这种仪器。据说什么星从东方升起来，什么星向西方落下去，都能在浑天仪上看得清清楚楚。

汉张衡候风地动仪外观之想象图

候风地动仪内部之机构横断面

候风地动仪内部之机构横断面

地震时候风地动仪之动作情形

↑ 张衡地动仪想象图

那个时期经常发生地震。当时的封建帝王和一般人都把地震看作是不吉利的征兆。张衡对记录下来的地震现象经过细心考察和试验，发明了一个测报地震的仪器，叫做“地动仪”。

地动仪是用青铜制造的，形状貌似一个酒坛，四围刻铸着八条龙，龙头伸向八个方向。每条龙的嘴里含了一颗小铜球，龙头下面蹲了一个铜制的蛤蟆，对准龙嘴张着嘴。如果哪个方向发生了地震，朝着那个方向的龙嘴就会自动张开把铜球吐出。铜球掉在蛤蟆的嘴里，发出响亮的声音，就给人发出地震的警报。

公元138年2月的一天，地动仪正对西方的龙嘴突然张开，吐出了铜球。按照张衡的设计，这就是报告西部发生了地震。

果然，过了几天，就有人骑着快马来向朝廷报告，西部离洛阳1000多里的金城、陇西一带发生了大地震，伤亡者甚多。

后来，张衡因受到排挤而外调，61岁时病死，但他在我国科学史上留下了光辉的业绩。

古埃及的香精是如何制成的

从古埃及壁画中就能看出当时的人们已经开始使用香水以及如何提炼香精

古埃及人对香精的提炼最早可以追溯到公元前 4000 年。数千年来，香水始终盛行于埃及，香气经常弥漫于他们的各种宗教仪式和神话传说中，并伴随着他们的祈祷、爱情、求医问药和由生到死的每一天。古埃及香精，它究竟有什么魔力，让几千年前的人类如此沉迷?

香精是如何制成的

繁茂的植被，优越的气候条件和古埃及社会达到的文明程度，孕育和繁荣了当时的香精文化。至今，散布在尼罗河两岸那些庞大神庙的遗址中，还保留着古代的香精实验室。

在位于尼罗河西岸、卢克索以南 120 千米的伊德夫，有一处神庙遗址，这是一座名副其实的露天博物馆，墙上布满了叙事绘画和古埃及的象形文字。整个神庙由长达 137 千米的围墙围绕着。在多柱式大厅的西北面，隐藏着一个狭小的房间，既没有窗户也没有通风设备，这里就是香精实验室。

在这密封的石室里，墙上刻满了美丽的象形文字和浅浮雕绘画，记载了有史以来许多的香精和香脂配方。这些配置香精的过程如同配制魔药般严格而神秘。比如使用产自哪个地区的原料，每种原料加入多少以及加入的顺序，是否需要加热以及加热的时间，浸泡的方法和应该使用什么样的器皿，最终成果应该呈现什么样的色彩与重量，等等，都有详细规定。

这些配方常常被现代科学验证出有其实用性。比如某个古代牙膏配方：1%盎司的岩盐和鸢尾干花，20%盎司的薄荷，20 粒胡椒。鸢尾对牙齿的效果，不久之前才被科学家们证明。

↑ 埃及香料

↑ 埃及人制作的核心式玻璃造型香水瓶

↑ 开罗法老村内的工作人员身着古埃及法老时代的服装表演香水的制作过程

早在阿拉伯工匠制造出玻璃香精瓶之前，法老时代的埃及已经从美索不达米亚人那里学会了核心式玻璃造型技法，为他们的香水、精油或是香膏制造相配的容器。与此同时，他们仍用传统的雪花石制品来放置珍贵的油膏——特别是那些用于制作木乃伊的复杂产品。

神奇的传说

众多古代神话传说充斥着对古埃及香水诱惑力的描述，清晰地展示出香气的超自然起源。古代埃及人常将最好的香木供奉给天神。

阿妮克·勒格瑞是一位对气味颇有研究的人类学家和哲学家。她认为最早的时候香精的角色非常神圣。只有地位尊贵的祭司才有权配制香料，而且配制前还得有特别的仪式。时至今日，虽然这一种芳香仪式的最初含义已经流逝在历史的长河中，但人们今天还是能在埃及找到这种仪式的痕迹。

埃及的香木来源十分神圣，制成香料后也是用于供奉各位天神，或者是为了使人死后尸体不腐，达到永生。古埃及人在制作木乃伊的过程中使用了神秘的香精和油膏，一旦用香料处理了尸体，那死者也可以位登仙列了。这些珍贵的配方早已失传，现代人很难确定它们的成分。

走向大众的神香

人类最早的香水，据说就是埃及人发明的可菲神香。但因当时并未发明精炼高纯度酒精的方法，所以这种香水准确地说，应称为香油，是由祭司和法老专门制造的。

香精不光在礼拜仪式上必不可少，它也是与埃及社会各个阶层都息息相关的日用品。对这一现象，卢浮宫古埃及馆馆长日内维尔夫·皮埃拉分析说，存在即感知。香精被视为感觉到愉悦的代名词，是纯净的象征。不管是平民用的没药花或是凤仙花香精，还是富人用的蓝莲花或百合花香精，都可以清新空气、柔软皮肤、治疗疾病、用于庆典祭奠等。

一步之遥的纳粹德国原子弹计划

意大利2005年年底出版的一本书再次引发了一场压制已久的争议：纳粹德国在第二次世界大战末期是否接近于制造出一枚核装置。该书作者路易奇·罗梅萨是目前唯一活着的纳粹德国核装置的见证人，他和一些历史学家相信1944年德国在波罗的海的一个岛屿上进行了一次早期核武器爆炸试验。

近年来，希特勒的核计划已经成为引起激烈争议的话题，尤其是在德国。赖纳·卡尔施是一位历史学家，他在近期发表的一篇论文中列举了一些证据，表明纳粹德国发展核武器的进度比人们之前所认为的要快得多。卡尔施因这篇论文而受到大量攻击。

↑ 路易奇·罗梅萨的那本引起争议的书

罗梅萨是卡尔施论点的支持者。他的书房里挂着他所采访过的20世纪的重要人物的照片，从蒋介石到林登·约翰逊。尽管近来身体欠佳，但他仍然思维敏捷，表达清晰。

1944年9月，意大利的独裁者墨索里尼在萨洛召见了罗梅萨，当时墨索里尼交给了他一项特别任务。罗梅萨当年27岁，是意大利《晚邮报》的军事记者。

罗梅萨说，当墨索里尼在战争爆发初期会见希特勒时，这位纳粹独裁者曾提及德国研制能够改变战争进程的武器的情况。“墨索里尼对我说：‘我希望知道更多有关这些武器的情况。多次问过希特勒，但他不愿细说。’”

↑ 1944年被纳粹德国称之为“裂变炸弹”的爆炸试验

墨索里尼给了罗梅萨两封介绍信，一封是给纳粹德国宣传部长戈培尔的，另一封是给希特勒本人的。在德国见过这两个人后，罗梅萨参观了纳粹德国位于佩纳明德的绝密武器工厂。1944年10月12日上午，他被领到现在已成为度假胜地的吕根岛，他在那里观看了被东道主称为“裂变炸弹”的爆炸试验。

↑ 二战元凶墨索里尼和希特勒

↑ 参与制造原子弹的德国物理学家海森堡

↑ 二战时美国在日本广岛投掷的首枚原子弹——“小男孩”

罗梅萨说：“他们把我带到一个钢筋混凝土掩体里，里面装有一个配备了厚玻璃镜头的望远镜。不久就传来了爆炸即将开始的消息。人在掩体内能够感觉到轻微的震动；突然闪过一道耀眼的亮光，先是像一根柱子的形状，然后变成了一朵大花。

“在场的官员告诉我，由于爆炸的影响，我们必须在掩体内多呆几个小时。当最终离开掩体时，我们都被要求穿上一种看来像是石棉制成的上衣和裤子，然后我们来到了大约 1.5 千米以外的爆炸现场。现场的情景十分悲惨。周围的树都变成了炭，一片树叶都不剩。没有任何活着的东西，那里的一些动物如绵羊也被烧成了炭渣。”

回到意大利，罗梅萨便向墨索里尼汇报了他此行的情况。20 世纪 50 年代，他在意大利《今日》周报上发表了一篇有关他那次德国之行的文章。但他说：“当时，人们都说我疯了。”

一直以来，人们普遍接受这样一种看法，即希特勒的科学家们距离试验一枚核装置还有几年的时间。审问德国研究人员的盟军审讯人员得出的结论是，他们对核裂变知之甚少。不管怎么说，美国动用了 12.5 万人才研制出 1945 年在广岛和长崎投下的原子弹，而德国的核计划只有诺贝尔物理学奖获得者卡尔·海森堡和他带领的几十名物理学家参加。

直到近几年，卡尔施和一位美国学者马克·沃克发表的论文才打破了人们先前的共识。俄罗斯的档案也显示，德国一位科学家早在 1941 年就提出了钚弹的专利申请报告。

现在可以肯定地说，纳粹德国确实试图制造原子弹。不过，由于目前还没有获得纳粹德国原子弹研制方面的准确情报，所以关于他们在此方面的进展至今仍是一个谜。

一 人的意识从何而来

人类正确和错误的意识究竟从何而来？科学家们经过研究后认为，也许这与推理的关系不大，而与个人的思维方式密切相关。

道德意识的两难抉择

曾有一道选择题是这样的：你正站在过街天桥上俯瞰着铁道，火车疾驰而来，铁轨上仍有五人，但没有任何可让火车改道的铁轨，更没有开关可以刹车。在你的面前站着一个魁梧的人，如果将他推下去，横在铁轨上，他硕大的身躯足以拦住失控的火车。你这样做，牺牲他一人，可以换来其他五条人命。你将如何做？大多数人都不会将壮汉推到铁道上送死，人们认为，主动杀死一个人，即使挽救了更多的生命，也是完全错误的。

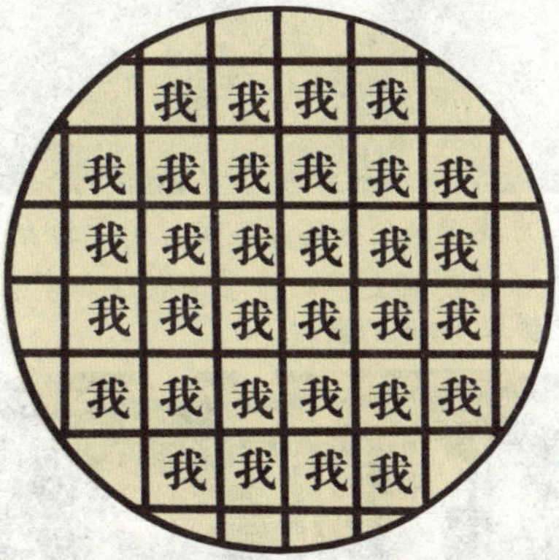

↑ 自我意识使人的思维大大超过其他动物

对于这一问题的讨论，人们分成了两大阵营：一大阵营认为，道德判断来自理性的思维；另一大阵营则认为，道德的基础是感性的。但是，上述火车失控所招致的两难选择，并不适合这种黑白分明的思维方式。当道德这个题目从哲学家的思考课题转化为实验室的研究课题时，二分法的错误就变得更显而易见了。在研究道德的心理学基础时，研究人员发现，推理因素和情感因素都起作用。

↑ 动物也有意识，很多还具有公平意识，你能感觉到吗？

早年，进化生物学家率先揭示道德的起源、目的及生物学意义。现在，学者们已达成共识：道德惯例在某种程度上是进化而来的。道德的成分也出现在一些人类之外的其他物种上，特别是灵长类动物的种群内。很多动物都具有公平意识，并且具有一定程度的行为准则，这些准则加强了动物间的相互作用，进而发展出该物种的相应策略，用于增进个体之间的合作，也用于化解个体之间的冲突。这些事实，否定了道德只能是高级推理的论点。

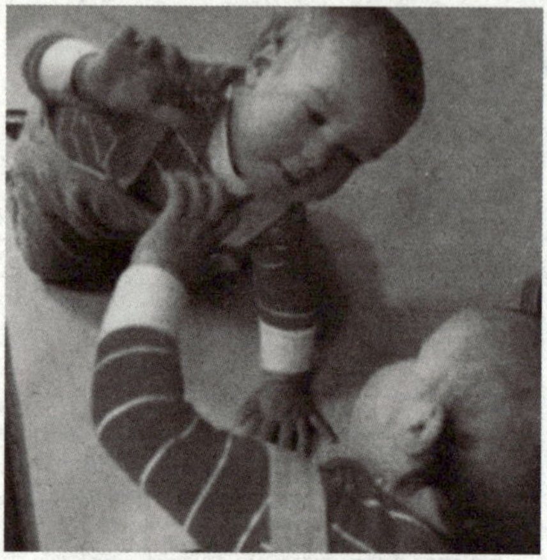

↑ 自我意识使人不会害怕镜子中的自己

↓ 普林斯顿大学的哲学家兼认知学家约瑟华·格林纳教授

内在直觉

心理学家们也越来越认识到一系列快速、下意识的反应对直观推断等心理活动的重要性。用厌恶情绪举例，当你得到一块发霉的食物或者腐烂的肉时，你不会先拿去检验而再作推理说："它可能被细菌污染了，所以是危险的，我得离它远一点。"而是立即想到"讨厌"并随手扔掉。

直观判断是从哪里来的呢？弗吉尼亚大学的社会心理学家乔纳森·海德特认为：如"谋杀自己孩子的行为是错的"这种判断，是一种类似厌恶行为的本能进化。其他如西方社会的"实行死刑不对"的情形，可能是社会化的文化使然，也许与特定的历史以及文化背景有关。

海德特的研究，支持了那种认为反射性思想在很多道德判断中只起有限作用的主张。他们假定了一个特定场景：其中只有兄妹二人，在一个小木屋中度假，决定体验性生活。彼此都采取了避孕措施，不可能怀孕生小孩，也就不会付出近亲繁殖的遗传代价。从那以后，兄妹俩再也不进行性接触，跟以前一样正常生活，既没有痛苦，也没有心理学上的不良反应。

很多人并不回避讨论这个问题，而是指责这种行为在道德上是错误的。但当要求他们指出这种行为为什么不对时，他们却说："我不知道为什么，我不能给你解释，但我就是认为这种行为是错误的。"

耶鲁大学的发展心理学家保罗·伯龙说：不管是先天拥有的还是后天经过社会化获得的，我们的一些道德直觉并非是什么推理的产物。推理的重要作用在于，人们对道德的思考，可以成为道德观念转变的催化剂。伯龙说："人们通过思索得出结论：奴隶制度是错误的，不同文化、不同种族的男人和女人都应该享有同等的权利。"对道德问题的深层次思考，可形成新的道德规范，并将作为社会道德构架的组成部分，成为人们未来的行为习惯。

决定时刻

普林斯顿大学的哲学家兼认知学家约瑟华·格林纳和同事利用功能性磁共振成像技术，了解人们在进行道德选择时的大脑变化。研究表明，不同的情形下不同的大脑反应不同。如果选择按下开关，大脑中与做"执行"决策有关的大脑前区则变得活跃而行使功能。

一 大脑为什么能被催眠

众所周知，大脑是能被催眠的。而且，人处在催眠状态下最容易接受暗示，可以让他做出一些极为反常的举动，因为那个时候，他们的意识和身体都已经脱离了大脑控制。

大脑为什么能被催眠呢？催眠术到底是真是假？如果是真的，它又是怎么一回事呢？尽管科学工作者对相关问题研究了150多年，但遗憾的是仍未弄清其中的奥妙。不过近年来，一些研究知觉边缘状态的专家，通过试验的方法已取得了一定的研究成果。

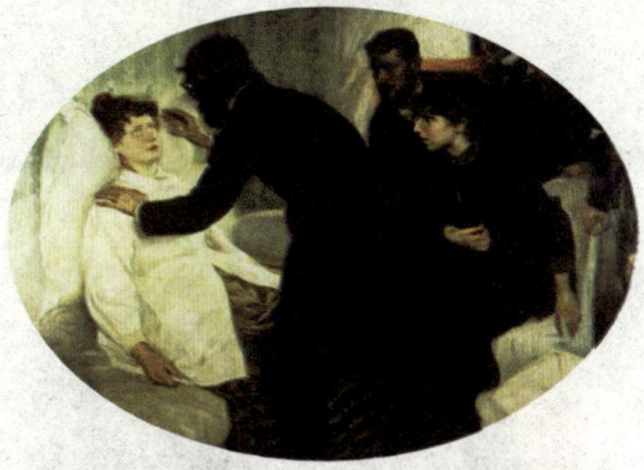

↑在18世纪后期的欧洲曾出现过一种貌似巫术的医病术，它以其创始人维也纳医生麦斯麦的名字命名，被称为“麦斯麦术”。

↓维也纳医生麦斯麦

古老的麦斯麦术

麦斯麦术是一种古老的催眠术，是由维也纳医生麦斯麦发现的。麦斯麦从物理学家和神秘主义者帕拉塞尔苏斯及范赫尔蒙特那里继承了这样的观点：电力和磁力在宇宙间无处不在，无论任何人都会放散出一种磁石的流质，而且都可以随意运用这种流质影响他人的精神和肉体。他在临床实验时，用磁石按摩人们的身体，通磁于他们身上，或以自己作为磁力的源泉，发现常会使患者进入现代所称的催眠状态。

1778年麦斯麦还曾在巴黎创制了BANQUET，这个BANQUET类似于一个橡树制的柜子，里面装有化学物品和许多铁器。接受此术的人们围柜而坐，每个人以手相握并以绳相连（据说麦斯麦已事先通磁于此柜），并且放此柜子的房间半明半暗，四面有镜，柔和的音乐时奏时止。麦斯麦身着魔术家的装束沿四周走过，以手触一个，通磁于另一个，瞥第三人。他常用眼注视一个人，告诉他：“睡吧……”，那人就似乎真的睡着了，受此术而愈的患者很多。其实麦斯麦术的治疗效果很可能是由于它顺应了当时爱好神秘和术柜巫咒要求的社会心理而已。后来由于他一直坚持此术的效果是因为他本人的磁力所致，最终被科学界推翻。

催眠与血液循环

除了探究催眠术的奥秘外，科学家们还一直尝试运用催眠术治病。瑞士巴塞尔大学发表声明，说他们已经找到了能够有效治疗花粉过敏症的新方法，他们的方法便是催眠术。

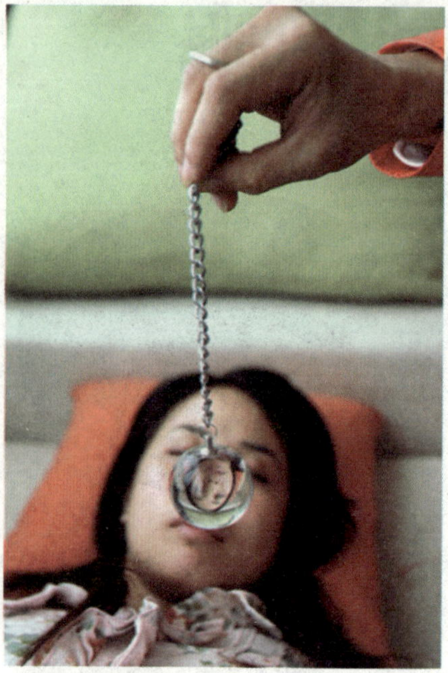

↑ 重复钟摆运动会达到催眠的效果

↑ 催眠术是运用暗示等手段让受术者进入催眠状态并以此产生神奇效应的一种法术

此项研究进行了 2 年，有 66 名花粉过敏症患者自愿接受试验。第一年将他们分为 2 个组，第一组头一年实际上并未参加试验，还在照常继续服用那些传统的抗过敏药。第二组在一名经验丰富的神经疗法医生的指导下施行旨在祛除过敏主要症状的自我催眠，与此同时还在继续少量服用一般抗过敏药。第一年的结果非常明显，第二组患者在花开季节症状就不那么显著。到第二年，第一组患者也接受了催眠，到“过敏季节”他们也承认症状有所缓解。

科学家认为，这些人的症状有所缓解是因为在催眠作用下人体血液循环有所改善，解决或部分解决了呼吸系统爱出现的问题。不过，接受试验的人虽然都异口同声说类似方法对治疗过敏症有效，但仍缺乏事实依据，这只是他们的自我感觉，而不是医学上的鉴定。就连参加此项试验的一些科研人员也承认，他们只是提出了一种能对此症状有适当帮助的方法，并不认为发现了一条新的治疗途径。

催眠与大脑反应

科学家在经历一系列探索性实验后，开始将研究转向理性。催眠与大脑反应是否有关系成为他们关注的重点。

据人体 X 光照片表明，如果正常情况下大脑的两个半球在同时工作，那在恍惚状态下只有负责情感和艺术创造力的右半球在活跃，它像是“压抑”了负责逻辑和智力的左半球的任何企图。

而另一项新研究证明，催眠通过改变大脑特殊区域的活性从而能够有效地避免认知冲突的发生。试验中，研究者让受试者说出书写字迹的墨水颜色。面对用蓝墨水书写的“绿”字，受试者在回答“这个字是什么颜色”时往往会犹豫。如果相同的受试者在经过催眠后再看这个字时，就会把这个字视为一个没有意义的符号而回答正确。

虽然迄今为止科学界对于催眠仍没有取得实质性的突破，这也是大多数人怀疑它的原因，但这项研究的重大现实意义是毫无疑问的，科学工作者也正在努力探索之中。

一 神奇的基因疗法

20世纪90年代初，科学工作者们提出了基因疗法。基因疗法就是将缺失的基因正确地复制到细胞内，这样患者就可以制造出他们需要的蛋白质。它也是目前利用人体进行的一项重要的基因工程的研究。

基因疗法被用于治疗由单个缺陷基因引发的疾病，已知的这类疾病大约有2800种，其中包括血友病、肌肉萎缩症、纤维囊肿和泰－萨家族性痴呆症。

↑ “欧洲祖母”维多利亚女王

导致这些疾病的基因变异可能随时出现，并且会代代相传。最著名的一个例子就是维多利亚女王将血友病基因传给了生活在19世纪和20世纪初的众多子孙。

基因疗法自提出后，一直广受科学家们的期待，许多学者十分看好这个疗法可能发挥的作用。自1990年进行首例试验来，全球各地开展了约400例基因治疗研究。

然而不幸的是，将基因疗法付诸实践已被证实是一项艰难的挑战，致使这项工作遭遇众多挫折。主要问题之一就是如何将基因放入细胞内。

↓ DNA的模式图

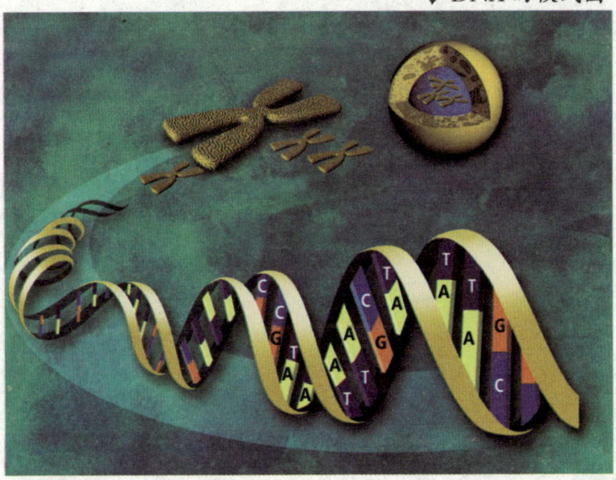

研究人员发现，病毒是最有效的载体，因为它们能够自然地进入我们的细胞，将它们的DNA注入我们的DNA中。但是，一个名为耶西·杰尔辛格的小男孩在接受基因治疗试验时猝死，这可能是基因治疗史上最糟糕的一幕。导致他死亡的原因是他对所使用的病毒产生了免疫反应。许多人对此感到愤怒，他们觉得科学家们的试验操之过急，还有人对基因疗法是否能够奏效提出了疑问。

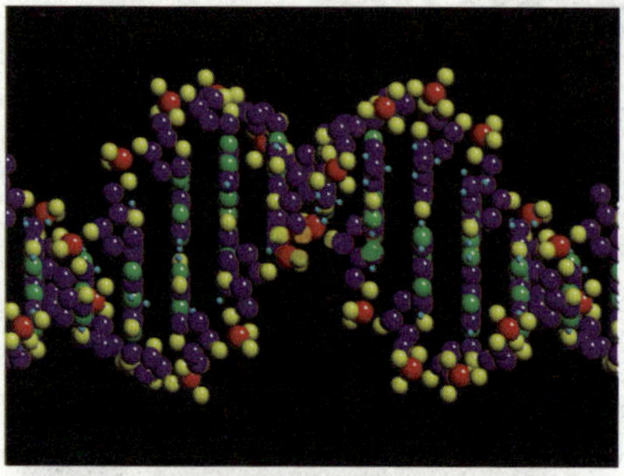

↑ 基因的组合奥秘正被人类逐步解开

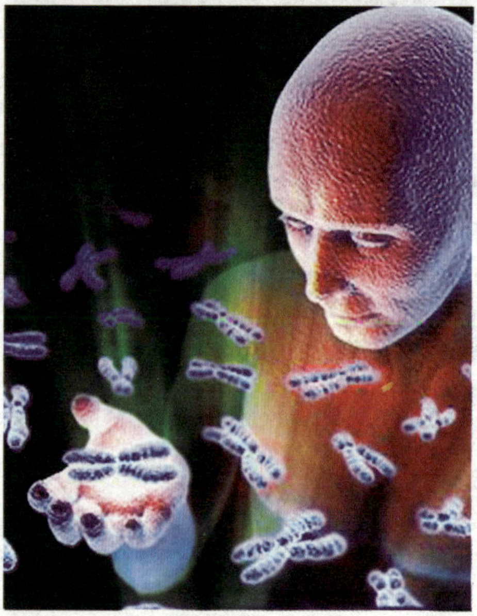

↑ 人类的基因仍有待深入了解

几年之后，基因疗法的另几项试验均取得了可喜的成果，其中包括在美国进行的一项血友病试验，这使得人们对基因治疗又看到了新的希望。但在法国，有新闻报道说，参加另一项试验的两个男孩在接受基因治疗后患上了白血病，悲剧再次上演。

问题似乎出在所使用的病毒上。之所以使用病毒是因为病毒能够自动地将它们的DNA和人体的DNA缠绕在一起，但这种方法的一个缺点就是：绝大多数时候，新的基因会随意插入细胞的DNA内。这通常不会带来问题，因为我们细胞内大部分的DNA都是多余的。但存在的危险是，如果新基因进入到本来起作用的那一部分DNA内，则可能会破坏正常基因的功能。发生在法国试验中小男孩身上的情形正是如此。新基因进入了参与细胞分裂的基因内，致使细胞分裂失控，从而导致了白血病。

基因疗法在成为标准的治疗方式前尚有许多障碍需要克服，但这种疗法一旦奏效，就不仅能够消除单一的基因缺陷，或许还能够治疗更复杂的疾病。而这些疾病也常常涉及到不止一个基因，如糖尿病或心脏病。

一旦我们能够使用基因疗法治疗疾病，或许还可以将它运用于其他领域，如可以植入基因使人更加健壮或不再脱发。

尽管某些基因变异会导致与生俱来的疾病，但其他的基因变异只会使人们更易于患上某种疾病，如亨廷顿氏症和乳腺癌。

现在，人们可以通过基因检测来发现自己体内是否存在这些变异基因。这虽然并不表明你必然会患上某种疾病，但却意味着你比普通人更易于患上这种疾病。例如，体内携带BRCA1基因的妇女有80%的概率会在65岁之前患上乳腺癌。

毋庸置疑，基因疗法是能造福人类的，而对基因的深入研究，是这一切的前提，希望科学研究能尽快揭开人类基因的秘密。

手机辐射与脑瘤

随着社会的发展和人们生活水平的提高，手机、电脑已逐渐普及。人们在享受这些时尚便捷的电子产品的同时，对它们所带来的副作用也日渐重视。这不仅使得广为人知的电脑辐射，就是常被忽略的手机辐射，也逐渐引起人们的广泛关注。

手机已经成为现代人日常生活中的一部分，但手机却有可能是危害人体健康的罪魁祸首。在媒体上，关于手机是否会威胁人类健康的争论从来就没有停止过，特别是频频针对手机辐射对大脑产生不良影响的说法让用户担心不已。

手机辐射到底对人体有没有危害？会不会导致脑瘤？争论的双方主要形成了两种观点：以医学、生物学和环保方面的专家为代表的一方认为，手机辐射对人体有害；以手机生产厂商及部分检测机构为代表的一方认为，手机辐射对人体无害。

↑ 手机可能在不知不觉中给人的健康带来危害

手机辐射对人体有害

“手机辐射对人体有没有害，不同的人有不同的说法。但作为科学工作者，我可以肯定地说是有害的。”解放军 304 医院神经外科主任医师李安民说，“现在世界各国科学家通过各项实验证明，手机辐射对人体是有害的。英国科学家用手机频率的电磁场对线虫辐射后发现，线虫体蛋白质产生了类似热震荡的反应，就像被轻微煮过。如果此时停止辐射，线虫蛋白质仍可恢复正常，如继续辐射，蛋白质就会发生不可逆的变化。应用到人身上，也是一样的。英国教育部禁止 16 岁以下的学生使用手机，理由是，青少年神经系统还未发育完全，头颅小、颅骨薄，接受电磁辐射强度更高，更容易受到伤害。”

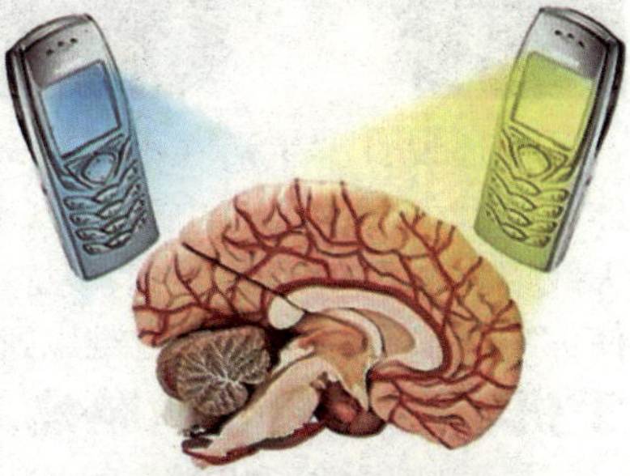

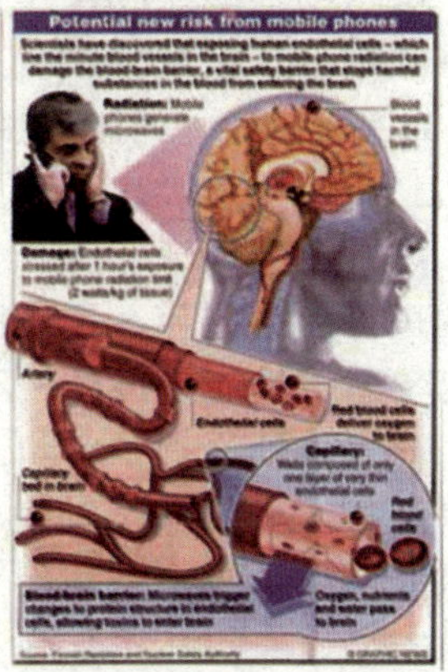

↑ 手机辐射会引起脑瘤的论述文章

李安民还称：“我们暂且不谈手机辐射是否会导致脑瘤的问题，单从生活现象说起。现在大家讨论得较多的是电脑辐射，但是，手机的辐射比电脑更为强烈。倘若手机和电脑放在一起，手机来电时的高振荡波使得电脑显示屏闪动。但是，开电脑时手机是没有任何反应的。如果把手机放在其他家用电器上，被影响的也是其他家用电器。手机使用时放出的能量之大可以穿越电器，也一定会穿过我们的皮肤。用'可怕的小精灵'来称呼它实不为过。"

↓ 用手机打电话时间过长容易引起暂时性耳鸣或者头疼等症状，总之，用手机多少会对身体有影响。

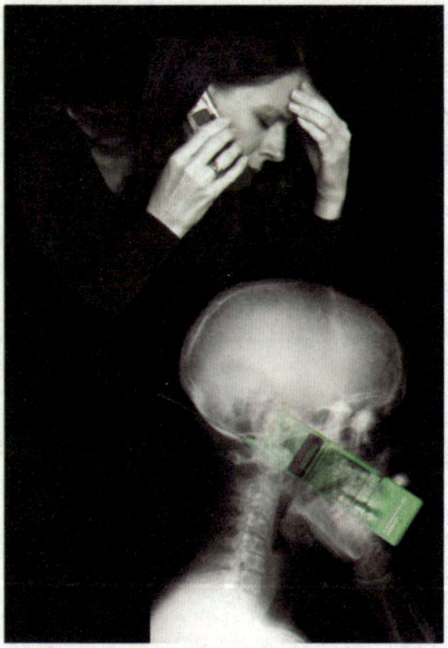

手机辐射能导致脑瘤

苏州大学物理科学与技术学院博士生导师、中科院上海微系统与信息技术研究所客座研究员狄国庆近年来格外关注辐射这一话题，特别是使用手机导致的辐射。"如果再不采取措施，手机辐射将会给现代人带来很多未知的疾病。如果生活中不得不用，最好是戴上耳机。"狄国庆非常担心手机带来的风险，"因为从电磁波影响生物体细胞的活性来说，手机的辐射超过其他辐射千万倍。"

狄国庆称："使用手机打电话时，受影响最大的是头和面部。电磁波辐射，会产生热效应。当身体受到电磁波辐射时，首先的反应是出现发热症状，而发热则会破坏生物体的细胞和组织。如果接打手机让自己有发热感就得注意了，因为那意味着脑部某些细胞被电磁波穿透了。"

他还说："生活在电子化环境里，这种电磁辐射无时无刻不在影响着我们的身体。当我们用手机打电话时，音频信号经过手机转换为高频率的电磁波，然后通过天线以电磁波的形式发射出去，这时在手机附近就会产生较为强烈的电磁辐射。即使你本人没有打电话，也难以避免不受辐射影响。辐射悄悄地被我们的身体吸收。"

手机辐射不会导致脑瘤

虽然物理学家和医生都称手机辐射的危害很大，但是绝大部分厂商代表却称手机是安全的。虽然他们的理由大多数是委婉的："我们的手机在出厂时都经过了检测，绝对不会让辐射超标的手机流入市场。"

与手机辐射致病的研究相对应，关于手机安全的言论和研究亦层出不穷。2000年，澳大利亚科学家提出"热休克"癌症理论，这是第一个将手机辐射与癌症相联系的理论。第二年，美国癌症协会正式表态：被人体组织吸收的手机电波因为没有电离辐射，且能量很低，不可能导致癌症。

一旦某处出现了手机致癌的言论，便马上会出现数倍的由公关策略炮制的研究结果，称手机是安全的，告诉用户可以放心使用。而这样的手机安全论往往被众多手机厂商所认可。而持对立观点的李安民则认为，现在说手机辐射不影响健康，还为时太早，一切都还有待于更深入的研究。

人类杀手——艾滋病

艾滋病，医学全名为“获得性免疫缺陷综合征”（Acquired Immune Deficiency Syndrome——AIDS），是人体感染了人类免疫缺陷病毒（HIV，又称艾滋病病毒）所导致的传染病。通俗地讲，艾滋病就是人体的免疫系统被艾滋病病毒破坏，使人体对威胁生命的各种病原体丧失了抵抗能力，从而发生多种感染或肿瘤，最后导致死亡的一种严重传染病。

自1981年世界第一例病毒感染者在美国发现以来，至今已有30年左右的时间了。虽然迄今为止科学界、医学界仍没有制服艾滋病这个人类的杀手，但专家们对它的研究破解仍处在不懈的努力之中。

科学家推测：病毒起源是野生黑猩猩

美国科学家猜测，人类艾滋病病毒的起源是非洲西部喀麦隆的野生黑猩猩。

←人类的近亲黑猩猩可能是艾滋病病毒的来源

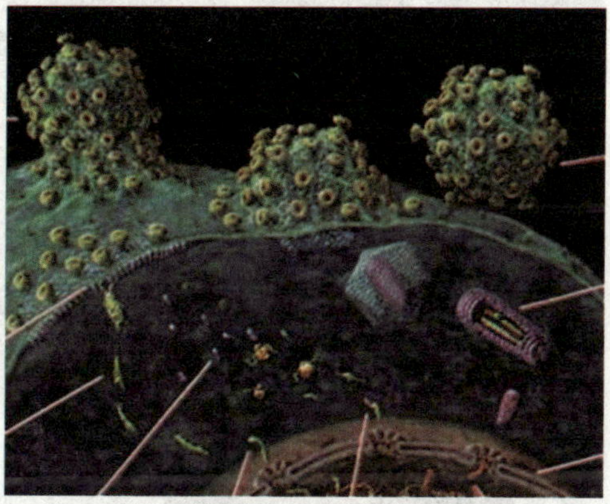

→显微镜下的艾滋病病毒形态

一些科学家为破解艾滋病起源之谜，特组织考察队穿过非洲茂密的森林，四处收集黑猩猩的新鲜粪便，共采集了约1300个粪便样本。专家称：“虽然我们至今不能有效治愈也没有研制出特效药物，但我们找到了它的传播源头！”

科学家很早就知道灵长类也携带着一种类似人类艾滋病的病毒，它被称为SIV（猿免疫缺陷病毒），但是科学家所发现的感染SIV病毒是来自被捕捉的黑猩猩。是否野生黑猩猩群体间也广泛传播SIV病毒，这种病毒起源和所在地分布是怎样的，以及这种病毒是如何从黑猩猩身上传播到人类的这一系列问题都值得科学家们探索。

据了解，世界首例感染艾滋病病毒患者是扎伊尔首都金沙萨的一位男子，他的血液样本在1959年被保存下来作为医学研究。十几年后，科学家才知道艾滋病病毒的存在。

将喀麦隆作为艾滋病传播源，是因为研究人员猜测：或许某一个喀麦隆农夫被感染SIV的黑猩猩咬伤或在他屠杀黑猩猩时不幸被感染，这个农夫携带着病毒来到其他地方，这样，人类艾滋病病毒就开始传播开来。

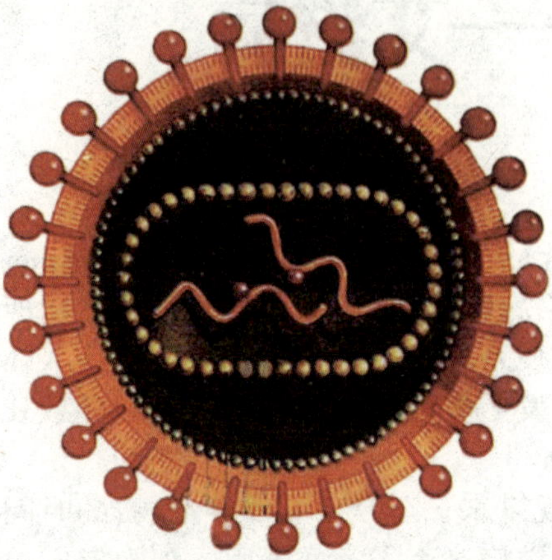

↑ 艾滋病病原体剖面示意图

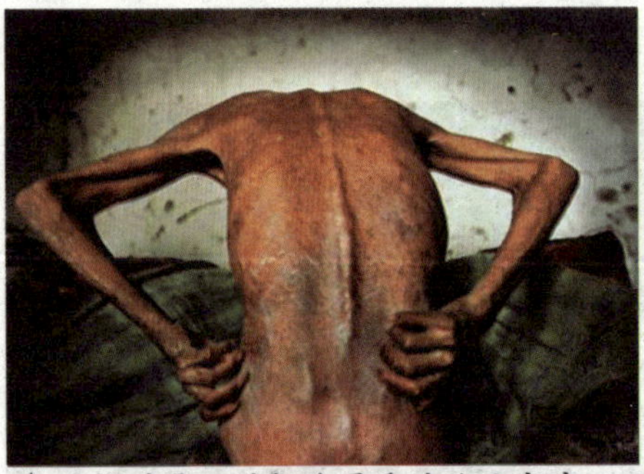

↑ 艾滋病是一种极为严重的致死疾病

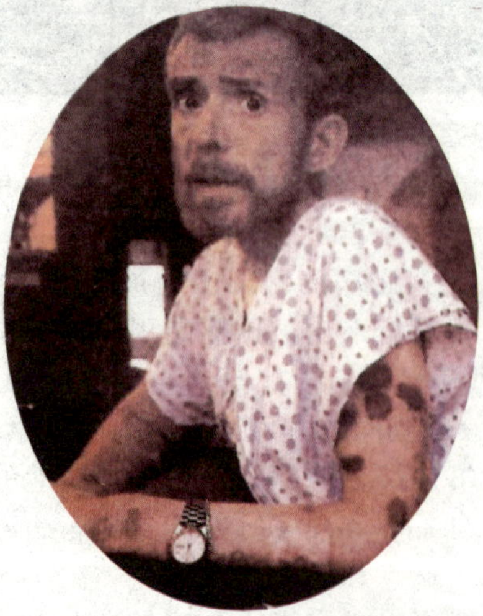

↑ 艾滋病病人通常患有恶性的皮肤病

萨纳加河长期以来是一条商业贸易河流，大量的硬木、象牙和其他物品从这里运送到城市里。对于最初的SIV病毒是如何传播的，我们无法获悉得知，但喀麦隆野生黑猩猩携带的SIV病毒最终传播到城市乃至向世界各地肆虐的事实却已经无法避免了。

抗艾滋病新药：阻止病毒自我复制

美国食品和药物管理局（FDA）日前批准一种新药用于治疗艾滋病。这种药属于艾滋病病毒蛋白酶抑制剂类药物，其原理是通过抑制蛋白酶的作用，来阻碍艾滋病病毒的自我复制。

这种药适用于感染了艾滋病病毒、但服用现有抗逆转录病毒药物未见疗效的成年人。这一艾滋病新药由美国强生公司在比利时的一家医药子公司研制开发。

我国首支艾滋病疫苗通过“初试”

我国首支艾滋病疫苗通过“初试”，Ⅰ期临床实验安全性得到肯定，有望进入Ⅱ期实验。

随着参加我国首支自行研制的艾滋病疫苗Ⅰ期临床实验的49名志愿者回访结束，整个Ⅰ期临床实验顺利结束。研究人员表示，根据目前临床观察结果，疫苗的安全性得到肯定，有望进入Ⅱ期实验。

在疫苗临床实验基地广西壮族自治区疾病预防控制中心，最后一组15名接种疫苗的志愿者，接受了验血、验尿、心电图检查等全面体检。至此，由国家食品药品监督管理局批准的我国首支艾滋病疫苗实验，顺利结束了长达15个月之久的Ⅰ期临床研究。

研究人员将根据临床观察数据和实验室资料研究结果形成整个临床Ⅰ期的观察报告，并上报国家食品药品监督管理局审核、批复，以决定是否进入Ⅱ期实验。

据了解，艾滋病疫苗临床研究阶段主要分为三期：Ⅰ期临床研究考察疫苗的安全性；Ⅱ期临床研究进一步考察疫苗的安全性，同时观察疫苗的免疫原性；Ⅲ期临床研究，主要在高危人群中观测疫苗对人体感染病毒的保护性。只有通过全部三期临床的考验，疫苗才能获准生产和应用。

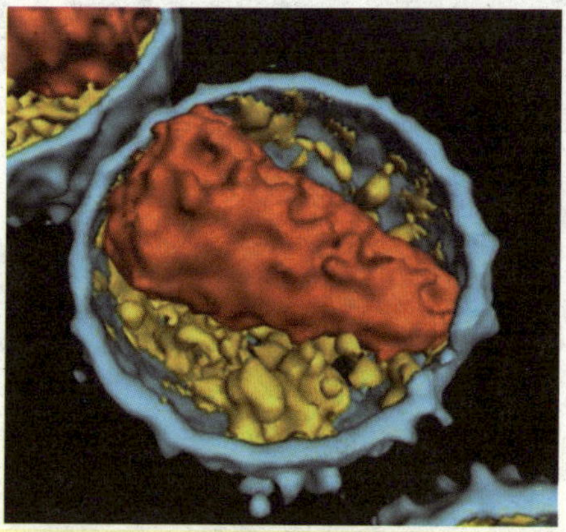

↑ 人类抗击艾滋病

关于艾滋病

自美国1981年诊断出首例艾滋病患者以来，艾滋病病毒在全球范围内的传播速度惊人。该地区疾病不仅在毒品使用者、色情从业者等高危人群中蔓延，还已扩散到普通人群中。目前，只占全球人口10%的撒哈拉以南非洲地区有2500万名艾滋病病毒携带者，占全球艾滋病病毒携带者总数的70%。

另外，亚洲目前正处于控制艾滋病蔓延的关键时刻。一方面，大部分亚洲国家艾滋病病毒携带者人数不到总人口的1%，病毒的传播仍主要局限于高危人群中；另一方面，该地区已成为疾病传播最快的地区之一。

中国自1985年报告首例艾滋病以来，至2005年9月底，累计报告艾滋病病毒感染者135630例，其中艾滋病患者31143例。专家估计，中国现存艾滋病病毒感染者约84万，其中艾滋病病人约8万。

← 当前人类对抗艾滋病重在预防

在中东、北非和东欧等地区，也没有迹象显示疾病蔓延有所减缓。在欧美等高收入发达国家，随着抗逆转录病毒疗法的普及艾滋病死亡率已大为下降。但因为一些人放松警惕，参与吸毒、色情交易、同性性交等高危行为，许多发达国家的新增染病人数又呈现反弹趋势。据美国疾控中心估计，美国平均每年新增加艾滋病病毒感染者4万人左右。在加勒比海地区，艾滋病已经成为15~44岁年龄段人群的主要死因；在北美地区，女性感染人数在不断上升。

← 『红丝带』象征着对艾滋病病毒感染者和病人的关心和支持，象征着对生命的热爱和对平等的渴望，象征着要用心来参与艾滋病防治工作。

高科技与机器人安全

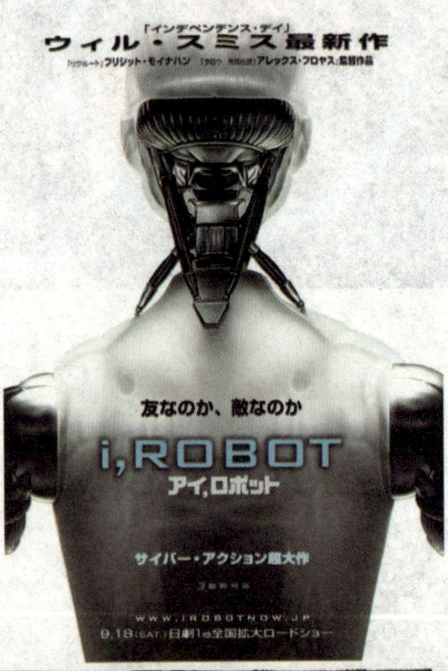

↑《我，机器人》电影海报，图为日本和美国的不同版本。

在好莱坞科幻大片《我，机器人》中讲述了这样一个故事：公元2035年，智能型机器人已被人类广泛利用。作为最好的生产工具和人类伙伴，机器人在各个领域扮演着日益重要的角色，而由于众所周知的机器人“三大安全法则”的限制：一、机器人不得伤害人类，或坐视人类受到伤害而袖手旁观；二、除非违背第一法则，机器人必须服从人类的命令；三、在不违背第一法则及第二法则的情况下，机器人必须保护自己。人类对这些能够胜任各种工作且毫无怨言的伙伴充满信任，它们中的很多甚至已经成为一个家庭的组成成员。就在此时，一起“机器人犯罪”事件意外地发生了，“机器人之父”朗宁博士在办公室被机器人杀害。

虽然这只是一个虚拟的故事，但随着现代科技的日益发达，当机器人逐渐进入我们的家庭和办公室时，必须保证它们不会伤害人类。但是，怎样才能做到这一点呢？

1981年在日本川崎，一名37岁的工厂工人跨过安全防护栏试图维修一部机器。在匆忙中，他没有关好开关。由于机器人没有任何感观系统，水压臂仍继续工作，并把他抛进一个碾磨机内。于是，这名工人成为第一个有记录的机器人受害者。

如果机器人的所有行为都能遵循“三大安全法则”，这则耸人听闻的工伤事件便不会发生。美国科幻小说家艾萨克·阿西莫夫于1950年发表了一本有关机器人的短篇小说集，在书中，他创造性地提出了“三法则”，也就是近年来被改编拍摄的同名电影——《我，机器人》。尽管几十年过去了，书中所说的防止机器人伤害人类的方法仍无法实现。

机器人安全成为各国关注焦点

虽然安全机制确实有所进步，但机器人伤人事件自1981年以来却有增无减。多年来，一直有人的躯体被粉碎、被重击、被焊接、甚至被融化的铝水浇满全身等事故发生。据英国健康安全署报道，2005年单是英国就有77起与机器人相关的工伤事件。

现在，机器人已逐渐从工厂进入了家庭和办公室，机器人专家们决定共同商讨让人类免受机器人伤害的办法。在意大利热那亚会晤过的机器人伦理学家们在西西里巴勒摩欧洲机器人座谈会上，宣读了他们初步的研究发现。

“保障和安全，成为讨论的焦点。”机器人伦理团体发起组织人——瑞典皇家科技学院欧洲机器人网络组织主席亨瑞克·克里斯汀森如是说。这些能够“粉碎”人的强有力的机器人，是否应该被获准进入家庭呢？尽管已违背了《日内瓦公约》，“系统故障”是否只是机器人向体格弱小的人类侵害的借口？

克里斯汀森博士称，尽管这些问题现在看起来深奥难解，但数年后它们将与我们息息相关。

高科技并不能保证人类百分百的安全

那么我们现在为保护自己免受机器人威胁，都做了些什么呢？“我们做得还远远不够。”英国苏赛克斯大学人工智能学专家怀特说。但是，情况正有所改观。研发人员正投入更大的精力制作更安全的机器人。其中一个课题方向就是如何设定程序使机器人不能和人类进行直接接触。

这听起来简单，但做起来很难。让机器人在堆满杂物的家中走动已不容易了，还要让它考虑如何绕过突如其来的手臂和狗尾巴，这更是难上加难。

意大利热那亚智能自动化学院的机器人专家杰马克·瓦鲁基说，规范机器人行为在未来会越来越困难，因为越来越多的自我学习机制被植入机器人中。所以，机器人的行为将不能被完全预测，因为它们不会总按照既定程序来完成使命，而是会学习新的技能产生新行为。

← 人与机器人

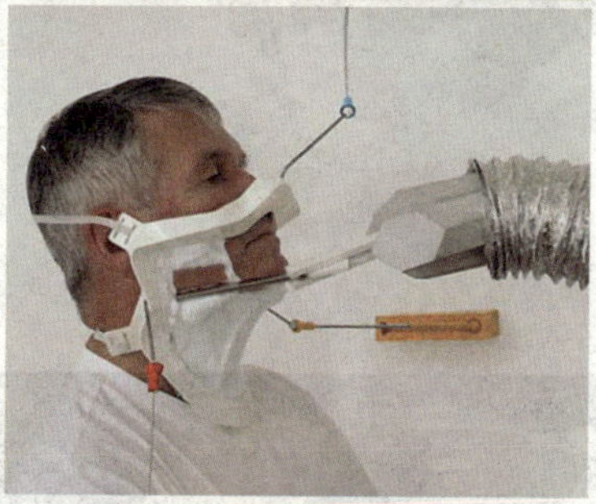

← 机器人给人治病

←↓ 艾萨克·阿西莫夫是近代科学幻想小说界中的巨擘，也是举世闻名的科普作家，《我，机器人》就是他的作品。

↑ 机器人时代已来临，人是否会成为机器人世界中的“异类”呢？

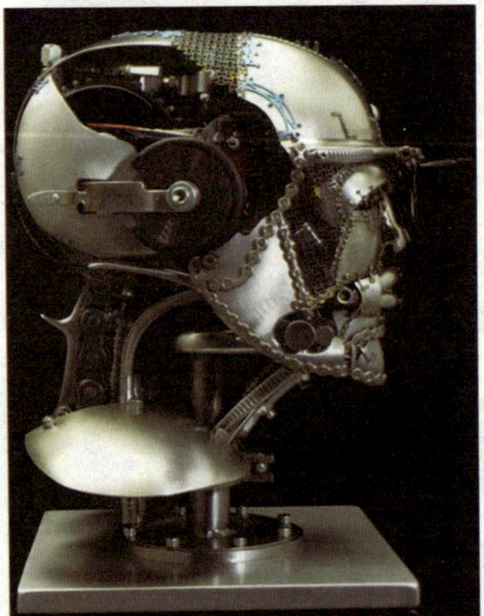

↑ 机器人护士协助病人，此为模拟试验。

所以这将可能导致一些不可预知的危险。当一个机器人在进行心脏手术，或者倒一杯滚烫的咖啡给你时，突然失灵了怎么办？日本东京大学一机器人专家说：“通过高科技无法做到百分百的安全。”这是因为不管你准备得多完善，人类的行为仍然不可预知。

机器人伤人谁承担法律责任

阿西莫夫的“三法则”如何实行？这只是虚构的法则，或许永远不能在现实中实行。不仅如此，这些法则还需要机器人有一定的人工智能，而这恰巧是机器人所缺乏的。

在很多情况下，人们只是机械地把一些常识性原则植入现代电器设计中。这些家庭或工业机器本来已具有这些特性。每个烤面包机、割草机和移动电话都被设计成只可能有最小化伤害的机器，但是仍有人被电击、被切了手指或被摔出窗外。至少，机器人必须能够达到安全的最低标准。问题是，是否需要规范机器人的具体规则？如果答案是肯定的，那需要做些什么？

“确定机器人的安全性非常关键。”已生产了 200 万台家庭清洁型机器人的公司负责人科林·安吉如是说。

“当一部自动地毯扫帚弄伤一个婴儿时，应该去责怪谁呢？”南丹麦大学的约翰·哈蓝姆教授说。如果全自动机器人可以不断地自我学习，它的设计者是否应当承担全部责任？尽管今天看来答案是肯定的，但越是智能化的机器人，将会使答案愈加地不确定。

但是，人们认为能够自我学习的万能机器人将会大行其道仍是不现实的，安吉先生相信机器人只会被做成相对蠢笨的机器，来对付不同的任务，而不会出现一个人性化的机器人佣人。

一 未来的交通工具

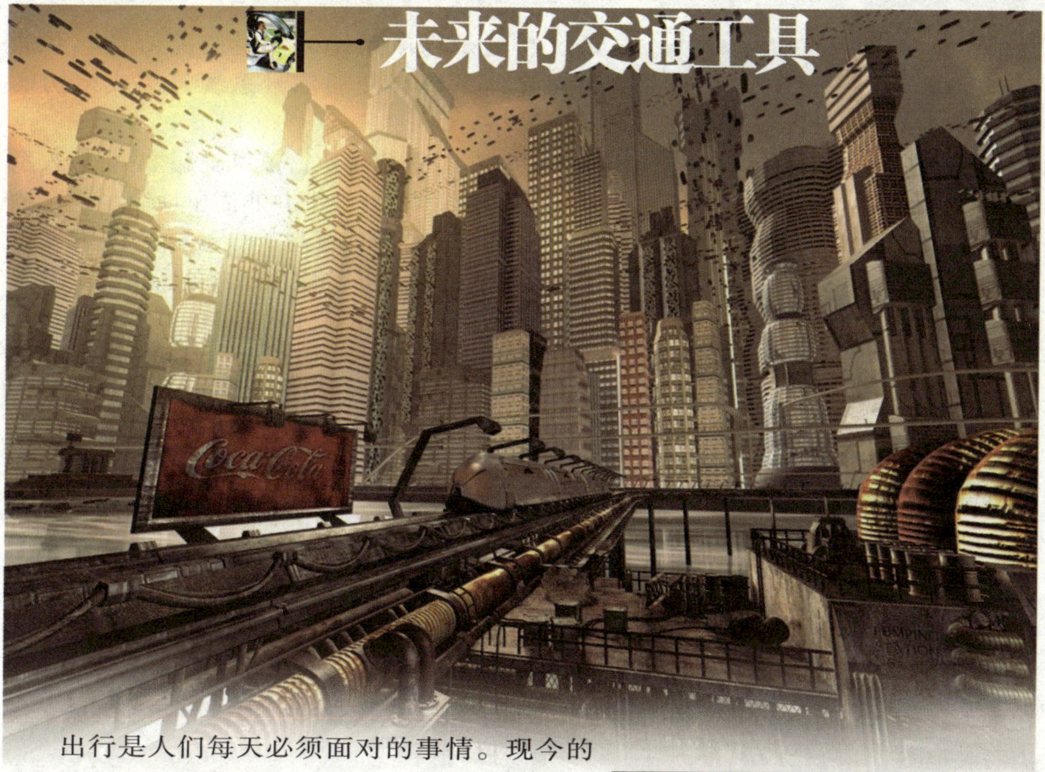

出行是人们每天必须面对的事情。现今的人们出门可以坐汽车、火车、飞机、轮船等。那么未来人类出行时的交通工具又是怎样的呢?

如果有一天你接到了汽车加油站的优惠券，不要把它当成广告宣传，因为那是你的智能汽车发出的信号，告知你车油量不足并提示你附近加油站的位置和优惠；假日里，人们还可以乘坐高速气垫船往来于近距离海峡间，或者乘坐新型航空器来一次快速旅行。这就是科技向人们展示的未来交通景象。未来的陆海空交通，人们看重的是速度、安全、舒适还是环保呢?

↑ 未来的单人“坐骑”

陆地上

陆上的交通工具主要有汽车以及包括磁悬浮在内的轨道交通工具。北京交通大学孙会君研究员表示，如果把未来陆上交通工具的发展趋势进行排序，应该是安全、环保和速度，确保安全始终应该被放在首位。

据北京交通大学交通信息管理工程系关伟博士介绍，陆上交通通过智能系统的整合与集成，在提高速度的同时保证了新交通工具的安全性。这个系统包括全球定位系统、天气预报

↑ 未来燃料电池汽车

↑ 人们对未来出行工具的设想

系统、电子导航系统、实时路况信息、交通运输管理系统、交通信号系统等集成架构的新型网络。

特尔斐工程公司执行董事安德鲁·布朗表示“新的汽车技术革新浪潮并非简单地满足使车辆更安全的要求，而是要制造出无事故车辆。”数据显示，凡装有电子稳定控制器的车型，其发生致命车祸的可能性已被降低了34%。

被认为是“未来汽车”的电动汽车分为三种：纯电动汽车、燃料电池电动汽车和混合动力电动汽车。纯电动汽车是指以车载电源蓄电池为动力；燃料电池电动汽车的特点是能量转化效率高，约是内燃机的2至3倍，生成物是水，不污染环境；混合动力电动汽车是装有两个以上动力源的汽车。

海洋上

设计师们对未来轮船的设计有两个完全相反的目标。第一个目标是设计能让人在水下旅行和载货的船，这种船能使人如同在陆上生活那样，去探测开发海床，绘出海底地图。

另一个梦想是建造一种介于飞机和传统水面轮船之间的高速远洋轮船。要做到这一点，首先就要使用威力无穷的核反应堆作推动力量。自美国核动力潜艇“鹦鹉螺”号试航成功以来，军用潜艇的飞跃进步促使造船者们考虑建造潜水货轮，这种船将特别适于运载石油。目前能建造的核动力潜水油轮可以装4万吨油。

天空中

在人们所选择的出行工具中，飞机无疑保持着强劲的增长势头。原中国航空报副总编王钟强认为，新型飞机总的方向是更快、续航能力更强、更安全、更便捷。

美国正在进行航运三个级别的尝试，前两个级别分别为大型客机和中型客机，第三个为适合以家庭为单位（3人左右）的小型飞机，虽然发展状况还有待观察，但个人航空时代已具雏形。

英国一家公司正在设计一种名为“Jetpod”的“空中的士”。据称该款“空中的士”起飞和降落安静，起飞跑道只需125米，能以500千米的时速在大都市之间穿梭往来。还有一种看起来像巨型蝙蝠的新型飞机预计将在2025年翱翔蓝天。这种飞机被称为“飞行的翅膀”，其引擎位于飞机顶部，整个机身则挤进一个机翼式的空间里，这样飞行过程中受到的阻力就会小很多。这种新型飞机的外壳采用加固塑料取代铝，耗油量将只有现在飞机的1/3，减少污染气体的排放。

未来的超高声速飞机的航速可达声速的5倍，按此速度，它从英国伦敦飞抵澳大利亚悉尼市只需要67分钟。

一 人类未来的能源

人类自1973年以来，共向地球索取了5000亿桶（约合800亿吨）石油，剩下的石油按现有生产水平估算，还可保证开采44年。天然气也只能持续开采56年，一些国家的煤炭资源已采掘殆尽。

↑ 核聚变将在未来能源舞台上扮演主角

矿物能源不仅造成各种污染和“温室效应”，而且大约将在200年之内，石油、煤和天然气资源都有枯竭之虞。从长远来看，核能将是继石油、煤和天然气之后的主要能源，人类将从“石油文明”走向“核能文明”。

↑ 这是我国新一代热核聚变装置EAST（俗称“人造太阳”）

世界上的每一种物质都处于不稳定状态，会分裂或合成，变成另外的物质。物质无论是分裂或合成，都会产生能量。由两个氢原子合为一个氦原子，就叫核聚变，太阳就是依此而释放出巨大的能量。大家熟悉的原子弹则是利用裂变原理制造成的，目前的核电站也是利用核裂变来发电。

核裂变虽然能产生巨大的能量，但远远比不上核聚变，裂变堆的核燃料蕴藏极为有限，不仅产生强大的辐射、伤害人体，而且遗害千年的废料也很难处理。相比之下，核聚变的辐射则少得多，所需的原料也可以说是取之不尽，用之不竭。

核聚变要在近亿摄氏度高温条件下进行，地球上原子弹爆炸时可以达到这个温度。用核聚变原理造出来的氢弹就是靠先爆发一颗核裂变原子弹而产生的高热，来触发核聚变起燃器，使氢弹得以爆炸。但是，用原子弹引发核聚变只能引发氢弹爆炸，却不适用于核聚变发电。因为发电厂不是需要一次惊人的爆炸力，而是需要缓缓释放的电能。

关于核聚变的“点火”问题，激光技术的发展使可控核聚变的“点火”难题有了解决的可能。目前，世界上最大激光输出功率达100万亿瓦，足以“点燃”核聚变。除激光外，利用超高频微波加热法，也可达到“点火”温度。世界上不少国家都在积极研究受控热核反应的理论和技术，美国、俄罗斯、日本和西欧国家的研究已经取得了可喜的进展。

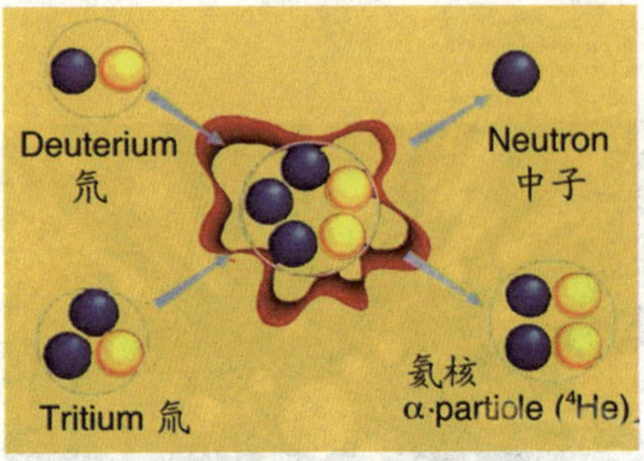

↑ 氘的聚变示意图

↑ 21 世纪的太空飞行器到底会以什么为主要动力呢?

↑ 美科学家试验用激光驱动飞机

1991 年 11 月 9 日 17 时 21 分，物理学家们用欧洲联合环形聚变反应堆在 1.8 秒钟里再造了“太阳”，首次实现了人工控制的核聚变反应，温度为太阳内部温度的 10 倍，产生了近 2 兆瓦的电能，从而使人类多年来对于获得充足而无污染的核能的科学梦想向现实又迈近了一大步。

我国自行设计和研制的最大的受控核聚变实验装置“中国环流器一号”，已在四川省乐山地区建成，并于 1984 年 9 月顺利启动，它标志着我国研究受控核聚变的实验手段又有了新的发展和提高，并将为人类探求新能源事业做出贡献。之后中美两国科学家又分别于 1993 年和 1994 年在实验中取得新成果。

目前，美、英、俄、德、法、日等国都在竞相开发核聚变发电厂。科学家们估计，到 2025 年以后，核聚变发电厂有可能投入商业运营。2050 年前后，受控核聚变发电将广泛造福人类。

核聚变反应的燃料是氢的同位素氘、氚及惰性气体氦，氘和氚在地球上蕴藏极其丰富。据测，每 1 升海水中含 30 毫克氘，而 30 毫克氘聚变产生的能量相当于 300 升汽油，这就是说，1 升海水可产生相当于 300 升汽油的能量。一座 100 万千瓦的核聚变电站，每年耗氘量只需 304 千克。

氘的发热量相当于同等重量煤的 2000 万倍，天然存在于海水中的氘有 45 亿吨，把海水通过核聚变转化为能源，按目前世界能源消耗水平，可供人类用上亿年。锂是核聚变实现纯氘反应的过渡性辅助“燃料”，地球上的锂足够用 1 万至 2 万年，我国羌塘高原锂矿储量占世界的一半。

科学家们发现，以氦为燃料的核聚变反应比氘、氚聚变更清洁，效益更高，而且与放射性的氘、氚不同的是氦是一种惰性气体，操作安全。获得过诺贝尔奖的科学家博格、美国总统军备控制顾问保罗·尼采 1991 年曾撰文说，没有其他能源能像氦那样几乎无污染。

↑ 美国宇航局正电子飞船模拟图

21世纪，人类将在月球上开采地球上不存在的氦矿藏，用于代替氚，从而使目前世界各地建造的实验性聚变反应可以攻克关键性的难关，使其商用成为可能。地球上并不存在天然的氦，作为核武器研究的副产品，美国每年生产大约20千克，但一台实验性反应堆就需要至少40千克，而在月球上的钛矿中就蕴藏着丰富的氦资源。

月球表面的钛金属能吸收太阳风刮来的氦粒子。据估计，月球诞生的40亿年间，钛矿吸收了大约100万吨氦，其能量相当于地球上有史以来所有开发矿物燃料的10倍以上。1994年日本宣布了去月球开发氦的计划项目，日本比美国在核聚变项目上的投资要多出100倍。

1986年起美国威斯康星州的麦迪逊就成了氦研究中心。研究表明只要从月球上运回25吨氦，就可满足美国大约一年的能源需要。目前，全球每年的能源消费大约1000万兆瓦，到2050年时将会猛增至3000万兆瓦。假如能每年从月球上开采1500吨氦，那就能满足世界范围内对能源的需求。

按上述开采量推算，月球上的氦至少可供地球上使用700年。但木星和土星上的氦几乎是取之不尽、用之不竭的。综上所述，可以看出，核聚变为人类摆脱能源危机展现了美好的前景。

解决能源问题的几种方案

除了核能源外，科学家还为未来人类设计了以下最终解决能源问题的方案：

月球——人类的充电器。氘与氚发生核聚变反应时，要放出大量中子，破坏容器壁，这是受控核聚变反应工程中必须解决的一个难题。若利用氦—3同位素进行受控核聚变反应，则不会产生大量中子，所以氦—3同位素是更理想的核动力原料。科学家们正在计划发射太空飞行器，用其携带的仪器收集月球表面的尘埃，从中分离出氦—3同位素，将其液化后带回地球。

太空——卫星发电站。光在太空中的能量，要比在地球表面的能量大得多，这是因为光在穿透大气层时，能量要遭受很大的损失。科学家希望利用人造卫星，在距离地球表面36000千米的高空接收太阳能，然后将这种能量转化为微波，通过微波射线直接传输到地球上的接收站，最后转化为电力资源，以供人类使用。

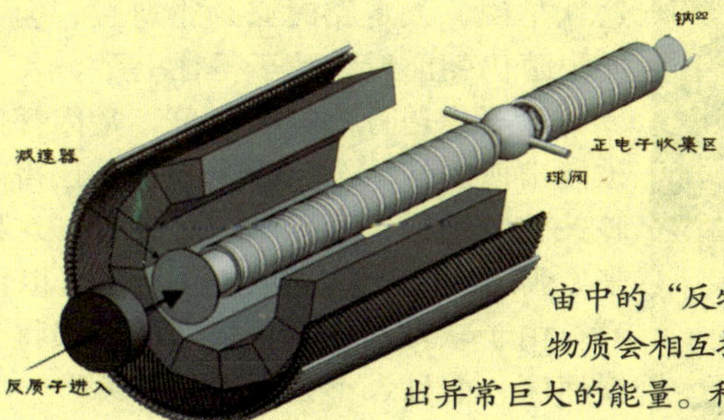

→捕集反物质的装置示意图

反物质——永恒的发动机。宇宙中的物质，绝大部分属于“正物质”，但也存在数量极少的“反物质”。当宇宙中的“反物质”与“正物质”发生碰撞时，两种物质会相互抵消，并且在发生碰撞的一瞬间，释放出异常巨大的能量。科学家们至今仍在寻找利用这一规律的有效方法。

未来人类都有些什么特征

人类起源经过了四个阶段：南方古猿、能人、直立人和智人。科学家指出，人类的这种进化并没有结束，现代人的外形构造还存在很多缺陷，需要进一步改进。在最近的100年间，人的外形将会发生很大变化，可能出现一种能摆脱现代人所有弱点的未来人。近年来，俄罗斯《共青团真理报》发表文章，介绍了几位科学家对未来人类的构想。

膝盖可以向后弯

国际人类研究中心的美国老年学家杰伊·奥利尚斯基、布留斯·凯伦斯和罗伯特·巴特勒在《科学美国人》杂志上撰文，论述为了避免得一些疾病，人体结构到底会有哪些变化。

他们认为，现代人的很多毛病都与靠两条腿走路有关，可我们的身体构造同靠四肢着地行走的远祖并没多大差别。人类的脊柱负荷太大，椎骨之间薄薄的软骨盘在重压下变形，压迫神经和脊髓，易得软骨病，所以得让软骨盘增厚，并且将躯干的上部朝地面弯曲，以减轻脊柱的负担。这就是说，人走路时必须得弯腰，但为了使眼睛仍朝前看，脖子得往上弓。

膝盖骨是骨骼的一部分，常因摔倒或被撞击而受损。为了减少损伤，还得改变膝关节的结构，可以拿去膝盖骨。这样一来，膝盖不仅可以朝前弯，还可以向后弯。由于软骨层增厚，关节的磨损将会放慢速度，而且人不会再得关节炎。

圆脑袋越来越多

↑ 智人已能够描绘一些简单的图案

科学家对未来人类的设想各有侧重，据俄罗斯莫斯科第一医学院解剖学家瓦列里·沃罗比约夫和格利戈里·亚斯沃因的看法，未来人个头不高，身高也就1米左右，有一个圆圆的大脑袋和一个短小的躯干。

科学家们指出，从单个人体来看，未来人每个器官都会偏离所谓的正常状态。这些异常分为重复祖先结构特征和完全不同的进化。当列出几十万个表示进步的异常现象之后，研究人员试图设计出未来人的外貌。他们应该是这个样子：开始“短头化”进程。也就是说，圆脑袋的人越来越多，长脑袋的人越来越少。

↑ 猿人到智人的头骨转变

人们不再有智齿和上门齿。等到不再食用简单而粗糙的饭食后，剩下的牙齿也没有了。而且为更好地保护腹腔，还得增加几根肋骨，骨头变得更粗大，皮下脂肪层更加结实，这可以防止摔倒时骨折；为防止血液因停滞过久而腐败，静脉里得添置一些专门的瓣膜；韧带变粗，可防止脱臼和扭伤。

由于身高缩减和身子往前倾，摔倒的概率就少得多。脊柱缩短后，骨盆同颅骨的距离拉近，肩胛骨几乎就在髋关节上。这样一来，人从外形看很像一只大青蛙。

↑ 南方古猿（左）和北京猿人的生活想象图

植入电子芯片提高人类智能

↑ 霍金顽强的生命意志令人敬佩

英国科学家斯蒂芬·霍金认为，应该从遗传学角度对人进行完善，否则将来机器人会超过人。霍金说："与人类智能不同的是，计算机的效率每 18 个月提高 1 倍。因此，不排除它们有一天会征服世界。"

照霍金看来，如果想让生物体优于电子体，只有两条出路：一是人类不得不考虑通过基因工程来完善自己的基因，二是想出将计算机和人类大脑合为一体的办法。

↑ 电影中的"电子人"

目前，科学家想出的最好办法是往人的神经系统植入电子芯片。类似的手术已成功进行：将一个微小的芯片植入手腕里，再往中枢神经埋入 100 个电极。连接的电线埋在前臂的皮下，然后再连接到电脑，便可以将神经冲动传给电脑，由它去执行诸如开门或开灯等指令。

另外一些科学家则担心"电子人"对"人"的概念将是一个挑战，如果连支配人类思维和行为的神经系统也能用电子替代品替换，人还能否称为"人"？不过，这些评论没能阻止人类探索的脚步。美国的一家科技公司现在正在生产一种根据人脑细胞来设计的电脑神经芯片，日本的科学家也已经在着手建造具有相当于 1000 个人脑智慧的人造生物体。

未来人类的超能力

据英国《新科学家》杂志报道，2006年伊始，生物学家预测了新的一年中关于人类超能力的课题。随着科技进步，人类将拥有原本只有动物才有的令人惊叹的超能力。

一、潜水30分钟不换气。

二、每天工作18小时，只睡4小时。

三、假肢成为历史。已经有科学家利用特殊材料制成的生物活性骨架，"鼓励"人类细胞恢复到发育的初级阶段，从而再生出器官。我们的皮肤现在就可按这种方式再生。

四、抗辐射。科学家已找到了一种具有很强抗辐射能力的细菌，这种细菌具有自我修复能力，能弥补辐射造成的损伤。

五、灵敏的嗅觉。科学家设想，人们可通过服用合适的药物阻断抑制嗅觉的基因，或用基因疗法增强其功能。这样只要稍加练习，每个人都能拥有调酒师一般的超强嗅觉。

六、灵敏的听觉。人类的听力之所以不够强，是因为外耳的形状短粗，不能辨别声音的准确方向。因此，只要改变耳朵的形状或大小，人类的听力也能像猫头鹰和蝙蝠一样灵敏。

七、超强的视觉。提高人类视力的一个途径，就是在视网膜上塞满更多的光感细胞。另外，还可以将一种基因引入光感细胞，增强视力。

一 未来人类会出现第三性别吗

人类到底是在退化，还是在继续完善自己？对于这个问题，科学家们一直莫衷一是。近年来，俄罗斯《共青团真理报》上发表了几位科学家对这个问题的看法。科学家认为，在现代人之后可能会出现一种更为完善的新人种。另外，由于Y性染色体的不断消失，男人作为一种物种有灭绝的可能，取而代之的将是另外一种第三性人。

↑ 人类进化的过程到此并未完结

人类还在进化吗

↓ 人类的进程

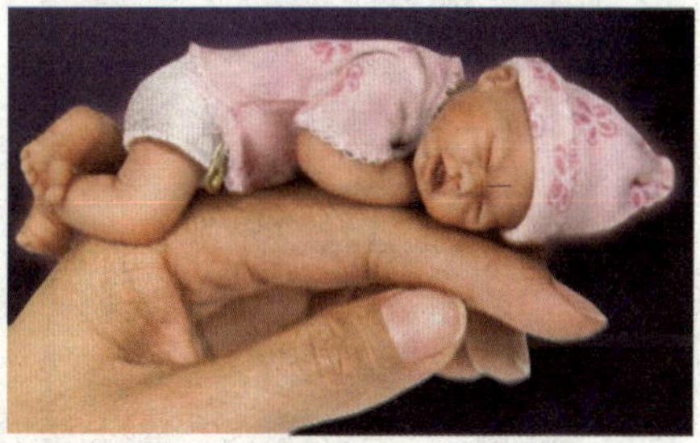

乐观主义者认为，人类仍处在不断进化之中，这表现在以下几个方面：

基因：美国芝加哥大学的乔纳森·普里查德认为，人类已经适应周围环境的变化，近1.5万年来出现许多新的基因，比如说那些能保证吸收碳水化合物和脂肪酸以及消化奶类的基因。正是由于有了它们，我们才能适应新的食物。白皮肤基因也是新的，人们在迁居北部地区之后才开始拥有它们。

面孔：全俄人类学研究中心研究专家韦尼阿明·普列沙科夫断言，人的脸孔在缩小，比1万年前小了1/3。最大的变化在颌骨和牙齿的布局与结构，这可能是因为人类不再需要咀嚼坚硬东西的缘故，但与此同时，人类的脑颅变得更加凸出。

身高：俄罗斯医学科学院青少年卫生与健康研究所的专家尤利娅·雅姆波尔斯卡娅说："中世纪骑士的盔甲今天只有半大孩子能穿。从19世纪末开始，人们的身高在增长，到1960年长高了20厘米，半大孩子长到170~178厘米已成了家常便饭。但是从1985年起，全世界的人都在缩个子，高个儿都变得矮小，今天30岁的人平均身高只有165厘米。"科学家还以俄罗斯人为例比较了一番，说明俄罗斯人的祖先一个个都长得高大魁伟，现在的人则长得柔弱而矮小。

大脑：美国芝加哥大学的生物学博士布鲁斯·兰认为，大脑在发生突变，这可能会导致一种新的更理性的人种出现。计算表明，人类大脑基因从3.7万年前的克罗马农人起就开始变化，正是这些克罗马农人首先在洞穴的四壁上画画。而第二个为人们所熟悉的ASPM基因，大约于5500年前开始在我们的大脑里演变，那时候人们已经识字，开始建造都市。

繁殖：俄罗斯老年学研究所实验部主任弗洛尔基斯认为，现在年轻姑娘的经期在提前，女人的绝经期则推迟了5~6年，妇女的生育年龄在拉长，人类的寿命自然也在变长。

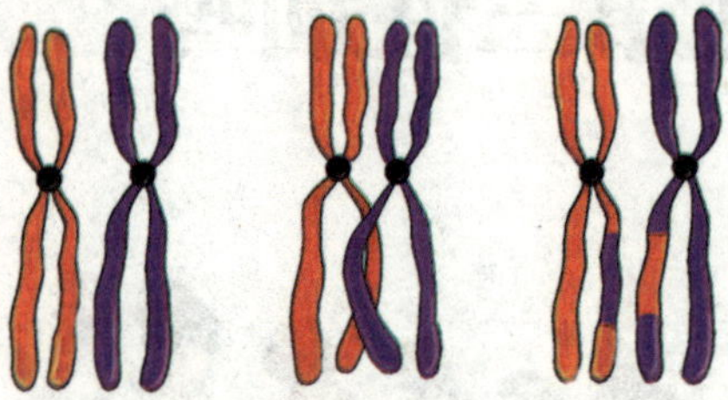

↑ 染色体的交叉交换示意图

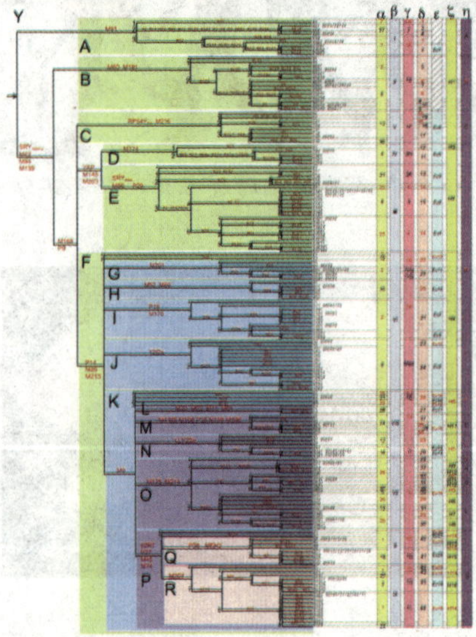

↑ Y 染色体谱系树

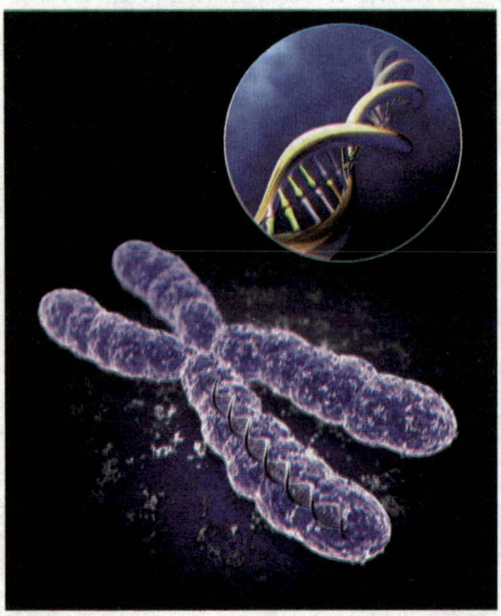

↑ 人类女性 X 染色体

而悲观主义者则认为，人类的进化已经走到了尽头。

英国伦敦大学教授斯蒂芬·琼斯声称，现代人种的正面和负面突变都已结束。照他看来，人类进化过程是建立在改变基因从而使个体适应周围环境的基础上，可现代人不仅几乎丧失了对生物圈的依赖性，而且需要自己去改变它。

俄罗斯国立罗斯托夫大学的科研人员、哲学博士奥列格·瓦西里耶夫也认为，人类具有一些能导致其灭绝的弱点，比如低下的免疫性。瓦西里耶夫还认为，从生物学观点来看，这是很自然的事，因为猛犸就已经灭绝。谈及人类的消亡，如今有的是理由，可以是气候变化因素，也可以是微生物突变因素，而且现在的微生物都有了抗药性。

未来可能会出现第三性

俄罗斯性学专家奥列格·格林丘克认为，男人作为一种物种有灭绝的可能，因为 Y 染色体在持续不断地失去基因，而男人能来到世上就是多亏了这个 Y 染色体。可女性 X 染色体不知为什么从未出现变化。

据格林丘克说，数百万年前 Y 基因有 1500 个，现在总共只剩下 40 个。为什么 Y 染色体会出现“枯竭”现象，无人能作解释。但如果这个过程不停止，它们就有和男人一道消失的可能。取而代之的将是另外一种第三性人，这种人不排除既具有男性性器官，也具有女性性器官。而这样的人在今天已是越来越多，如欧洲在每 5000 名新生儿中就有一个。

另外还有一个不好的征兆，地球上现有 15%的男性居民将失去生育能力，而 20%多的男人将患阳痿。

人类是否还会出现一个质的飞跃

目前，人类身上的个别变化还时常出现，而且其中一些，例如身高、体重、生殖功能等，变化的速度会快一些，其他的变化要慢一些，往往要拖上好几千年。然而，最后的变化会不会导致一种质的飞跃，或者仍旧是一般的循环过程，科学家们对此还在争论不休。

一 人类能在太空建立家园吗

据《圣经·创世纪》说，上帝不到一个星期就创造了世界。在美国亚利桑那州，创造奇迹需要长一点的时间。一批科学家计划要建立自己的世界，还打算不久就让第一批居民迁入。

← 《创世纪》是米开朗琪罗画在梵蒂冈西斯廷教堂礼拜堂天花板上的壁画。作品场面宏大，人物刻画震撼人心。是米开朗琪罗的代表作之一。

他们筹措了3000万美元私人基金，用来建造一座由钢铁与玻璃结合起来的圆顶建筑物。建筑物落成后，8位志愿者会把自己紧紧关在里面，与世隔绝生活2年。他们参加的是一项独特实验：在地球上一个模拟的自给自足的复杂环境中生活，人类后代也许将会在太空中过这种生活。

支持这项实验的人认为，地球本身是第一生物圈，称这座建筑物为“第二生物圈”。建筑物占地1300多平方米，位于吐森市附近的阳光牧场，里面有微型的海洋、雨林、草原、沼泽、沙漠和一个农场，还有一些实验室、工厂和宿舍。

在这个密不透气的“第二生物圈”里，一切都循环使用。志愿者和各种小哺乳动物、鸟雀、爬行动物、昆虫等呼出的二氧化碳，将供植物生长，植物则放出氧气满足人和动物所需。

↑ 未来的空中城市

一条奔腾的小河从长满树木的小山流向森林，穿越无树的平原，倾泻成为瀑布，作为淡水沼泽的水源，然后注入碱水沼泽，最后流入人造海洋，经蒸发成为雨水落在山上，汇向小河，又开始下一循环。

关于太空之旅

动物的太空之旅开始于1957年11月3日，苏联的第二颗人造卫星“旅行者2号”，载着体重为5千克的小狗“莱伊卡”发射升空。6天之后，“莱伊卡”在卫星舱里死去。

完成了200多小时训练的黑猩猩哈姆，则乘坐美国的水星飞船于1961年2月21日进入太空。它不仅安全返回了地球，而且活到了1983年1月。

1984年4月，美国“挑战者号”航天飞机将3000多只蜜蜂带入太空。最初这些蜜蜂根本不适应，有的在原地拍打翅膀，有的在玻璃箱内四处飞动。但后来就进入了正常的生活状态，并筑起了一个和地面上一样大的蜂巢。在7天的飞行时间里，只有100多只蜜蜂死去。

2002年4月，9枚经过受精、搭乘“神舟三号”飞船在太空遨游了7天的乌鸡蛋，顺利孵化出3只太空乌鸡。

除此之外，还有蜗牛、蟋蟀、果蝇、青蛙、鱼、老鼠、猴子等先后进入太空。这些生命在太空延续实验的先行者，其巨大贡献基本上证明了人类可以在太空生存。同时，对于生命在太空延续的过程中是否会产生变异，它们的答案多数是否定的。

正当我们以为自己已经找到结论的时候，一群神秘的“太空移民”却给出了我们另外一种可能。

↑ *1957年，历史上首只太空狗正要被发射升空。*

↑『太空岛三号』想象图

人和动物的粪便会用作谷物的肥料，并用来养殖藻类、细菌和水生植物，而这些又是鱼类的饲料。电力则利用太阳能产生。

生物学家和植物学家都对这项计划特别感兴趣，认为仔细研究这些处于人造环境中的动植物，会帮助我们了解地球生态系统的微妙平衡。“第二生物圈”用途很多，并不限于帮助研究地球。从这项计划获得的知识对将来在太空开拓聚居地有深远的影响。

美国普林斯顿大学教授奥尼尔博士对建造太空城已经研究了很长时间。奥尼尔设计的太空聚居地三个方案之一的“奥尼尔三号岛”是一种伞形结构的太空城，规模非常惊人。其伞柄是两个巨大圆筒，这个圆筒形建筑，圆面周长约 1 千米，圆筒将绕轴旋转，转速之快足以产生类似地球的重力。筒内居民可做工、种粮食、享受娱乐活动，甚至养儿育女。

建造这个庞然大物的材料，将利用从月球开采的矿物，在太空加工制造。奥尼尔说，这样做的好处是，月球的引力小，便于把数千吨的东西送上太空。第一个聚居地又可作为生产其他东西的工厂，例如太空电厂，采集取之不竭的太阳能，送往地球。奥尼尔又说，不出 100 年，工业活动将移出地球的脆弱生物圈，这有助于恢复地球当年未受污染的环境。奥尼尔的乐观想法已获得美国国家太空委员会的支持。委员会成员并非科幻小说作家，除奥尼尔和其他著名科学家外，还有第一个踏足月球的宇航员阿姆斯特朗。

未来在太空生活的希望，还须视在美国亚利桑那州南部荒漠进行“第二生物圈”的实验结果而定。

一 人类未来新世界

人口的递增、资源的消耗、能源的不足以及污染的蔓延，这一切使得我们这个星球显得太狭小、太拥挤了。展望未来，人类的衣食住行将越发困难，人类将面临这样一项震撼宇宙的伟大任务：扩大人类活动的舞台，创造一个新世界。

这个新世界的目标是改造太阳系，建立太阳城。太阳系的确需要改造，因为它的能量分布太不合理：有生命而需要能量的地球，仅仅获得太阳能量的五千亿分之一，而太阳的其余能量都白白散失到茫茫太空中。这很象商业市场中一方感觉供不应求，另一方面却在铺张浪费。人类显然希望“均富济贫”，为自己，也为生命争得更舒适的空间。

这将是一场革命：重新组构太阳系，以便更有效地利用太阳能。这个大胆的设想不是在今天才出现的。早在1893年，俄罗斯航空之父齐奥尔科夫斯基就在他的《地球与太空的“梦想”》一书中提到过这个想法，英国物理学家伯纳尔发展了这个思想。1929年他预测说，将来大多数人可能会居住在空中的天体上。

今天，空间科学家已为此勾画出三种独具匠心的方案。

人们如果逐一浏览这些方案，或许就能打开在太空中生活的思路。

一：迪森球。这是美国普林斯顿大学物理学家迪森提出的方案。未来的人类世界是半径1.5亿千米的中空球体，将太阳囊括其中。这样一来，太阳辐射的能量可以说是点滴不漏了；在中空球的内球面上用绿色植物或光电池把太阳能截住。人类

↑↓ 人类对未来新世界的美好向往，说不定哪天就梦想成真。

就居住在球内，这里有地球、类地球、小行星或人造行星，它们共同组成成千上万个形形色色的生命点。这一切都得靠木星解囊相助。迪森的取料设想是用离心力把木星拉散架。木星是个气态行星，自转一周的时间为 10 小时。在木星周围修建一个硕大无朋的金属网，用太阳能发电的能力使网带电，从而产生电冲击力，此冲击力可逐渐加速木星的自转速度，最终靠离心力将其解体。这样庞大的世界可供几万亿人居住得舒舒服服。目前这个规划的可行性比它的实践性更值得探讨。因为有的科学家认为，这个设想也许需要 4 万年才能实现，然而也有一些科学家不这么看。他们认为，只要人类能研制出一种核弹把木星炸毁，改造世界的工程便可开始。有人甚至说，迪森球工程业已破土，人造卫星、星际探测船已经上天。

二：环形世界。这是一个像水平转动着的无辐条车轮一样的环形世界，太阳位于轮壳中央，球半径也是 1.5 亿千米，环的厚度不到 1 千米，转速达每秒 1200 千米。为了防止大气逃逸，可能需在环边建筑一道高达 1600 千米高的山脉或墙壁。而为了模拟生命已习惯了的白天与黑夜的周期交替，在靠近太阳的周围将另建一道环，环上交替地出现透光带和不透光带，这样在外环上投下阴影的区域便是黑夜了。人类在这方面还可以创造新花样，比如改变阴影的大小即可随心所欲地改变昼夜长短；改变环相对太阳的倾角，又可创造出各种季节变化。此外，迪森球内可能没有重力，需要创造出模拟重力，而环形世界由于环的自旋则不需要模拟重力，尽管这个世界中的重力是指向环外的。

三：阿尔德森盘。这是美国喷气推进器实验室的阿尔德森构思的方案。盘形世界的外观就像是个留声机唱片，太阳位于其中心，重力垂直于盘的表面（除开盘边之外）。盘的内缘处也需修筑一道 1600 千米高的墙，以防太阳把新世界的大气吸走。

今天看来，这些方案太像神话，但构思这类方案的未来学家总是代表着人类的智慧。问题是，人类是否真的需要扩大自己的世界？当今世界人口增长率为 3%，每 23 年即翻一番，若能将增长率控制到 1%，翻番的时间就将延长到 70 年，按现在燃料消耗率计算，地球上化石燃料尚可维持 100 年。从消耗的角度看，上述方案就不是天方夜谭。

一 人类会不会灭绝

↓三叶虫存在的时候根本没有人类

生物考古学家在考古中发现了许多现今科技水平都无法解释的古代文明：美国科学家多次在岩石中发现约有2.5亿年历史的类人猿动物脚印，特别是在含有三叶虫化石的同一块岩石中还发现了类似穿鞋的人类的足迹，而三叶虫存在的时间是2.8亿—6亿年前，那时根本没有人类！

科学家在加蓬奥克洛铀矿发现了一个20亿年前的核反应堆，在古埃及金字塔内发现那些石棺会有奇特的光反射。在发掘爱尔兰栋拉雷和恩尼斯古城堡时，发现了只有核爆炸才能留下的痕迹；在古印度遗迹中发现了放射性物质，其所含放射能量是正常情况下的50倍，这两条都表明是核爆炸的结果。而人类近几十年才开始掌握核技术那以前的核技术是谁发明和应用的呢？

考古学家在南美洲发现了一张描绘2.7万年前的古代星空图，图上的符号记述的是极其深奥的天文知识，这些知识是现代人类所未掌握的。在秘鲁珍藏着一块3万年前的石刻，石刻描绘一位古印第安学者手持一个与现代望远镜相似的管状物贴近眼前观测天象。而现代有记载的第一架望远镜是在17世纪中叶才发明的，至今不过300多年，3万年前的望远镜又是从何而来？

对于上述古代文明，许多考古学家都深感蹊跷，谜题难解。他们认为，除非外星人所为（可至今也未找到外星人），近代人类或古代某一时期的人类是绝对做不到的。

瑞典学者丹尼肯在其代表作《众神之车》中把这一切不可思议的谜一概归之于“神”，他认为是“神来到了地球，把人猿变化为人，并教会人识字，吃熟食，穿衣服，修建筑，……之后才离开”。他还预言，“神”将在不久的将来重新回来。

许多比较严肃的科学家，并没有轻信丹尼肯的理论。因为，虽然经过长期、大量的工作，至今仍未能发现外星人存在或来过地球的有力证据。对丹尼肯的猜想，目前在世界上依然是褒贬不一。

人类进化至今是不是只有30万—40万年历史呢？绝对不是。人类进化至今，已有上百万年的历史，通过碳14已经估算出某种高度文明远在3万—4万年前就出现过，人类甚至已有过一个活跃鼎盛的时期。

我们的地球曾经不止一次遭到大洪水、大爆炸、大灾难的侵袭，因此古文明可能一毁再毁，古人类也死而复生。对于这些大洪水的各种传说，考究其历史，都可以追溯到1.2万年以前，刚好在冰河结束时期，这使我们对这些传说无法掉以轻心，仅仅视之为神话或多事的臆测。同时这也证明了人类远在1.2万年以前就有“历史”，而且较4000年前甚至比今天更发达。

↑ 印度史诗《摩诃婆罗多》记载了多场激烈的战争

有一部著名的古印度史诗《摩诃婆罗多》，写成于公元前1500年，距今有3500多年。而书中记载的史实则要比成书时间早2000年，也就是说，书中的事情是发生在5000多年前的事了。

此书记载了居住在印度恒河上游的科拉瓦人和潘达瓦人、弗里希尼人与安哈卡人两次激烈的战争。令人不解和惊讶的是，从这两次战争的描写中可以看出，他们是在打核战争！后来考古学家在发生上述战争的恒河上游发现了众多的已成焦土的废墟。这些废墟中大块大块的岩石被黏合在一起，表面凸凹不平。要知道，能使岩石熔化，最低的温度需要1800℃，一般的大火都达不到这个温度，只有原子弹的核爆炸才能达到。

在德肯原始森林里，人们也发现了更多的焦地废墟。这些废墟的城墙被晶化，光滑似玻璃，建筑物内的石制家具表层也被玻璃化了。除了在印度外，古巴比伦、撒哈拉沙漠、蒙古的戈壁上都发现了史前核战争的废墟。废墟中的"玻璃石"都与今天的核试验场的"玻璃石"一模一样。

因此，英国物理学家弗里德里克·索迪认为："我相信人类曾经有过若干高等文明。人类在那时已熟悉原子能，但由于误用，使得他们遭到了毁灭。"

这可能吗？大部分科学家认为这仅是一种假想，是不能令人信服的。但是另有一些人坚持自己的看法，认为我们的地球早已存在50多亿年了，而人类仅仅有5000多年历史似乎有些短暂。

于是有人推测，地球诞生至今的50亿年历史中，曾数度诞生过生命。主要经历了5次大灭绝第一次在5亿年前，第二次在3.5亿年前，第三次在2.3亿年前，第四次在1.8亿年前，最后一次发生在6500万年之前。灭后生，生后灭，周而复始。也有人根据考古发现的20亿年前的核反应堆遗迹推断，可能20亿年前地球上存在过高级文明生物，但不幸毁灭于一场核大战或特大的自然灾害。总之，当太阳系运转到宇宙空间某个特定位置时，地球上会周期性地出现不适宜

↑ 索迪于1910年提出了同位素假说，1913年发现了放射性元素的位移规律，为放射化学、核物理学这两门新学科的建立奠定了重要基础，因此荣获了1921年的诺贝尔化学奖。

人类生存的环境条件，如地球气候的周期性变化，地球磁场的周期性消失等，前一轮高度文明便会遭到灭绝，随后又会导致新一轮高级智慧生物的周期性起源和进化。6500万年前恐龙的灭绝便是一个例证。

↓史前文明遗留下的器物

最近美国国家航空航天局的盖·福克鲁曼博士等人根据阿波罗计划所掌握的小天体撞击月球的历史资料，通过对小天体撞击地球图样的研究，证实了上述观点的可靠性。研究结果表明，大约35亿—45亿年前，地球上曾数度有过生命，但由于发生过几次大小行星和陨石与地面相撞（至少有2次直径为800千米的小行星与形成10亿年时的初期地球相撞）。除如此大规模的撞击外，还时常发生中等规模的撞击。这些撞击都可能使地热上升、海水蒸发、地表熔化、生命消失，数亿年后生命才得以再生。只有那些生活在深海海底的生命体能保存下来。目前在深海海底发现的生物，也许是地球无数生命的祖先。

所以在我们这一代文明形成之前，地球上很可能就存在过若干高度发达的文明社会。因为我们知道，地球上的万物、宇宙间的一切事物都是在有规律运转、发展和交替更换着，它们都有自己的周期性。当地球上的各种条件适应人类生存时，他们就会大量繁殖和发展；当条件不适应人类了，他们就会在地球上灭绝或外迁。

↓小天体撞地球会使生命消失么？

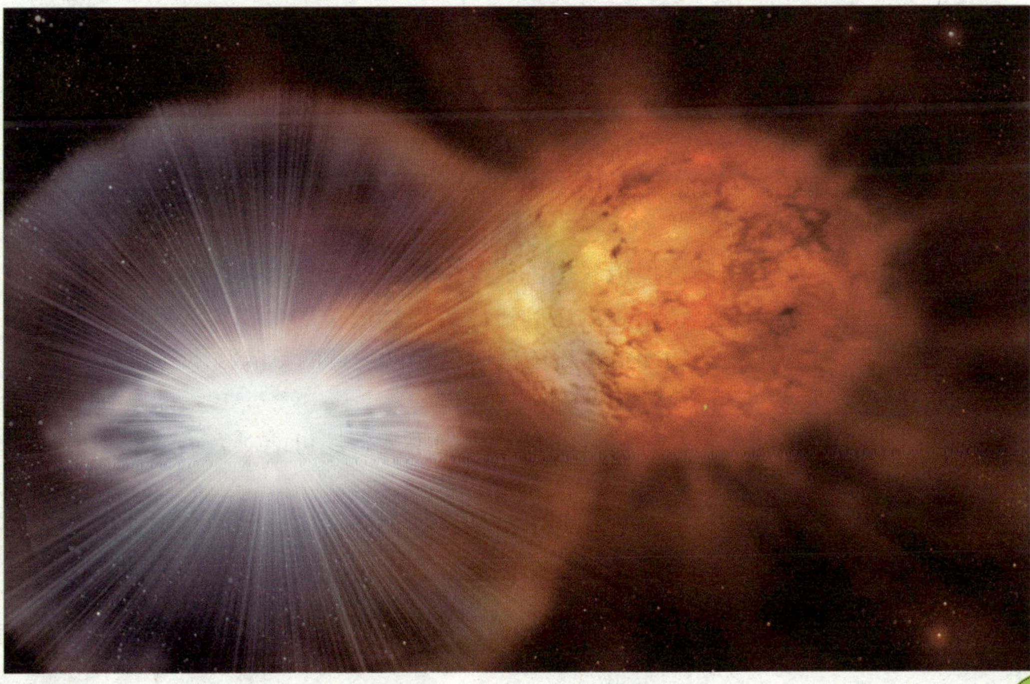

比克隆技术更惊人的突破

人能创造出新的物种吗？美国科学家的回答是肯定的。一些美国科学家指出，克隆的原理是把细胞中的 DNA（脱氧核糖核酸）和染色体分裂和克隆，人们可预知克隆出来的是什么，但是他们正在进行的一项试验却可以让人随自己的意愿创造新的生命体。这种研究如果成功，将是比克隆技术更惊人的突破。

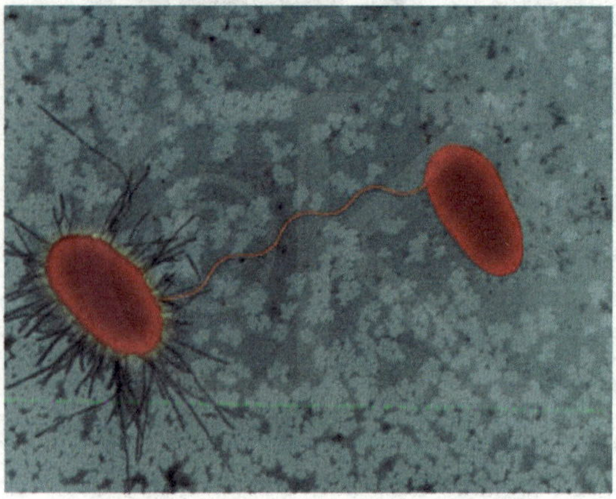

↑ 细菌结合

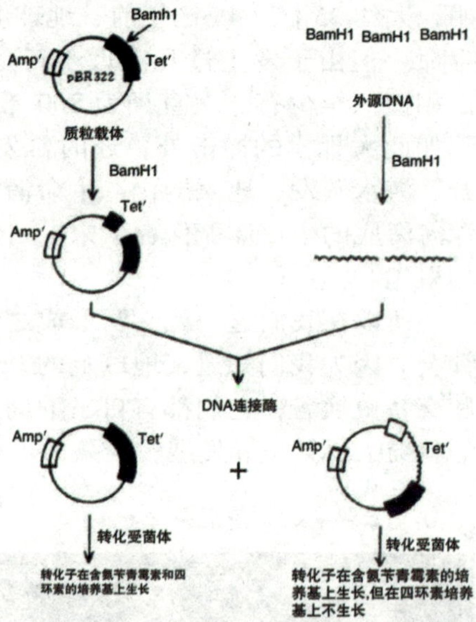

→ 分子克隆载体

生殖器支原菌试验

生殖器支原菌是寄居在人类生殖器官及肺内的微生物，至今仍未发现其会导致任何疾病。它简单到只有 480 个基因，比任何生物都要少，而人体每个细胞有为数约 8 万 ~14 万个基因。

据美国《自然》周刊最近报道，美国科学家对地球上已知最简单的单细胞生物生殖器支原菌进行了研究，结论是可以制造一种更加简单的生物。人们可以自己创造出新的物种，这对生物学的冲击将比前些时候轰动全球的克隆技术还要重大。

创造新生命体

有些人认为创造新生物物种将破坏自然界的平衡，还可能对人类造成不可估量的破坏。

但科学家表示，创造新生物其实并不可怕。他们说，假如能用基因造出一个最简单的生物，将会有助于科学家了解生命的起源，了解较复杂的生物如何演化，对遗传学和医学也会有突破性贡献。

一 试管婴儿

“试管婴儿”并不是真正在试管里长大的婴儿，试管婴儿是“体外受精和胚胎移植”的简称。它通过手术将女性的成熟卵子取出，然后将之与该女性的丈夫的精子或别人的精子放在试管中受精，在培养 4 天后，再把这个受精卵移植到女子的子宫里安胎，发育为胎儿。试管婴儿技术是目前世界上广为采用的生殖辅助技术。

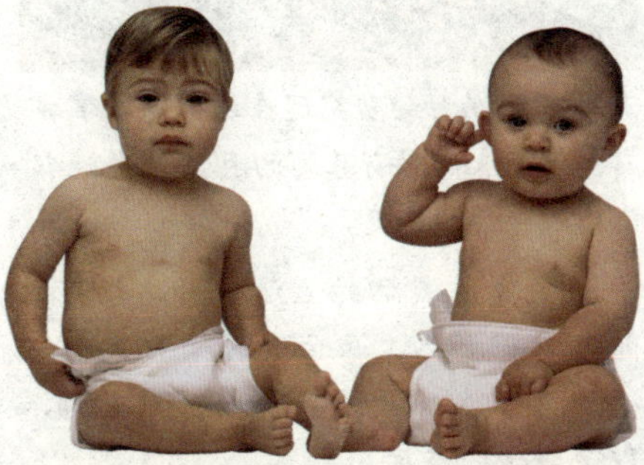

哪种情况适合做“试管婴儿”

体外受精胚胎移植技术的主要目的是帮助不孕患者得到一个健康的、聪明的孩子，因此，必须遵循优生优育的原则。有些妇女因为炎症、结核或子宫内膜异位症，导致输卵管梗阻或蠕动能力差或者输卵管切除，这样就不能使精子和卵子正常在体内相遇。试管婴儿技术，为这些妇女架起了一座桥梁。有些男性可以通过试管婴儿技术，证明他们的精液是否有授精能力。有些妇女的不孕不是很明确，应用体外受精和胚胎移植技术，可以获得约 25%的妊娠率。

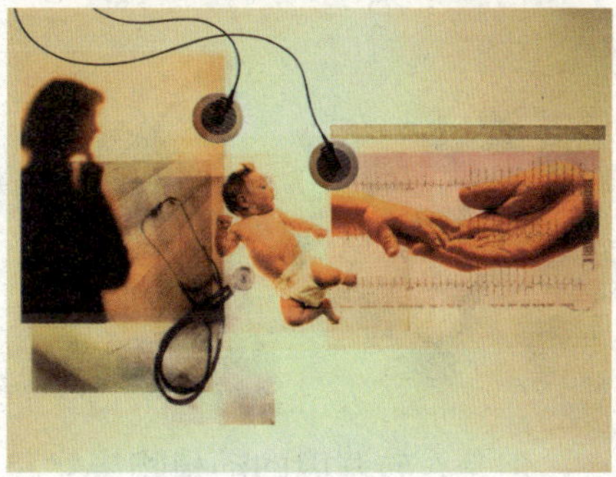

↑ 关于试管婴儿的研究正逐步趋于完善

试管婴儿的成功率

从 20 多年前首例“试管婴儿”诞生到今天，人类辅助生殖技术有了很大的发展。特别是最近的几年中，因为各项技术的成熟，包括细胞培养液的完善，也包括医务人员经验的丰富，“试管婴儿”的成功率在世界范围内逐渐提高，从原来的 20%~25%左右提高到 60%甚至更高的水平。

“试管婴儿”的成功率取决于很多方面。既取决于内分泌及实验室的条件，也取决于技术人员的技术水平，当然也取决于病人的年龄，病人的子宫和卵巢条件以及有没有其他疾病等等，这些都是影响“试管婴儿”成功率的因素。

一 转基因食品

↑ 转基因物种的研究现在还不是非常成熟，因此人们对新基因的利用还是采取了比较谨慎的态度。

↓ 大豆是在我们的生活中最广泛可见的转基因食品，但由于其未知的不安全因素，在很多国家和地区对其都采取了谨慎的态度。

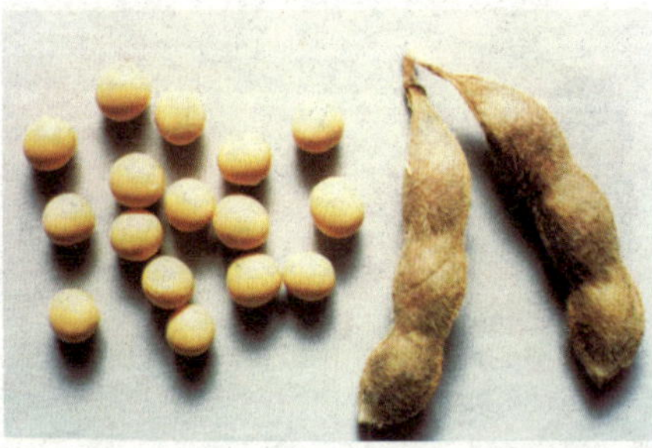

“转基因食品”已经成为我们生活中的一个重要话题，有的人极力赞同它，认为它能大大提高我们的生活水平；而有的人又非常畏惧它，认为它不是很安全。那么，到底什么是转基因食品呢？它对我们的生活是有利还是有弊？

什么是转基因食品

转基因食品是指利用分子生物学手段，将某些生物的基因转移到其他生物物种上，使其出现原物种不具有的性状或产物，以这些转基因生物为原料加工生产的食品，就是转基因食品。例如，科学家认为北极鱼体内某个基因有防冻作用，于是将它抽出，再植入番茄之内，制造新品种的耐寒番茄。

1993 年，第一种市场化的基因食物在美国出现，它是一种可以延迟成熟的番茄作物。直到 1996 年，由这种番茄果实制造的番茄饼，才得以允许在超市出售。

转基因食品的利弊

转基因技术可以为人类带来益处，如可以生产拯救人类生命的药品。转基因作物同样对人类具有益处，如可提高作物产量，帮助人们解决饥饿问题、培育出能在恶劣环境下生长并可抗御病虫害的作物新品种等。

但是，转基因的动植物毕竟是人造的生物，而不是自然界原有的品种，它们对地球的生态系统来说都属于外来品种。由于转基因的生物一样有繁殖及与近亲交配的能力，它一旦被释放到环境中（例如在农田种植），后患莫测，一旦出错，将难以补救。

转基因食品安全吗

有些科学家指出，目前，我们对基因的活动方式了解还不够透彻，没有十足的把握控制基因调整后的结果。突然的基因改变，可能会导致有毒物质的产生，或激发过敏现象。另外还有人批评说，在制造转基因食品时使用的 DNA，会携带病毒和细菌，这可能引发许多不知名的疾病。

直到目前为止，转基因食品在推出市场前，都没有经过长远的安全评估，人类长期食用是否安全仍然悬而未解，而科学界对这些食品是否安全也没有达成共识。

一 飘起来的磁悬浮列车

可以脱离轮轨而运行，并且时速能达到500千米以上的火车你听说过吗？这就是磁悬浮列车。

磁悬浮技术的研究源于德国，德国开发的磁悬浮列车Transrapid，1989年在埃姆斯兰试验线上达到每小时436千米。日本开发的磁悬浮列车MAGLEV（Magnetically Levitated Trains）于1997年12月在山梨县的试验线上，创造出每小时550千米的世界最高纪录。

↑ 高速行驶的磁悬浮列车，让人们深切地体会到高科技带给人们的方便与快捷。

磁悬浮列车

所谓的磁悬浮列车，就是依靠电磁吸力或电动斥力，将列车悬浮于空中前进的高速列车。也就是说，列车与地面轨道间没有真正接触，列车“飘”了起来。由于列车在牵引运行时与轨道之间无机械接触，因此，从根本上克服了传统列车轮轨粘着限制、机械噪声和磨损等问题。所以磁悬浮列车被认为是新世纪最理想的陆上交通工具。

↓ 流线型的车头设计让磁悬浮列车在高速行驶时更有效地减少风阻对它的影响

磁悬浮列车的种类

磁悬浮列车分为常导型和超导型两大类。常导型也称常导磁吸型，以德国高速常导磁悬浮列车Transrapid为代表。它在运行时悬浮的气隙较小，一般为10毫米左右，速度可达每小时400～500千米，适合于城市间的长距离快速运输。

而超导型磁悬浮列车也称超导磁斥型，以日本MAGLEV为代表。列车运行时悬浮气隙较大，一般为100毫米左右，速度可达每小时500千米以上。

中国磁悬浮列车的研究状况

目前，中国对磁悬浮铁路技术的研究还处于初级阶段。1994年，西南交通大学成功地进行了4个座位、自重4吨、悬浮高度为8毫米、时速为30千米的磁悬浮列车试验。

后来，由铁科院主持、长春客车厂、中科院电工所、国防科技大学参加的6吨单转向架磁悬浮试验车的研制成功，为低速常导磁悬浮列车的研究提供了技术基础，填补了我国在磁悬浮列车技术领域的空白。

2003年，上海磁悬浮列车正式投入运行，这是世界上第一条投入商业营运的磁悬浮线路。

细胞工程技术

→利用细胞工程技术进行组织培养，可以方便地进行育种、杂交等操作。

当今生物技术的重要组成部分之一是细胞工程技术，细胞工程日趋显示出它在农林生产、作物育种、防治疾病和医药、发酵工业等方面广阔的应用前景。

细胞工程

用生物学方法对细胞进行改造，使细胞按人类的需要生产出有用的产品，或者改变遗传物质来培育新的生物类型的科学研究工程叫做细胞工程。它主要包括：细胞融合技术、细胞培养技术和细胞重组技术。

细胞融合技术是指在一定的条件下，将两个或多个细胞融合为一个细胞的过程，又称细胞杂交，该技术已经成为遗传转化实验与研究的最有效手段之一。

所谓细胞培养，就是把某些细胞从体内取出，然后接种在特制的容器内，并予以必要的生长条件，使它们在体外继续生长与繁殖。

细胞重组技术就是在体外条件下，动用一定的实验技术，从活细胞中分离出各种细胞的结构或组成“部件”，再把它们在不同细胞之间进行重新装配，成为具有生物活性的细胞。

细胞工程技术的应用前景

随着细胞学理论的深入研究和发展，以及细胞工程技术手段的改进和完善，细胞工程日趋显示着它在农林生产、作物育种、防治疾病、工业发酵等方面的广阔前景。例如，细胞工程在无性繁殖与有性杂交育苗中均有成功应用。用无性繁殖培养幼苗可以保持作物品系的优良特性。

花粉育种就是一种无性繁殖新技术。将花粉接种在培养基上，诱导其中的花粉长出单倍体幼苗，经过秋水仙碱处理，就可获得双倍体细胞纯种植株。这样，一次就能稳定杂交后代的性状，加速育种速度，简化了过程。我国已在烟草、小麦、水稻和玉米的花粉育种上获得成功，对于提高农作物产量有着重要意义。

← 植物细胞的培养过程

一 海底隧道技术

为了解决横跨海峡、海湾之间的交通，一些国家修建了海底隧道，我国一些城市也在计划筹建海底隧道。什么是海底隧道？海底隧道是怎么修成的呢？

↑ 人类的杰作——海底隧道

海底隧道

海底隧道是在海底建造的连接海峡两岸的通道，是供车辆、行人通行的。海底隧道分为海底段、海岸段和引道三部分。其中海底段是主要部分，它埋置在海床底下，两端与海岸线连接，再经过引道与地面线路接通。

建造海底隧道时还要同时在两岸设置竖井安装通风、排水、供电等设备。

传统的海上交通运输都是使用船舶，但海上交通易受天气变化、港口布局的影响，船舶的航行速度也远不如铁路快捷方便。飞机的速度虽然很快，但作为大型运输工具，其综合优越性远不如铁路。而海底隧道的建成，可以连接沿海地区的铁路干线和公路干线，扩展铁路运输网，提高铁路运输的效能。

海底隧道是怎样修成的

↓ 海底隧道的开凿建设是一项很复杂而又艰巨的工程

海底隧道就是在海底下的岩层中开凿一条隧道，火车从地面上经过引道开入海底隧道，再从对面的海岸引道开到地面上来。

在一片汪洋大海的底下开凿一条隧道，确实是一个复杂而又艰巨的工程，无论是勘测、设计、施工都会遇到一系列的复杂问题，如地质、地形、岩层裂缝、漏水等等。

1818—1843年，英国在伦敦泰晤士河下修建了一条水底隧道，这是世界上最早的水底隧道。长458米，原为人行及通马车之用，建成后改为通行铁路之用。施工时，曾因河水两次淹没隧道而被迫停工。因此，修建海底隧道需要采用现代化的施工和技术设备。

第6章 动物植物

人类社会从古代的原始部落发展到当今的城市森林，人类仿佛与共处一个地球的生物的隔绝越来越大。人类和生物，乃至自然界万物，有互相依存的共生关系。作为万物的灵长，人类有必要去了解、去认识、去发现人类以外一切生命的奥秘。

一 神秘的龙

中华儿女常被称为龙的传人，在历史文献中，关于“龙”的记载屡见不鲜。在我们的日常生活中，也经常可以接触到“龙”的形象。那么，龙究竟是一种什么动物呢?

龙的产生

原始社会，人类逐渐由采集野果和渔猎转向以种植为生，这时谷物成了主要食物，而收获数量就决定了人们的生存质量。还处在文明早期智慧尚不完善的古代人，面对自然界变化无常又频繁发生的各种灾害，既无法理解也无力控制，但仍不甘心听任自然摆布，于是就寄希望出现一些可以左右自然力以帮助抵御灾害的神灵，企图通过祈祷和供奉这些神灵偶像以求得庇佑。

↑ 龙是华夏民族的图腾

在华夏民族的发祥地黄河流域，受温带季风气候影响，洪涝灾害对人类威胁极大，所以渴求有一种能主宰雨水、保佑风调雨顺、五谷丰登的神灵便是古代先民的最大寄托。

处在不同地域和环境中的古代人类，由于受到身边不同自然物的益处和害处，因此在心中形成对自然界精灵的认识也各不相同。人们常以某种生活在身边的动物作为最常用的造神素材，而我们的祖先创造出的是一种以我国特有的鳄科爬行动物——扬子鳄为原型的主水神灵形象——龙。

↑ 石雕龙

扬子鳄与龙

扬子鳄这种曾与恐龙共同生活了一亿多年，并延续至今的“活化石”又是如何被塑造成龙的呢?

夏商朝以前，黄河流域的环境像《水经注》记载的“杂树交荫，云垂烟接”，曾是山青水秀、植被丰富的地方，古气象学表明气候还相当温暖潮湿，因此生活着许多扬子鳄。由于扬子鳄狰狞的相貌，能在水中和陆地两栖生活的奇特习性以及经常半潜水中似隐似现的诡秘行踪，引发了古人对它产生了既恐惧又敬畏的心理，所以在众人眼中具有威严和神秘感的动物——扬子鳄便成为主水神灵的化身。

↑ 中国的龙壁一般作为皇帝和王侯的标志性建筑

↑ 吉祥兽龙凤石雕

↓ 被当成土龙的扬子鳄

龙的幻化形象具有扬子鳄的全部基本特征：1.披满鳞甲的身躯；2.长颚大口和位于头顶的翘鼻；3.锋芒毕现的锥型尖牙；4.大而圆的凸起眼睛；5.粗壮的长尾；6.强健的四肢和五指利爪；7.有横条纹的腹部。

为了弥补扬子鳄秃头尖尾有损神灵形象的缺陷，古人发挥了充分的想象力，给它添加了角、须、尾鳍以及把背部纵向排列的凸起角质棘刺也变换成锯齿状背鳍，并拉长躯体以渲染气势，充实装饰效果，于是扬子鳄就被塑造成了传说中描绘的张牙舞爪、能腾云驾雾的龙形象了。虽然经过艺术夸张后，想象中的龙与现实中的扬子鳄有了许多不同之处，但相比之下，仍可看到扬子鳄长颚、尖牙、披鳞、利爪等主要特征。

后来黄河流域由于人为破坏生态，刀耕火种，乱砍滥伐，造成水土流失，环境恶化，气候变冷，适宜于暖湿环境的扬子鳄因难以生存而逐渐绝迹了（现仅存于我国安徽南部）。因为扬子鳄在现实生活中基本不复存在，它在人们记忆中的印象淡化消失，只有祖先们创造的龙形象一代一代流传下来，结果龙与扬子鳄成了两种不同的概念，龙形象的来历开始变得扑朔迷离。

有据可查的龙原型

早期的龙是无角的，1987 年河南濮阳发掘出土的一个 6000 年前古墓葬中就曾发现用蚌壳摆的龙（扬子鳄）图形。在仰韶文化彩陶上的龙形象也是大头长尾的爬行动物。有角龙的形象见于商代甲骨文和青铜器上，山西省出土的一个商代青铜器龙纹觥的造型翘鼻、张口、利齿毕现，器身两侧纹饰与扬子鳄的体纹完全相同。四川大足南山的云龙石刻雕塑则更是一个无角无须、蹙眉瞪目、活灵活现的扬子鳄形象。

汉字是象形文字，甲骨文中的龙字便是大口、曲体的动物形象。龙字的读音则是雷声的模拟音。古人视龙为雷雨之神，《山海经》中就有“雷泽有神，龙身而人头”的记载，风雨欲来时的电闪雷鸣启发了古人，认定雷电与龙有密切的关系，因此，“隆隆”的雷声成了龙字的读音。时至今日，扬子鳄在我国南方民间的俗称仍是“土龙”、“猪婆龙”。

←民间供奉的『龙王爷』塑像

扬子鳄生活在河湖沼泽地带，《左传》中“深山大泽，实生龙蛇”就是指龙（即扬子鳄）与蛇是同样生活于类似环境之中、习性相近的两种动物。

扬子鳄在水边打造迷宫似的地下洞穴，洞深距地面 2~3 米，平时也多栖息在水中，故人们想象出“龙王居住在水底龙宫”的神奇景象。而在看到每当发洪水时扬子鳄因洞穴被冲毁四处逃避，便认为“龙王在兴风作浪”，岂不知扬子鳄也是洪水的受害者。

扬子鳄以鱼、蛙、蚌等为食，蚌壳内多有珍珠，当有人看到扬子鳄争食蚌类时，嘴里吐出珍珠，便有了“二龙戏珠”之说。

↑位于北京黑龙潭的黑龙王庙，东向依山而筑，殿宇层层上升。庙建于明成化八年(1472 年)，祭祀黑龙王，天旱时在此祈雨。庙内现存明清及民国重修碑、御制碑及祈雨灵应碑等多块。

扬子鳄是 6 月交配，7 月产蛋，雄鳄是通过叫声寻找雌鳄的(鳄是唯一会叫的爬行动物)，而每年 6 月正是黄河中下游流域多雨夏季的开始，于是人们把扬子鳄响亮的叫声与风雨的来临联系在一起，认为“龙可以呼风唤雨”。

《说文解字》中描述龙“春分而登天，秋分而潜渊。”世界上仅有扬子鳄与密西西比鳄两种生活在温带需要冬眠的鳄。因气候原因每到初冬时它们便进入冬眠期，当春天（农历二月）大地解冻时，蛰伏了一冬天的它们开始外出活动，同时也到了黄河流域开始下雨的季节。先民们把二者也联系在一起，于是就有了祭祀“二月二，龙抬头”的风俗。

↑在中国人眼里，龙是权威与尊严的象征，所以“二龙戏珠”的艺术形象随处可见。

一 变色龙变色之谜

↑ 变色龙变色只需20秒，最佳观察时间是夜晚。

变色龙又名“避役”，主要分布在非洲地区，少数分布在亚洲和欧洲南部，非洲马达加斯加岛是它们的天堂。变色龙是一种“善变”的树栖爬行类动物，在自然界中它是当之无愧的“伪装高手”，为了逃避天敌的侵犯和接近自己的猎物，这种爬行动物常在人们不经意间改变身体颜色，然后一动不动地将自己融入周围的环境之中。

这也许是多数人对变色龙的感观认识，但是你真正了解这种奇妙的动物吗？它们为什么经常变色？难道仅仅是为了适应环境吗？

《美国国家地理杂志》曾经撰文指出，依据动物专家的最新发现，变色龙变换体色不仅仅是为了伪装，体色变换的另一个重要作用是能够实现变色龙之间的信息传递，便于和同伴沟通，这相当于人类语言一样，进而表达出变色龙的意图。

通过变换体色来传递信息

美国纽约国家自然历史博物馆爬虫动物学副馆长克里斯多佛·拉克斯沃斯是目前全球资深变色龙研究专家，他曾发现几个新种类的蜥蜴，还积极呼吁国际组织保护马达加斯加岛变色龙栖息地。通过对变色龙生活习性的深入研究，拉克斯沃斯指出，变色龙变换体色的另一个功能是进行通信传达信息，这一点在以前的研究中是未曾发现的。

拉克斯沃斯发现变色龙之间的信息传递和表达是通过变换体色来完成的，它们经常在捍卫自己的领地和拒绝求偶者时，表现出不同的体色。他说：“为了显示自己对领地的统治权，雄性变色龙向侵犯领地的同类示威，体色也相应呈现出明亮色；当遇到自己不中意的求偶者时，雌性变色龙会表示拒绝，随之体色会变得暗淡，且显现出闪动的红色斑点；而当变色龙意欲挑起争端、发动攻击时，体色会变得很暗。”

变色取决于皮肤三层色素细胞

与其他爬行类动物不同的是，变色龙能够变换体色完全取决于皮肤表层内的色素细胞，在这些色素细胞中充满着不同颜色的色素。

纽约康奈尔大学生物系的安德森对变色龙的“变色原理”进行了详细解释：变色龙皮肤有三层色素细胞，最深的一层是由载黑素细胞构成，其中细胞带有的黑色素可与上一层细胞相互交融；中间层是由鸟嘌呤细胞构成，它主要调控暗蓝色素；最外层细胞则主要是黄色素和红色素。

安德森说：“基于神经学调控机制，色素细胞在神经的刺激下会使色素在各层之间交融变换，实现变色龙身体颜色的多种变化。”

变色龙具备变换体色的特性，恰恰印证了达尔文物竞天择的自然进化论。一般来说，每一种动物都有自己的猎食策略和防御措施，变色龙是一种昼夜活动的爬行类动物，它们的栖息地主要是树木或是低矮的灌木丛，有时它们会居住在地面的叶子下，借助杂乱的叶子隐藏自己。

变色龙的变色性使其猎食策略更加出其不意。与其他动物不同的是，变色龙不喜欢主动出击，它们会改变体色，使其与周围的物质相一致，然后一动不动长达几个小时等待猎物自己送上门来。同时，变色龙的防御措施也与变换体色密切相关，当入侵者来袭时，它们无法与之对峙。因此，最有效的防御措施就是伪装，快速变换体色，与树枝或树叶融为一体，时常会化险为夷。

变色龙变色只需20秒

拉克斯沃斯作为一位资深爬行动物专家，早在1960年就开始从事变色龙生活习性的科学观察。多年来，他一直潜心研究变色龙是如何变色的，以及它在什么时间变色。

拉克斯沃斯说：“变色龙变换体色通常只需20秒，当你找不到它的时候，一定要耐住性子仔细辨识，变色龙活动性并不强，也许你仔细辨认周围的环境后就很容易认出它。”

变色龙的主要活动时间是早上和晚上，拉克斯沃斯指出，最佳观察变色龙的时间是夜晚，在晚上变色龙身体的颜色呈现出灰白色，用手电很容易找到它。目前，在对变色龙的研究中仍存在着一个疑问——为什么变色龙在夜晚会呈现灰白色呢？

拉克斯沃斯说：“目前我们也无法找到具体的原因，我们初步推测变色龙呈现灰白色可能是为了接近眼球的颜色。”

← 马达加斯加岛上的各种变色龙

海豚智商的探索

↑ 双宿双飞

↑ 相亲相爱

↓ 调皮的“家伙”，不要小瞧它哦！

在水族馆里，海豚能够按照训练师的指示，表演各种美妙的跳跃动作，它们似乎能了解人类所传递的信息，并采取行动，人们不禁惊叹这美丽的海洋动物如此聪明。

那么，海豚的智慧和能力究竟高到什么程度？它们和人类之间的相互沟通有没有日益增进的可能？

海豚智商难以测定

海豚能做出各种难度较高的杂技动作，显然是一种相当聪明的海中动物。但是海豚真实的智力情况究竟如何呢？从心理学来看，“智力”一词大致包含三种意义：一是对于各种不同状况的适应能力；二是由以往经验获取教训的学习能力；三是利用语言或符号等象征性事物从事“抽象思考的能力”。

根据观察野生海豚的行为以及海豚表演杂技时与人类沟通的情形推测，海豚的适应及学习能力都很强，但目前尚无法证明海豚运用语言或符号进行抽象式的思考。不过即使没有科学上的确凿证据，也不能就此认为海豚没有抽象思考能力。

倘若海豚真的具有抽象思考能力，那么它究竟是如何运用这种能力，而其程度又是如何，这些都是饶有兴趣的问题。但现在，想找出这些问题的答案并不容易，因为即使是人类所拥有的智慧，也还有许多未知之处。

虽然海豚与人一样都属于哺乳动物，但因生活环境不同，相互接触的机会不多，故人类对海豚潜在能力的了解是有限的。那么，人类究竟是采用何种方法来研究并探索海豚的智能呢？目前，大多数都采用下列两种方法：一是根据海豚解剖学上的特征，来推算海豚的潜在能力；二是实际观察野生海豚的行为，并从行为目的与功能方面着手，推测其智慧的高低。

脑部发达不逊于灵长类

从解剖学角度来看，海豚的脑部非常发达，不但大而且重。海豚大脑半球上的脑沟纵横交错，形成复杂的皱褶，大脑皮质每单位体积的细胞和神经细胞的数目非常多，神经的分布也相当复杂。例如，大西洋瓶鼻海豚的体重250千克，而脑部重量约为1500克（这个值与成年男性的脑重1400克相近），脑重和体重的比值约为0.6，这个值虽然远低于人类的1.93，但却超过大猩猩或猴类等灵长类。

↑ 母胎中的小海豚

至于海豚大脑半球上由脑沟所形成的皱褶，根据研究显示，大西洋瓶鼻海豚的皱褶甚至比人类还多，而且更为复杂，它们的大脑皮质表面积为2500平方厘米，是人类的1.5倍。海豚脑部神经细胞的密度与人类或黑猩猩的几乎没有差别。换句话说，海豚脑部神经细胞的数目，比人类或黑猩猩的还要多。因此，无论是从脑重量和体重的比，或是从大脑皮质的皱褶数目来看，大西洋瓶鼻海豚脑部的记忆容量，或是信息处理能力，均与灵长类不相上下。

↑ 一对亲密的海豚母子

↓ 训练师正在奖励海豚，给它美食吃。

尝试了解海豚的语言

由于海豚大脑的记忆容量和信息处理能力与灵长类动物不相上下，如果人类能与海豚相互沟通，就可以获得更多有关海洋动物的宝贵资料，并学习到不同的表达和思维模式。与海豚一起潜水就会发现，海豚是相当“聒噪”的动物。根据录音调查记录显示，海豚使用频率在200~350千赫以上的超声波的喊叫声进行“回音定位”，而人类的听觉范围介于16~20千赫之间，人类无法听到海豚回音定位所发出的超声波。因此，我们在水中听到的海豚叫声，可能是海豚同类间互通消息所使用的部分低频声音。

人类要与海豚沟通，先决条件是要了解海豚的语言，这样就必须分析海豚发出的声音与行为的关联性。事实上只要有适当的录音设备就可以进行海豚声音分析。然而，声音与行为之间的关联却不容易掌握，目前人们还无法确切了解海豚发出的各种声音所包含的含义。

为使人类与海豚沟通，第二种方法是让海豚学习人类的语言。20多年前，美国海洋大学的专家们就是采用这种方式开发海豚的智能。目前海豚在专家的训练下，已经能从训练人员的手势中，学习并了解单字与复合语句的意义并能作出适当的反应，但尚无法达到能与人自由交换信息的境界。

↑ 人与海豚精彩默契的合作

↑ 海豚和孩子永远都是好朋友

↑ 吕克·贝松导演的《碧海蓝天》电影海报

海豚护幼奋不顾身

母海豚如果不幸小产，为了让没有行动能力的小海豚呼吸，它会拼命用自己的吻部把小海豚推向水面，并不断地重复这些动作，甚至停止觅食达两天之久。

据水族馆的人士说，一旦小海豚死去，母海豚会奋不顾身地设法让小海豚复生，但如果持续时间过久情形严重时，甚至母海豚也可能因体力衰竭而死亡。所以，必须尽快将小海豚的尸体打捞起来，这样做可以避免母海豚过分伤心，使其恢复体力。不过，工作人员要清除死亡的小海豚并非易事，母海豚会护着小海豚避开船只，与工作人员展开耐力赛。

母海豚是否知道小海豚已经死亡？还是因为觉得小海豚可怜，而拼命想把小海豚推向水面？抑或只是出于一种动物的本能？也许海豚确实具有某些人类所无法了解的理性，详细情况目前尚未清楚。

海豚能识别敌友

研究人员在调查野生海豚时发现，通常一开始海豚都不愿意靠近人，似乎意识到陌生物体的存在。但当察觉人类并无敌意后，海豚的戒备之心逐渐下降，甚至可近到触手可及的距离，它们会一边摇动头部，一边观察人。只要其中的一条不经意地逐渐靠近人，其他的海豚也会慢慢地游过去。

人类与海豚的故事总也讲不完，法国著名导演吕克·贝松的唯美主义电影《碧海蓝天》中为我们讲述了这样一个故事：一个从小就酷爱大海的少年与海豚结下了不解之缘，他最喜欢做的事情就是潜到深海里去和海豚共舞！在他成年后，竟然极端地不能适应现实中的世界，在经过一系列的变故之后，他毅然抛弃了人类世界而永远潜藏到大海里，和海豚一起遨游嬉戏！因为海豚是他的家人，大海是他的生命。

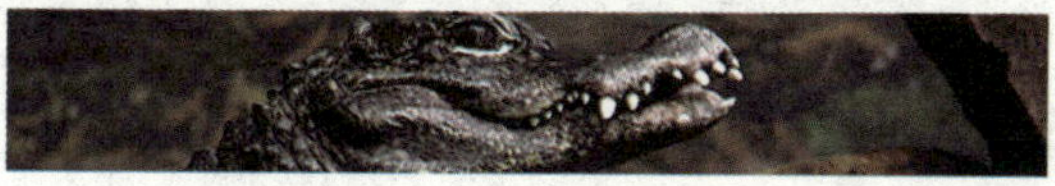

一 动物迁徙时是如何导航的

动物的迁徙是为人们所熟知的，而动物在长途迁徙时所表现出来的奇异的导航能力就鲜为人知了。动物的这些神奇的导航能力对它们自己来说，是稀松平常的，但人类一听说，十有八九都会瞠目结舌。

↑ 俯瞰动物迁徙的壮观场景

海龟的长征

每年6月中旬，夜幕一降临，便可见成群结队的绿海龟从南美洲的巴西沿海出发，历时两个月，行程2000多千米，到达远航的目的地——全长仅几千米的阿森松岛。

晨曦中，沙滩上绿海龟蠕蠕而动，原来他们是旅行结婚来了。

之后，雌海龟选中了地盘，把后肢的长趾伸进沙里，左右开弓，缓慢而有节奏地挖好一个深坑，开始产卵。然后，它们就用后肢堆土把卵盖住。完成了这一神圣的使命后，新婚夫妇双双下海，开始返回巴西沿海的旅程。

位于赤道附近的阿森松岛，这个季节天气晴朗，阳光普照，海滩上的细沙不断吸收着太阳光的热量，像一位忠实的母亲，使埋在沙中的龟卵渐渐孵化。两个月后，小海龟纷纷破壳而出。这些小生命也和它们的父母一样性急，它们争先恐后地爬向大海，结伴远航，游回双亲生活的地方——遥远的巴西沿海。

↓ 成群迁徙的绿海龟

鸟类的长途迁徙

与海龟这种奇异的本能相比，鸟类也并不逊色。短尾海鸡每年迁徙飞行会两次跨越赤道。4月间它们离开大洋洲的产孵地，经印尼、菲律宾、中国台湾、日本、阿留申群岛和美洲西海岸，绕太平洋一大圈，9月间又飞回原产孵地。

身长不到4厘米的北极燕鸡的生活习性更是特别，它营巢北极，每年6月产孵育雏，而到8月便携儿带女飞往南方。12月抵达南极附

↑ 动物的迁徙

↑ 企鹅的迁徙

↓ 候鸟的迁徙

近，一直等到来年 3 月，再向北极迁飞。每年飞行 3.5 万千米，历时 7 个月。

中国的野鸭、大雁在春季会飞到较远较冷的地区繁殖幼雏，秋季又飞回原栖息地，是人们熟悉的随季节变更而迁徙的陆地候鸟。

昆虫也有长途迁徙飞行的习性。别看那些微小的昆虫十分单薄，却能飞越很长的距离。

动物迁徙之谜

各种动物是如何知道它们什么时候应该启程，在漫长的旅途中又凭借什么辨别方向、认识路线呢？这是揭开迁徙奥秘、揭开奇妙的远航之谜的关键。科学家为此绞尽脑汁，可是迄今为止，这些奥秘尚未能完全揭示出来。

燕子作为候鸟的一种，人们对它能准确寻归旧巢的内在奥秘尚未彻底解开，在 100 多年来的观察探究中，专家们又发现了几则更令人费解的归燕现象。

从美国加利福尼亚一个名叫卡比斯克莱罗的小镇，有许多南飞过冬的燕子总是在第二年 3 月 19 日这天黎明准时返回该地。人们一直好奇不解，在科学如此发达的今天，火车、飞机有时还会误点，为什么这些南飞万里的归燕，却能在长途迁徙之后正点返巢？

在南美洲秘鲁布个伊克特什小城，每年 4~8 月份的傍晚，当圣保罗教堂的钟声敲响 6 点之后，便有成千上万只燕子向阿马斯广场疾速飞来，霎时，遮天蔽日，竟把晚霞都遮住了。令人感到不可思议的是，在阿马斯广场附近就有茂密的森林，燕儿却一个都不去栖息；在仅隔数英里的镇边另一个广场，那里环境幽深，树木繁多，燕子也不肯光顾。

居民们注意到这个异常的现象，曾故意跟燕群开了一次不小的玩笑：将阿马斯广场上的树枝全部砍光，但是到傍晚的时候，随着教堂钟声的余音，燕儿又准时地飞来了。只见砍光的树丫枝条上，燕子盘旋鸣叫……在这里，即使不同的月份太阳落山的时间不一样，这些成群结队的燕子也会准时聚集到一起。

人们对这罕见的归燕聚会曾提出种种猜想，如“鸟类的本能”、“生物钟奥秘”、候鸟的“磁觉定向”或“日月星辰导航”、“动物的第六感觉”等。可是，“正点返巢”的归燕所包含的真正奥秘是什么呢？至今尚无科学定论。

一 动物之间的浪漫爱情

↑两只处在恋爱季节的皇冠鹤正在调情

↑为争夺配偶而厮杀的雄羚羊

↑正在捕食蝴蝶的螳螂

↓温馨的猴子一家

动物们的爱情五花八门，有的以美貌诱来爱人，如孔雀开屏；有的以力的较量来赢得爱情，如羚羊的爱就是靠头上的角打拼而来的。

为爱打拼

说起羚羊争爱，完全可以用惨烈来形容。往往三五只公羚羊会为了一位羚羊小姐角斗，实行单循环制比赛，谁输了就到一边去，胜出的与新来的再战，往往从山上打到山下、悬崖边……那角架的碰撞声、格斗声让人听了多有不忍，但羚羊小姐却不为所动，似乎还挺陶醉的。

歌声定情

古往今来，姑娘们往往被小伙子的深情歌声打动芳心。而科学家最新研究发现，老鼠也不乏浪漫情怀。面对心仪对象，公鼠也会大唱情歌。人们早就知道，面对异性，公鼠会高声尖叫。如今科学家利用最先进的计算机分析系统发现，那绝非随意喊叫，而是充满爱意的情歌。

妻妾成群

猴子们习惯于以社会力量来维系爱情。猴子的爱情类似中国的封建社会，是妻妾成群的。有时，一只公猴会有十二三只猴妻子，甚至更多。

爱情美餐

相比而言，螳螂先生的爱情最为惊心动魄。而且，螳螂先生对爱情也最具有奉献精神，因为，螳螂小姐在受爱后，还喜欢把螳螂先生当作美餐享用，也就是说把自己的心上人吃掉。而看起来螳螂先生是自愿的，因为它在被吃的时候不作任何反抗。

动物的优生优育

↑非洲大象

↓黑斑羚

生活在野生世界的动物，生存斗争极为残酷，适者生存，不适者淘汰，没有一点儿怜悯。生物学家发现，一些动物为了更好地生存，居然也能采用“计划生育”和“优生优育”的办法来适应环境，有些方法简直令人惊讶。

计划生育的动物

瑞典南部生活着数量众多的野兔和以野兔为食的红狐。一旦某段时间里野兔的数量明显减少时，红狐们并不“背井离乡、远走高飞”，也不坐以待毙，而是减少交配次数，采取积极的节育措施来减少本族的数量。

栖息在埃及尼罗河两岸的非洲大象，它们能根据实际情况决定繁殖的数量。在尼罗河的一侧，林木繁茂，野草遍地，这里的母象按正常的繁殖周期每隔4年生育一胎；而在尼罗河的另一侧，沙石遍地，气候恶劣，植物稀少。生活在这里的大象与河对岸的大象虽是同一种类，但它们要隔9年才生育一胎，以降低“象口”密度来保持食物的供需平衡。

非洲羚羊也懂得“计划生育”，其方法令人叫绝。有的母羚羊因一时疏忽怀胎过早，分娩时将是寒冬腊月，对小羚羊的成长极为不利。母羚羊为了不使小宝宝一生出来就面临饥寒交迫的困境，它们竟能忍受艰苦的“负重”，把即将分娩的胎儿留在腹内，推迟分娩时间。

优生优育的措施

日本科学家对日本各地的一些猴群进行长期跟踪，发现几乎所有的雄猴到了性成熟时，都要从群体中离开，到别的猴群寻找配偶，成为人家的“上门女婿”；而雌猴一直留在群内，直到老死。

海洋中的虎鲸却与此不同，雄虎鲸终生不离开自己的家族。但在本家族内，雌雄虎鲸不交配，只有在两群虎鲸相遇时，雌雄虎鲸之间才会交配。

生长在内蒙古北部草原的野盘羊，身躯健壮，个性凶猛。这种野盘羊本能地忌讳“近亲交配”，即使在找不到同类异性的情况下，它们也不会马虎行事。雄性野盘羊如找不到合适的雌野盘羊，就混入家羊群中当“上门女婿”。这样产下的小羊具有家羊和野羊的双重优势。

一 未卜先知的动物

动物预报地震，自古就有。动物预报地震，不仅给预报地震的各种微观手段增添了生力军，而且常能取得令人满意的效果。不过，动物在地震前为什么会有异常反应还是个谜，还有待于深入研究。

动物预报地震的佳话

近代以来，动物预报地震为人们大量采用：

1942 年，菲律宾塔尔大地震前约半小时，狗、猫、牛、羊齐声嚎叫，惊醒了熟睡的居民，使不少人免受这次地震的灾害。

1972 年，马那瓜发生 6.2 级地震前，该市内孤儿院饲养的猴子大肆骚乱。院长见此情景，认为要发生地震了，迅速将孤儿带到屋外，使孤儿们幸免于难。

1977 年 3 月 4 日，罗马尼亚弗朗恰亚发生 7.2 级地震前，普罗霞华矿井下老鼠成群结队地乱窜。工人们看到后，立即组织撤出矿井，不久，地震发生了。

1975 年 2 月 4 日，我国辽宁海城发生 7.3 级地震，震前广大群众发现鸡、鸭、猪、羊等 20 多种动物的活动出现异常情况，纷纷上报地震部门，为地震部门及时做出临震预报提供了重要的依据。这次地震的预报成功，震动了世界，并且传为佳话。

↑ 家养的小绵羊，在地震前会大声地叫，以表示它们的不安。

动物未卜先知之谜

据生物学家介绍，爬行动物预报地震有别于仪器，它们的预报从未出过差错。

为什么动物对地震能够“未卜先知”呢？科学家们经过长期观察研究后发现，原来，一些动物的听觉大大优于人类的听觉。除了超声波，它们还能够传感音频每秒钟只有 100 次或不到 100 次的次声波。对于次声波，不仅人的耳朵听不出来，就是敏感的地震仪器也极少可能把它测定出来。但如果地震前天气骤变，如突然下大雨、刮大风，带电微粒无法保留，动物接触不到它们，就会无法“预报”地震了。

对动物与地震关系的研究还处于探索阶段，只能作为预报地震的参考，只有结合其他地震的前兆现象加以综合分析，才能得出正确的结论。

↓ 一些家禽、家畜在地震来临前也会出现各种惊慌的异常反应。

地球上最耐寒的动物

↑ 渺小而神奇的冰虫

作为地球上最耐寒的动物，极地冰虫仍是鲜为人知的。

极地冰虫是少数活跃在极地低温下的生物之一。它们被生物学家称为“最小的无脊椎动物”、“冰封大地中最活跃的生物”。极地冰虫生活在终年积雪的冰川地带，在美国阿拉斯加、英国哥伦比亚和俄勒冈州靠近极地的冰川区都可以发现它们的身影。它们个头非常小，在雪地里就像一丝细细的小黑线。

冰虫被称为地球上唯一“冻不死的生物”具有科学家理想中外星生命的特质。科学家认为冰虫这种罕见的耐寒体质，在外星球上也可能存在像冰虫一样的耐寒生物。它们在冰中自由行走，在极地低温下活跃生存，稍微升温便化成一团黏稠物。

鉴于极地冰虫如此独特的习性，美国生物学家将联合美国宇航局投入巨资研究极地冰虫，希望据此在探索外星生命的旅程上迈出一大步。

喜冷惧热的冰虫

极地冰虫可能是世界上最不怕冷的动物。在冰川地区刺骨的寒温下，其他动物几乎被冻成冰棒，甚至连细胞都冻得“咯咯”作响。然而这种低温对于极地冰虫来说却是最舒适的生活环境。科学家发现，冰虫的细胞膜和细胞酶在低温下正常新陈代谢，细胞膜仍保持固有的弹性。

冰虫不仅抗冻还耐饿。科学家曾把几只冰虫放在冰箱里研究。两年过去了，不吃不喝的冰虫在冷藏室里依然顽强地生存着。

但冰虫也有其致命的弱点——怕热。冰虫抵御高温的能力异常脆弱，只要温度高于4℃，冰虫细胞膜就会熔化，细胞内的酶也化成一堆黏稠物。

极地冰虫的难解之谜——穿冰之谜

围绕冰虫的众多难解之谜中，最令人匪夷所思的是冰虫可以在固体冰块中自由穿行。谁也不知道它们是如何破冰而出的。

有的科学家说，冰虫有可能是顺着冰中的缝隙钻出冰面的；还有的人猜测冰虫有破冰术。多名生物学家猜想，冰虫体内可能含有化冰物质。每当它们穿冰而行时，体内细胞释放出能量，把周围的冰块融化，形成一条通道。

一名研究雪地动物的专家说，在众多雪地跳蚤、雪地线虫和雪地蜘蛛中，冰虫是最神奇的动物。北极熊厚厚的皮毛使它与外界低温隔绝，自身又可以储存能量。南极鳕血液内有防冻剂，使它在冰天雪地中照常生活。然而浑身赤裸、微小的冰虫是靠什么来保暖、甚至穿冰的呢？

↑ 北极熊和企鹅是哺乳动物中的防寒高手，但和冰虫相比则是小巫见大巫。

藏身之谜

冰虫的生活方式也充满奥秘。它们总是生活在终年积雪的冰川地带，行踪隐秘。一到夏天大规模的冰虫就破冰而出，出来搜寻食物。据冰虫的研究者说，稍不留神就有可能踩死上万只缠绕在一起的冰虫。

冰虫日落而出，日出而息。夏天太阳升起之前，冰虫纷纷躲进冰层；太阳落山后冰虫则从洞穴中出来，搜寻海藻、花粉和其他可以消化的残渣作食物。所以它们的学名叫“Solifugus”，即躲避太阳。

到了冬天，冰虫聚集地大都大雪封山，没有海藻或者其他食物，它们就躲在地下。但迄今为止，没有人知道冰虫如何在地底过冬。一到冬天冰虫似乎绝迹。科学家曾怀疑它们躲在雪底冬眠。不过最近有研究者发现，如果地洞挖的足够深，在冬天也可能看见冰虫。美国两名生物学家曾多次到终年积雪的雷尼克山中挖冰虫。他们至今找到的冰虫都藏身在3米以下的地洞中。

研究极地冰虫的价值

科学家认为冰虫这种罕见的耐寒体质可以证明在外星球上也可能存在像冰虫一样的耐寒生物。

2005年，美国宇航局出资20万美元资助冰虫的研究项目。美国宇航局科学家认为冰虫能够在如此恶劣的环境中生活自若，本身就证明木星的冰球或者其他星球上可能也存在着类似的外星生物。

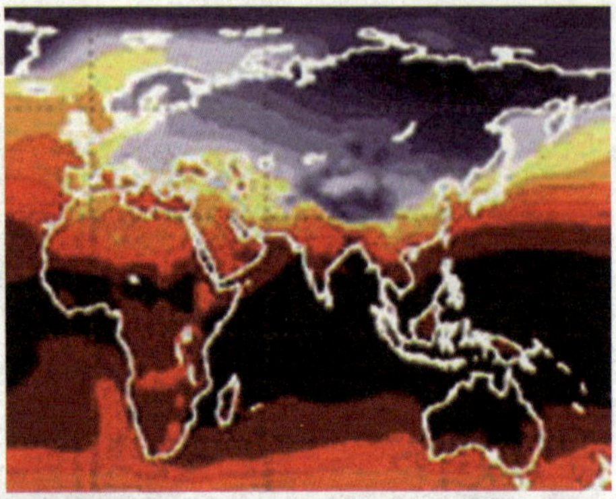

美国《国家地理杂志》也注意到了冰虫，资助研究者寻找冰虫。他们认为，冰虫在器官移植方面的价值远比它所代表的外星生命更有现实意义。冰虫细胞能够在低温下保持正常新陈代谢。而移植的器官在冷藏过程中却消耗能量，快速萎缩。如果冰虫新陈代谢的秘密能够揭开，医生就可以用化学和药物使器官保存更长久。

↓ 显微镜下的冰虫

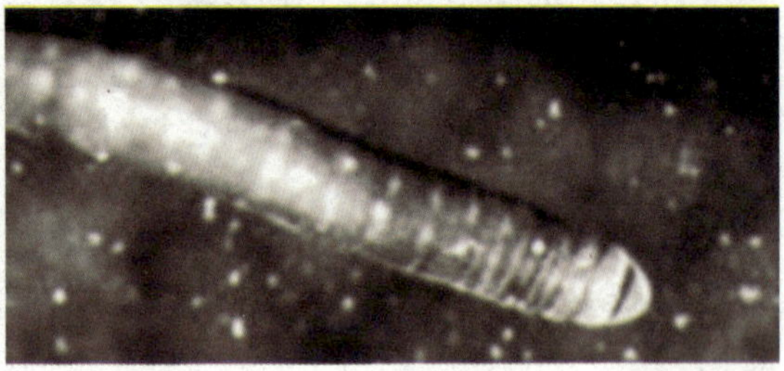

↑ 全球气候变暖带来了很多严重后果，冰虫消失只是其中一种。

冰虫

1887年，美国西雅图著名摄影家柯蒂斯首次发现了冰虫，为它取名“雪鳗”。但很少有人关注。近年来全球气候变暖使极地动物濒临灭绝，冰虫才慢慢进入研究者的视线。美国的一位生物系研究生本李把冰虫选为自己的毕业论文课题。他说：“冰虫现在炙手可热，对于它的研究几乎空白，然而它却是如此奇妙。”

文人的想象力历来都很丰富。早在20世纪初冰虫就出现在作家的笔触中，一些书籍和诗歌也能见到冰虫的身影。这仅有不到5厘米长、生活在厚厚的冰雪之下的小虫子，那时就已经是诗人眼中爱情的见证、生命的感言了。

作家罗伯特·塞维斯在他的作品中多次提到这种神奇的小虫子：“在那片淡蓝雪天之地，置身地之无极；极地平原的光影中，北极熊在欢唱歌舞；啊，你是我的心肝、我的生命、我的灵魂；当极地的冰虫归巢时，我将见到你。”

而本李也不仅仅在寻找研究着冰虫本身，他还有一个目标就是熟记塞维斯的140行长诗《蓝色雪山》：

当一切变得清晰，你走近羞怯地观望，小小的虫子拥挤在一起，伸着蓝色的鼻子，为了生命延续，它们寻找一切养分，它们互相咀嚼彼此的尾巴，直到顽强地活下去……

被诗人如此地钟爱，也许就是因为它们在那样恶劣的环境中依然能够生存。但是在未来的50年，由于全球气候变暖，它们赖以生存的冰雪就要慢慢消失，到那时，冰虫也将成为一种灭绝的动物，人类可能只有在诗歌中感叹它们的神奇了。

一 大熊猫会绝种吗

在200多万年前的更生世早期到100万年前的更生世中晚期，大熊猫已经广布于我国南半部，组成了大熊猫—剑齿象动物群。今天，该动物群的许多种类已经灭绝，而大熊猫却活了下来，所以大熊猫有“活化石”之称。

目前，素有“活化石”之称的大熊猫种群正日益衰落，它们的命运岌岌可危。

大熊猫的栖息地正大面积向西退缩，且彼此分割，植被单一，一旦遇到竹类开花等天灾，它们便没有回旋的余地。另外，饥饿、疾病的袭扰使熊猫的死亡率大幅度提高，苟活的幸存者也多因发育不良而导致幼体延缓生长，成体不育。这便是现今大熊猫面临的严酷现实。

大熊猫种群的自然萎缩必然导致其趋于灭绝，这是国内外科学界流传的一种悲观论调。

中国科学院古脊椎动物及古人类研究所的专家认为，每一个古生物的小分支，体形都从小到大，达到最大体形后又逐渐缩小，在体形缩小的阶段中逐渐趋于灭绝。专家发现，大熊猫的体形在更新世早期很小，为原初种；到更新世中晚期逐渐增大。现代大熊猫的体形比更新世晚期要小一些，表现了大熊猫的体形由小到大再缩小的发展史，说明大熊猫现存种的种群正处于演化过程中的自然衰亡阶段。

↑ 憨态可掬的中国国宝之大熊猫

中国科学院西北高原研究所的专家着重研究了大熊猫的种群年龄结构，他们估计目前熊猫种群中有35%的个体具有繁殖能力。但其种群的年龄结构有个特点：青年个体、少年个体、幼年个体的数量逐级递减，若干年后成年个体也会减少。繁殖群体的减少必然导致种群数量的下降，大熊猫将处于更严重的濒危状态。

国家大熊猫研究中心的专家认为，大熊猫种群正在步步逼近灭绝的深渊，如果人类的破坏活动进一步加剧，大熊猫必遭灭顶之灾。但如果能改善目前大熊猫栖息地的分割状态，把点状连成岛状，把岛状连成片状，大熊猫的种群就能逐渐稳定并有所发展。

今天，大熊猫多舛的命运仍是科学家们争论的焦点，各种自然因素和人为因素牵动着大熊猫种群的兴衰。大熊猫会绝种吗？也许只有时间才能给出答案。

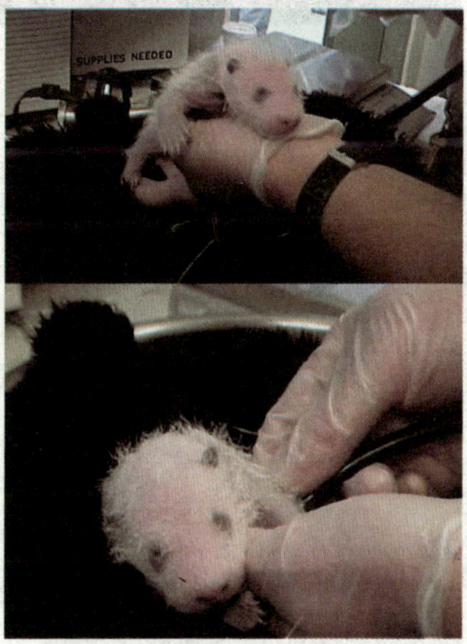

↑ 人类对大熊猫繁殖的人为干预，极大地提高了它们的繁殖成活率。图为刚刚出生正在接受身体检查的大熊猫幼崽。

无父山羊之谜

↑ 单性繁殖的母山羊和它的羊宝宝

↑ 风景秀丽的郎溪风光

↑ 韩日科学家已利用卵子成功培育出了“没有父亲的老鼠”，看来，揭开动物单性繁殖的秘密指日可待。

无父山羊，即是指母山羊不必同种羊交配，只要用水刺激母山羊，就可使母山羊受孕产崽。这件生物史上的怪事，发生在我国江苏溧阳、宜兴和安徽郎溪、广德等县，当地人将这种奇特的生殖方式（即母山羊单性繁殖的方法）称为母山羊“水压窝”繁殖方法。

为了证实这种在群众中流传上百年的山羊繁殖方式，并揭开其中的奥秘，繁昌县科研人员在1980年11月制定了母山羊“水压窝”繁殖的试验方案。

从1980年12月到1981年8月，在与外界雄性羊绝对隔离的条件下，科研人员对16头母山羊做了87次“水压窝”试验。结果，9号、12号、13号以及8号先后受孕，有的经剖腹取出了子胎，有的顺产子胎，从而宣告母山羊“水压窝”在人工试验条件下取得成功。

山羊孤雌繁殖的发现和研究，必将对生物学的基础理论和实践产生深远影响。然而，它的科学道理又是如何的呢？目前，这还是一个无法解答的问题。

虽然世界上已经有哺乳动物单性繁殖的先例，但都是在对卵细胞进行人工刺激的情况下成功的。像这种自然单性繁殖的情况，尚未见过。

那么，是不是水的刺激起到了人工刺激的作用，致使卵细胞分裂发育而获得单亲羊崽后代的呢？目前这还只是一种设想，要真正成为一种理论，还有待于取得进一步的证据。

另外，孤雌繁殖的后代所产生的变异，也是一个未解之谜。按照当代遗传学理论，山羊只存在一条X染色体，它的后代应该只能是雌性羊，而且外貌应与其母一致，但“水压窝”试验结果表明：繁殖的后代有雌有雄，而且毛色等外貌特点亦可能产生变异。

看来，要揭开动物单性繁殖之谜，还需要科学家们更深入的研究和探讨。

一 鲸类为何集体自杀

1985 年 12 月 22 日，我国福建省福鼎县海滩发生了一场悲剧，遇难的全都是很珍贵的抹香鲸。

↑ 海滩上搁浅的鲸，是什么酿成这场悲剧？

事件发生当天，有一群鲸游入福鼎县的泰屿海湾。当时，正值退潮，群鲸惊慌失措，左冲右突，势如排山倒海。先有一头冲上浅滩，挣扎哀鸣，其余的本已顺着潮水回到海里。这时，它们似乎听到了同伴呼叫，全部奋不顾身地游回来。

当潮水再度上涨时，闻讯赶来的水产局干部、技术人员和当地渔民通力合作，用机帆船拖拽着抹香鲸下海。但被拖下海的鲸群竟又冲上海滩来，场面十分悲壮。最后，12头长 12~15 米，重 15 ~20 吨的抹香鲸集体自杀，陈尸海滩。

↑ 冲上海滩的鲸又是为了哪般呢？

相对于这起发生在我国沿海的鲸类集体自杀事件，世界很多地方发生的类似事件规模更大，次数更为频繁。

鲸类为什么会集体自杀呢？科学界对鲸类自杀的原因众说不一。

↑ 雀跃而起的鲸

有人认为，鲸类冲上海滩的主要原因是听觉失灵。因为鲸的视力较差，行动基本上依靠听觉。它们靠鼻部和咽喉部的气囊发出一种特殊的高频声波，利用回声定位来辨别方向和捕捉食物。但当它们游到平坦多沙或泥质的浅海水域时，反射回来的是低频声波，因此无法对环境进行正确判断，从而迷失方向。

也有人认为，鲸前赴后继地冲上海滩，是为了救助同伴。鲸类有一个突出的特性，就是爱成群结伙地活动。一旦它们当中某个成员不慎搁浅，必然会痛苦地挣扎，发出哀鸣，其他的鲸听到了遇难同伴的呼叫，全都会奋不顾身地前来救助，以致接二连三地搁浅。

更有人认为，鲸类大规模搁浅是因鲸群中带头的首领判断方向有误，导致众鲸盲目跟随。

还有人认为，鲸类成群地游向浅滩后悲惨地死去，与地球的磁场有关。

现在，人们还在探究鲸类集体搁浅的原因，相信有一天真相会水落石出。

高寒植物顽强的生命力之谜

↑ 生长在西藏的高寒植物

在干冷枯寒的高原地带，不管气候和环境如何恶劣，一些草甸植物总是在顽强地生长着。这些不同寻常的植物为什么具有如此顽强的生命力呢？

胎生繁殖

胎生繁殖是植物对长期生长在生态条件恶劣的高山环境的一种适应方式。常见的胎生植物有珠芽蓼、点头虎平掌、胎生早熟禾等。它们在高海拔地区生长发育、开花结果。当种子成熟后，不经过休眠期，立即萌生成幼苗，然后落地生根，在雪被的保护下安全越冬。

在终年冰雪带以下，寒冻风化作用极为强烈，山麓、山坡以致山顶到处是裸岩、碎屑、石垛，宛如一片石海。岩石或石块表面生长着五颜六色的地衣，构成许多美丽的图案。地衣不怕风吹、雪盖、日晒和雨淋，并能分泌出特有的地衣酸来溶解和腐蚀岩石表面，以取得必要的养料，加速岩石表面的风化，使其转化为土壤，为其他植物的生长提供必要的条件。地衣类植物通常分布在雪线附近几百米的地段，被称为高山区域的“先锋植物”。

搬开垒叠在一起的石块，可以发现石块间积聚着许多细小的土粒，其间生长着一些高等植物。最惹人注目的是全身密布白色绒毛的雪莲，这是菊科凤毛菊属植物。雪莲又叫“雪兔子”，远远望去，一株株雪莲犹如一只只白色的玉兔，用它那浓厚的绒毛抵挡着凛冽寒风的袭击，在皑皑冰雪中傲然屹立。它的根系长达 2 米以上，为地上部分的 5 至 10 倍。

座垫植物在高原上分布广泛，它们是在高山极端环境下形成的具有特殊形态结构的地上芽多年生草本植物。座垫植物比较矮小，植株分枝多，茎节间严重短缩，枝条排列成流线型的垫状体，呈半球状倒覆贴于地面。它们的叶缩成鳞片状、针状或极小的叶片覆于表面，小枝间有枯叶，细土充填，具有保护生长点和越冬芽以及增加热量的作用。

白天，它们吸收大量的太阳辐射热，而散热则较慢，体内水分蒸腾也较少，形成了有利的“微环境”。座垫植物的主根多粗大而深入地下，保证了地上部分有足够的水分和养分供应。典型的垫状植物有枝叶密集的囊种草、开细小白花的苔状蚤缀和垫状点地梅等。

↑ 生长于海拔 1800～3200 米的山坡、砾石阶地等处的点地梅

植株矮小

高寒植物植株矮小是它的又一生存优势。以柳属植物为例，在海拔较低的雅鲁藏布江中游谷地，它是绿影婆娑、垂枝飘拂的大树，但在高山带，它却成为几十厘米高的植物，有的甚至仅两三厘米高，蔓地而生。

又如沙棘，在藏东南低海拔的谷地中它可高达十多米，但在羌塘高原上却成为只有几厘米高的矮小灌木了。在高原东南部的高山上，以 3~5 厘米高的小蒿草为主组成的高山草甸植被结构简单，层次分化不明显，宛如铺在高原上的绿色地毯。它的生产量低，但其草质柔软，营养丰富，适口性强，成为良好的暖季牧场。

↑ 我国的高寒水韭

在比较湿润的高山，有圆穗蓼、香青、紫菀、委陵菜、黄总花草等和蒿草一起生长。这些杂草高 10~20 厘米，盛开着粉红色、紫色、黄色等各色花朵，五彩缤纷。高山上花色艳丽的植物数不胜数。蓝紫色的龙胆，黄色、红色、蓝色的绿绒蒿，白色银莲花，金黄色的金莲花，深红色的角蒿，有的呈塔状矗立，有的连成一片，像色彩斑斓的锦缎，给高原增添了迷人的景色。

↑ 美丽名贵的天山雪莲

高山上的灌木也种类繁多，数量丰富。其中最引人注目的是杜鹃属植物。森林带上部的山地阴坡生长着无鳞杜鹃灌丛，它们枝干稠密，郁闭潮湿，满布苔藓，使人难以通行。在开阔的高山上，有鳞杜鹃灌丛，植株逐渐变矮，它们绽放着粉红色、蓝紫色的花朵。

植物生长之谜

↑英国著名生物学家查尔·达尔文

野火烧不尽，春风吹又生。任何植物，即使是很不起眼的野草，只要给它哪怕一丁点儿生存的机会，它就会顽强生长，并且还会在疾风骤雨、飞沙走石的恶劣气候中顽强生长。这使我们常常不由得惊叹于植物的神奇。

的确，植物对周围环境的反应，最奇妙的莫过于它的生长方向，比如从一粒小小的植物种子萌发开始，它就知道根应该往地下生长，而茎干则伸向天空。这是一个极为普通的现象，然而植物为什么会这样呢？它是怎样懂得"上"和"下"的概念呢？又是什么力量促使它选择根朝下、茎朝上的生长方向呢？以当时的科学水平，我们该如何解释这种生理机制？

科学家们首先想到的是重力，他们从物理学想到，地球的引力一定是影响植物生长方向的重要因素。当时，著名的英国生物学家、进化论的鼻祖达尔文曾观察到，植物的芽和根在改变生长方向时，各部分细胞的生长速度不同，但这又是由什么来决定的呢？以当时科学水平，达尔文无法做更进一步的解释。

↑在石缝中顽强生长的小草

到1926年，美国植物生理学家弗里茨·温特做了一个颇能说明问题的实验。他使植物的胚芽鞘一面受光照，另一面对着无光的黑暗处。结果胚芽鞘的生长发生了有趣的变化，渐渐地朝着有光的方向弯曲，后来温特从胚芽鞘中分离出一种化合物——植物生长素，它具有促使植物生长的功能。胚牙鞘的被遮阴部分生长加快，受光部分则由于缺少生长素而生长较慢，结果导致弯曲发生。于是温特认为，植物的茎或叶片的弯曲是由于生长素在组织内的不对称分布造成的。当植物受到刺激时，植物组织下部的生长素含量会大大增加，于是就使植物的根朝下生长，而茎则朝上生长了。

自从温特发现植物生长素的秘密后，很多科学家投入这一研究领域。他们发现，植物根总是朝着地心引力的方向生长，这同样是通过生长调节剂在根细胞里不同的分布来实现的，于是这些学者们提出，也许有一种被称为“平衡面”的策略感应物流向根细胞的底部，从而影响生长调节剂在细胞中的分布。水平放置的根，其上面比下面生长快，致使根向下生长，可是这种“平衡面”究竟属于何物？又是如何起作用的呢？学者们一时无法知晓。

↑ 植物的向光性试验

不久之前，美国俄亥俄州立大学的植物学家迈克尔·埃文斯以及他的同事，提出了一个崭新的理论。他们认为，无机钙对于植物的生长方向起着举足轻重的作用。因为他们在研究中发现，在植物的弯曲生长过程中，无论是根冠下侧部位还是芽的上侧部位，都存在着高含量的无机钙。那么无机钙又是如何使植物辨别方向的呢？埃文斯解释说，因为根冠有着极为丰富的含淀粉体的细胞，而淀粉体就会把其内部的钙送到根冠下侧。这时，如果用特殊的实验手段去阻止钙的移动，植物马上就会不按正常的方式去生长。同样，植物的芽虽然没有冠部，但也含有丰富的淀粉体，淀粉体也能将其内部的无机钙送到上侧的细胞中，这显然说明，无机钙对植物生长方向有着不可忽视的重要作用。

那么，既然淀粉体内有许多无机钙，而无机钙又能在植物体内来去自如，除了重力之外，又是哪一种力量使无机钙如此方便地上下移动呢？最近，美国得克萨斯州立大学的研究人员斯坦利·鲁在研究中发现，这是由于细胞的上端和下端之间的电荷不同，两端电荷的不一致引起细胞极化。结果，为数众多被极化的细胞排列在一起，总电荷就强得足够吸引任何相反电荷的钙原子，驱使它们在体内移动。于是斯坦利·鲁提出，由于细胞的极性带动钙的移动，从而导致植物茎干总是向上生长，而根则朝地下生长。

↑ 植物的茎或叶片弯曲是由于生长素在组织内的不对称分布造成的

由谁控制植物生长方向的课题研究已日趋深入，这种神奇的力量取决于什么，是植物生长素还是无机钙，是细胞的极性还是数者兼有之？目前仍有待于更进一步的探索。

植物睡眠之谜

↑↓ 合欢树在夜幕降临时和白天不同

地球的自转和公转造成了白天和黑夜，这对动物睡眠有直接影响。人的一生有一小半的时间在睡眠中度过，而那些需要冬眠的动物，睡眠时间就更长了。动物都有睡眠，那么植物也有睡眠吗？答案是肯定的。

植物也会睡觉哦，而且，植物睡眠在植物生理学中被称为“睡眠运动”，它不仅是一种有趣的自然现象，而且目前仍是个科学之谜。

每逢月朗星稀之时，我们只要细心观察，就会发现一些植物已发生了奇妙的变化。比如常见的合欢树，它的叶子由许多小羽片组合而成，在白天舒展而又平坦，一到夜幕降临，那无数小羽片就成双成对地折合关闭，好像被手碰过的含羞草。

有时，我们在野外还可以看到一种开紫色小花、长着 3 片小叶的红三叶草，白天有阳光时，每个叶柄上的叶子都舒展在空中，但到了傍晚，3 片小叶就闭合起来，垂着头准备睡觉。花生也是一种爱睡觉的植物，它的叶子从傍晚开始，便慢慢地向上关闭，表示要睡觉了。以上所举实例仅是一些常见的例子，事实上，会睡觉的植物还有很多很多，如酢浆草、白屈菜、羊角豆等。

不仅植物的叶子有睡眠要求，就连娇柔艳丽的花朵也需要睡眠。生长在水面的睡莲花，每当旭日东升之时，它那美丽的花瓣就慢慢舒展开来，似乎刚从梦境中苏醒，而当夕阳西下时，它又闭拢花瓣，重新进入睡眠状态。由于它这种“昼醒晚睡”的规律性特别明显，故而得到“睡莲”的芳名。

各种各样的花儿，睡眠的姿态也各不相同。蒲公英在入睡时，所有的花瓣都向上竖起闭合，看上去像一个黄色的鸡毛帚。胡萝卜的花则垂下来，像正在打瞌睡的小老头儿。

植物的睡眠运动会对它本身带来什么好处呢？最近几十年，科学家们围绕着这个问题，展开了广泛的研究。

↑睡莲大多近午时开放，傍晚闭合，所以曾有诗人这样写道："不要误会，我们并不是喜欢睡觉，只是不高兴暮气，晚上把花闭了，一过了子夜我们又开放得很早，提前欢迎着太阳上升，朝气来到。"

最早发现植物睡眠运动的人，是英国著名的生物学家达尔文。100多年前，他在研究植物生长行为的过程中，曾对69种植物的夜间活动进行了长期观察，发现一些积满露水的叶片，因为承受到水珠的重量而运动不便，往往比其他能自由运动的叶片容易受伤。后来他又用人为的方法把叶片固定住，也得到了相类似的结果。达尔文虽然无法直接测量叶片的温度，但他断定，叶片的睡眠运动对植物生长极有好处，也许主要是为了保护叶片抵御夜晚的寒冷。

达尔文的说法似乎有一定道理，但缺乏足够的证据，所以一直没有引起人们的重视。20世纪60年代，随着植物生理学的高速发展，科学家们开始深入研究植物的睡眠运动，并提出了不少解释理论。

最初，解释植物睡眠运动的最广泛的理论是"月光理论"。提出这个论点的科学家认为，叶子的睡眠运动能使植物尽量少地遭受月光的侵害。因为过多的月光照射，可能会干扰植物正常的光周期感官机制，损害植物对昼夜变化的适应。然而，使人们感到迷惑不解的是，为什么许多没有光周期现象的热带植物，同样也会出现睡眠运动，这一点用"月光理论"是无法解释的。

↑达尔文在《植物的运动本领》中说，植物在晚上闭合叶子睡眠是"为了保护自己免受夜晚低温之害"。

后来科学家又发现，有些植物的睡眠运动并不受温度和光强度的控制，而是由于叶柄基部中一些细胞的膨压变化引起的。如合欢树、酢浆草、红三叶草等，通过叶子在夜间的闭合，可以减少热量的散失和水分的蒸发，尤其是合欢树，叶子不仅仅在夜晚关闭睡眠，当遭遇大风大雨时，也会逐渐合拢，以防柔嫩的叶片受到暴风雨的摧残。这种保护性的反应是对环境的一种适应。

随着研究的深入，科学家还发现了植物也有与人一样的午睡习惯。原来，植物的午睡是指中午大约11时至下午2时，叶子的气孔关闭，光合作用明显降低这一现象。科学家认为，植物午睡主要是由于大气环境的干燥和炎热引起的，午睡是植物在长期进化过程中形成的一种抗干旱的本能，为的是减少水分散失，以便在不良环境下生存。

植物有感情吗

↑ 声称发现了植物有感觉的美国测谎仪专家巴克斯特正用测谎仪测“植物感觉”（图 1）。他所测的植物之一龙血树（图 2），测得的龙血树“心理变化”曲线和使用的测谎仪（图 3）,但近期的研究表明这一试验结果并不能让人信服。

人类作为自然界中最高级的动物，感情世界是非常复杂而神秘的。人有喜怒哀乐等种种感情，那么和人类共同生存在这个地球的植物呢？它们也同人一样也会有感情吗？

人们以前是没有考虑过这个问题的，但如果提出这个问题，人们也一定会觉得荒谬绝伦。但如果有一些特殊而难以解释的植物现象发生时，人们原本的观念便会有所动摇。

1966 年 2 月，美国中央情报局的专家巴克斯特在给天南星科植物浇水时，脑中忽然产生了一个古怪的念头：何不把测谎仪的电极绑在植物的叶片上，来测试一下水从根部到叶子的上升速度到底有多快呢。他想这样做一定很有趣。没有想到，他按照自己的想法去做的结果却令他大为惊讶：当水从根部缓缓上升时，电压逐渐下降，而曲线则急剧上升，这曲线竟和人在激动时测到的曲线极为相似。难道植物也会有情绪？

巴克斯特看到这个结果，第一个想到的就是这么一个异想天开的问题。他决心寻求问题的答案。

他改装了自己的一台记录测量仪，并将它同植物相连。然后他用火去烧植物的叶子。当他刚划燃火柴的那一刹那，测量仪和记录仪上就立即出现了明显的变化。据巴克斯特描述，他手持火柴还没有走近植物，记录仪的指针就开始大幅度摆动，其剧烈的程度使指针都快要超过记录纸的边缘了。很明显，植物可能出现了恐惧心理，而且还很强烈。

巴克斯特又多次重复了他的这种并不付诸行动的威胁行动，结果更令他惊讶：植物会渐渐感觉到他划火柴走近它只是一种空洞的威胁而已。因为之后当巴克斯特再用同样的方法时，植物便不会感到恐惧了。

后来，巴克斯特又设计了另一个实验。他将几只活海虾丢入沸腾的开水中，来测量植物的变化。他发现，几乎在活虾被投入沸水的同一时刻，植物会陷入极度的刺激之中。连续多次实验，结果都一样。

为了排除可能的人为干扰，巴克斯特又重新使用一种新设计的仪器，不再按照固定的时间，而是不定时地将海虾投入沸水中。同时，他又在两间封闭的房间里各自放入一棵植物，并使它们各自都与仪器的电极相连，记录仪以 1 / 10 秒的精确度记录实验的结果。

实验的第二天，当巴克斯推开门逐一去检查实验结果时，他发现每当海虾被投入沸水中6~7秒后，植物的活动曲线便急剧上升，这种上升的曲线与海虾的反应曲线完全一致。

于是，巴克斯得出结论，海虾的死亡引起植物的这种活动曲线，并不是一种偶然现象，而是表明了这样一个事实：植物之间能够互相交往，植物和其他生物之间也能交往。

他的这个结论在当时的科学界引起了巨大轰动。许多学者和科学家都对他的结论保持怀疑态度，有的科学家为了反驳他，也着手进行实验来收集反驳的证据。美国化学博士麦克·弗格就是其中的一位。他为了反驳巴克斯，进行了一系列的实验。

可是，实验的结果却使弗格的态度发生了根本的转变，由反对巴克斯变成支持巴克斯，因为他在实验中发现，当植物被撕下一片叶子后，会产生明显的反应。尤其有意思的是，当弗格心中有了要伤害植物的动机或想法时，植物也会作出反应，这使弗格大为惊叹，他从此埋头于植物心理学的研究。

在探索植物“感情”的研究中，苏联学者维克多·普什金公告的研究情况更加引人注目。他发现，当处于睡眠状态的人高兴时，植物便会竖起叶子，舞动花瓣；当说起寒冷而使实验者浑身发抖时，植物的叶子也会发抖；如果实验者万分悲痛，植物也会沮丧地垂下叶子。

到现在为止，虽然有关植物有“感情”的实验证据很多，但关于植物有感情的说法目前还没有得到大多数科学家的认可。尽管如此，其中有许多有趣的领域仍等待着人们去发现。

↑植物也是有感情的，你感觉到了吗？

植物血型之谜

↑葡萄是AB血型

↑我们经常吃的西瓜是O型血

↑桃叶珊瑚是A型血

云南省公安部门曾在侦破一桩命案时，意外地发现植物也有血型。其中，桃叶珊瑚为A型，枝状水藻、大黄杨为B型，荞麦、葡萄、地棉槭为AB型，苹果、山茶、草莓、西瓜为O型。更有趣的是，有的植物的血型还会随季节变化而发生变换。

植物体内的血液成分主要有两类。一类是最普通、最常见的叶绿素，叶绿素的化学成分与动物和人类血液中的血红素十分相似，分子结构也颇为接近，小小的差异仅在于分子的中心原子不同。叶绿素中为镁原子，血红素中为铁原子。所以，有的科学家把叶绿素称作植物的血液，它与动物和人类的血液一脉相承，动物和人类就是依靠摄取叶绿素来制取血红素，源源不断地把血液制造出来的。

植物体内不仅有类似于动物和人类的血液和血型，而且还有类似于动物和人类的血管，其中包括导管和筛管。它们一个向上一个向下，永不停息地劳作，相当于动物和人类的静脉和动脉在不停地输送血液。

植物有了血液和血管，就会有脉搏。植物的脉搏与太阳有关。每天早晨，太阳从东方升起，植物体内水分的蒸腾作用逐渐加强，茎杆就收缩变细；到了晚上，太阳下山以后，根部吸收来的水分多于叶面蒸腾失去的水分，茎杆就膨胀变粗。植物茎杆如此一胀一缩的现象周而复始，与动物和人类的脉搏十分相像。植物通过“脉搏”有规律地跳动而生生不息，就这样一天天长大起来。

我国科学家研究发现，至少有10%的植物体内含有血型糖，其中又有少数植物体内含有能分解这种血型糖的酶，这种特殊的酶通过对血型糖的氧化分解，释放出大量的热量，使其“热血奔腾”，保持较高的体温。

而这些植物体内的血型糖是怎样产生的？那些酶是如何进行氧化分解而释放热量的？其中未能解开的谜团还有待人们去研究。

一 植物计算之谜

科学研究显示，植物可能是非常精于计算的，它们的计算能力或许并不亚于一台电脑。计算是植物生存的需要，为了与环境的变化协调一致，植物中的各个单元需要运动，而这种运动又必须在所有单元间统一和谐地进行，只有计算才能使它们做到这一点。

←每一片叶子上都有难以计数的气孔，它们进行着复杂的运算，以维持它们的生命运动。

事实上，在生物界中，类似的情形并不少见，科学家认为，庞大的蚂蚁社会或动物的神经系统和免疫系统之所以协调得那么好，全是计算的结果。

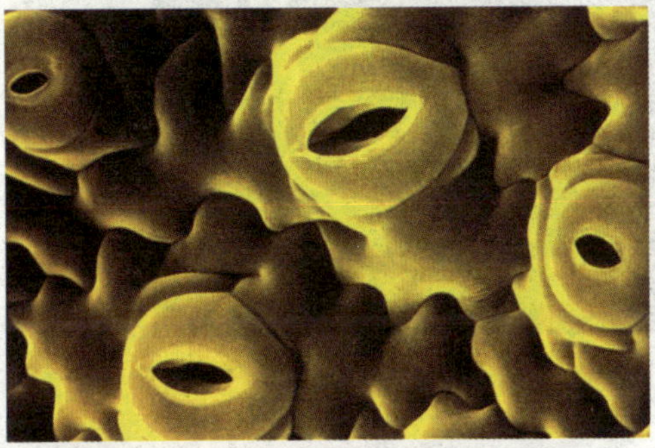

←电子显微镜下的植物气孔

科学家们认为，植物计算是要解决它们叶面上气孔的开合问题，这些气孔是二氧化碳的通道，它们用气孔吸取二氧化碳以进行光合作用。但与此同时，气孔也容易使水分流失导致植物脱水，为了在环境的变化中获取最佳平衡，植物需要不断调整“呼吸”，也就是调节气孔的开合度，控制气孔开合的数量。

←仙人球利用身上的气孔吸取二氧化碳

植物没有大脑，它们是如何实现这种平衡的呢？最初，生物学家们认为，那些气孔仅仅是单独行动，它们自已决定是张开还是合拢，然而最近研究人员发现，事情并非如此，这些气孔不是单独行动，它们的开合运动往往在一个较大的范围内集体进行，而且配合得非常好。

科学家们认为，植物可能在熟练地进行着单元自主运动。叶面上气孔的开合由气孔间产生的规则控制，它们不需要控制中心，但无数个单元之间的相互交感处理了大量的数据，并使气孔的行动达到协调和统一。假若事情果真如此，那么植物就是在进行计算。

现在科学家正在建立一个计算机模型，这个模型将可模拟叶面气孔感知相邻气孔的水压和其他相关信息的方式，他们还希望计算机能模拟出气孔的运动以及它们吸收二氧化碳的过程，因为只有这样，植物叶面上的计算之谜才有可能破解。

一 谁控制植物的生长方向

↑ 植物的茎或叶片弯曲是由于生长素在组织内的不对称分布造成的

植物的枝干往上长，根却往地下扎，这是一个极为普通的现象，然而为什么会这样呢？它是怎样懂得“上”和“下”的概念呢？又是什么力量促使它选择根朝下、茎朝上的生长方向呢？这些问题在很长时期内困扰着科学家。

科学家首先想到的是重力，他们从物理学角度认为，地球的引力一定是影响植物生长方向的重要因素。但是，植物的芽和根在改变生长方向时，各部分细胞的生长速度不同，这一切是由谁来决定的呢？

1926 年，美国植物生理学家弗里茨·温特做了一个实验，他使植物的胚芽鞘一面对着背光的黑暗处，另一面接受光照。结果胚芽鞘的生长发生了明显的变化，渐渐地朝着有光的方向弯曲。

试验发现，胚芽鞘的遮荫部分生长较快，受光部分则由于缺少生长素而生长较慢，结果导致弯曲发生。

后来温特从胚芽鞘中分离出一种化合物——植物生长素，植物生长素具有促使植物生长的功能。于是温特认为，植物的茎或叶片的弯曲是由于生长素在组织内的不对称分布造成的。

自温特发现植物生长素的秘密后，很多科学家投入到这一领域。他们发现，水平放置的根，其上面比下面生长快，致使根向下生长。于是这些科学家提出，也许有一种被称为“平衡面”的重力感应物流向根细胞的底部，从而影响生长调节剂在细胞中的分布。可是这种“平衡面”究竟属于何物？它又是如何起作用的呢？学者们一时无法知晓。

正当大家都把目光集中在植物生长素身上时，美国俄亥俄州州立大学的植物学家迈克·埃文斯提出了一个崭新的理论。他认为，无机钙对于植物的生长方向，起着举足轻重的作用。

埃文斯解释说，因为根冠内有极为丰富的含淀粉体的细胞，而淀粉体是一种贮存大量无机钙的场所，在重力的作用下，淀粉会把内部的钙送到根冠下侧。同样，植物的芽虽然没有冠部，但也含有丰富的淀粉体，淀粉体也能将内部的钙送到上侧细胞里。由于细胞的上端和下端之间有不同的电荷，两端电荷的不同引起细胞极化。结果，大量被极化的细胞排列在一起，总电荷就很强，足以吸引任何相反电荷的钙原子，驱使它们在体内移动，引导植物的茎干总是向上生长，根朝下生长。

到底是谁控制植物的生长方向？目前依然是一个有待于探索的谜。

一 植物自卫之谜

世界上有些植物能在第一时间内向侵犯它的异类发起攻击，如生长在印度尼西亚的奠柏。世界上同时也有一些被动防守的植物，它能给侵犯它的异类以致命的打击。

据资料记载，若干年前，在美国阿拉斯加原始森林，有大量野兔威胁着森林，使大片的森林濒于毁灭。

正当人们犯愁时，野兔却突然集体生病，最后在森林中消失了。

事后，科学家调查发现，野兔死亡是因其吃的树木叶芽中，含有一种叫“萜烯”的化学物质。而这种物质，以前在此类树木的叶芽中是没有的。

↑阿拉斯加野兔

无独有偶，1981 年，美国东北部的大面积橡树林由于舞毒蛾的大量蔓延，叶子被啃得精光。可奇怪的是，第二年那里的舞毒蛾突然销声匿迹了，橡树叶子恢复了盎然生机。

↑ 舞毒蛾成虫

这是怎么回事呢？森林科学家通过分析橡树叶子化学成分的变化，发现了一个惊人的秘密：在遭受毒蛾咬食之前，橡树叶子含有的单宁物质数量不多，在被咬食后却大量增加了。

害虫吃了含大量单宁的叶子，就会浑身不舒服，行动也变得迟钝起来。于是，害虫不是病死就是被鸟类吃掉。

橡树最终依靠奇妙的“自卫”战胜了舞毒蛾。令人不解的是，在遭受害虫侵害后，植物怎么会立即生产“自卫”的化学武器呢？成片的植物用同一种武器对付害虫，它们之间又是怎样“联络”，共同“约定”的？这些都有待科学家去探索。

↑ 美国红橡

解密太空育种

↑ 大得令人吃惊的“太空南瓜”

↑ “太空椒”

↓ 2006年1月4日，在重庆大足荷花山庄太空育种室，我国首批太空育种的太空荷花开出鲜艳的花朵，从此结束了冬季无荷花的历史。

利用航天器研究植物生长发育及遗传变异的工作已有30多年的历史。重庆大足县农民罗登强提供的荷花种子搭载返回式卫星飞入太空后已返回了地面。现在在他的育种室里，这些种子中的一部分已经开出了美丽的花朵。

但专门负责罗登强荷花太空育种的专家说，150粒从太空返回的荷花种中，有近60粒没有成活，产生变异的数量也很少，但是他们打算继续这项工程。

植物种子在外太空都会产生哪些微妙变化？太空育种究竟会达到怎样的效果呢？

关于太空育种的最新研究进展

原中国科学院遗传所研究员，被称为“中国空间育种第一人”的蒋兴村认为，太空育种主要是通过强辐射、微重力和真空等太空综合环境因素诱发植物种子的基因变异。由于亿万年来植物的形态、生理和进化始终受地球环境的影响，因此一旦进入太空将有可能产生地面上难以获得的基因变异。从卫星搭载回的物品中精选出优质的品种来看，植物的果实大小、营养物质的含量以及抗病虫害等方面均有显著改善。

植物的种子只要送上太空就能产生突变？种出的蔬菜瓜果就能增产？现在对于太空育种的宣传，往往让人对太空育种的神奇充满向往。

大连海事大学环境系统生物研究所所长孙野青教授说，不是说只要种子上过太空，就一定会发生突变。并且不同品种其突变率也有很大差别。

经过统计，一般种子在太空中的突变率是在0.05%~0.5%之间，一点变化都没有的种子有很多。在所发生的突变中，也并非全都是抗病能力增强、高产和早熟等有益变异，甚至从总体上来看，减产、抗病能力减弱等不利于生产的劣性突变表现得更多。

实际上，种子所谓“好”与“坏”的突变都是人为选择的，突变本身是无所谓优劣，做基础研究时，很多“劣性突变”更有利于进行研究种子对宇宙空间环境的敏感性，以及种子在基因修复机制上的方式。

↑ 太空培育出的佛手

关于太空育种的争议

综合各种因素，太空环境对植物的生理和遗传性主要有哪些影响，这些影响由哪些因素促成，以及如何产生影响至今都还没有定论。也因此，太空育种计划自启动以来就引起了一些专家的争论。

↓ 太空育种新品亮相农高会

分子生物学博士方舟子曾经表示“太空诱变”和其他诱变方法在本质上是一样的，不可能有任何优势。所谓“太空育种”并不比地面育种更有优势，反而占用了宝贵的航天资源，完全是一种炒作，因此应该给予否定。

方舟子还认为，突变没有方向性首先是在遗传学实验中观察到的一个事实，之后又被分子遗传学的基础研究所证实。当我们用辐射、药物处理种子时，是在盲目地攻击种子中的DNA，DNA序列或结构会发生什么样的变化无法预知，那么它们会如何改变生物体的功能也是随机的。由于生物体经过长期的进化之后，其结构和功能之间的关系已相当完善、协调，盲目地改变它，在绝大部分情况下会是有害或无用的。只有非常偶然的情况会出现个别我们乐于见到的有益突变。

关于太空育种的前景

中科院遗传与发育生物学研究所研究员、太空育种专家刘敏教授表示：

“太空育种是辐射诱变育种的一个方面。在地面上，我们通常使用钴60对种子照射，但在太空失重的环境，再加上太空高能粒子的照射，比地面上更容易促使种子产生突变。

“种子产生突变后的效果主要和在太空中接受辐射的剂量多少、时间长短和所处的位置有关，和本身是什么种子没有关系。

“从太空带回来的种子经过培育挑选出优良品种，再经过不少于4代的种植，其中的每一代遗传性状都有所分离。如果经4代之后有幸筛选出一个新品种，还需要国家有关部门的品种审定，这一过程至少需要3年，之后专家审定合格后才能拿到证书。

“航天育种，现在确实有一些争论，目前我们的研究方向主要是机理研究，比如为什么会产生突变，这些变化产生在哪些方面，对我们有哪些好处。

“在实际中我们发现，太空育种确实比地面诱变效果要好很多，但是绝对不应该用于炒作。我国太空植物育种已经有10多年历史，而动物育种还是刚起步阶段。”

图书在版编目(CIP)数据

探索与发现/郭漫主编. —北京：航空工业出版社，2010.4(2022.1重印)
ISBN 978-7-80243-471-4

Ⅰ.探… Ⅱ.郭… Ⅲ.科学知识—青少年读物 Ⅳ.Z228.2

中国版本图书馆CIP数据核字(2010)第052433号

探索与发现
Tansuo yu Faxian

航空工业出版社出版发行
(北京市安定门外小关东里14号 100029)
发行部电话：010-64815521 010-64978486

三河市燕春印务有限公司印刷 全国各地新华书店经售
2010年4月第1版 2022年1月第5次印刷
开本：787×1092 1/16 印张：12 字数：280千字
印数：32001—37000 定价：48.00元